中国参与东北亚区域合作研究

ZHONGGUO CANYU DONGBEIYA QUYU HEZUO YANJIU

关 慧 著

中国财经出版传媒集团
中国财政经济出版社

图书在版编目（CIP）数据

中国参与东北亚区域合作研究／关慧著．--北京：中国财政经济出版社，2019.12

ISBN 978-7-5095-9514-5

Ⅰ.①中…　Ⅱ.①关…　Ⅲ.①东北亚经济圈-区域经济合作-研究　Ⅳ.①F114.46

中国版本图书馆CIP数据核字（2019）第291180号

责任编辑：田明晖　　　　责任校对：徐艳丽

封面设计：孙俪铭

中国财政经济出版社出版

URL：http：//www.cfeph.cn

E-mail：cfeph@cfeph.cn

社址：北京市海淀区阜成路甲28号　邮政编码：100142

营销中心电话：88190406　编辑部门电话：010-88190670

北京财经印刷厂印刷　各地新华书店经销

787×1092毫米　16开　14.25印张　235 000字

2019年12月第1版　2019年12月北京第1次印刷

定价：58.00元

ISBN 978-7-5095-9514-5

（图书出现印装问题，本社负责调换）

本社质量投诉电话：010-88190744

打击盗版举报热线：010-88191661　QQ：2242791300

内容摘要

随着全球经济重心的转移，东北亚区域合作的作用更加凸显，并对世界经济走向产生积极深远的影响。东北亚区域合作意在双赢，利在长远，因此东北亚区域合作理论创新研究具有一定的先进性和前沿性。东北亚区域合作主要包括中国的东北地区、日本、蒙古国、俄罗斯的远东地区、韩国、朝鲜。

中国目前高度关注东北亚区域合作以及东北老工业基地发展，希望积极促进东北亚区域合作尽快达成，同时实现东北老工业基地的振兴。本书以政治经济学、财政学、国际贸易、金融学等经济理论为基础，对东北亚区域的现状、合作进程、主要障碍、面临的新挑战、各国的博弈等情况进行深入的分析。

本书创新点主要包括，第一，提出新区域合作理论创新，主要包括新区域合作模式创新，即未来发展方向为混合一体化模式。新区域合作路径创新，即未来发展方向应是渐近，梯度发展走产学研——官产学研金——中央政府合作之路。新区域合作方式创新，即未来发展方向走向经济合作——文化教育合作——制度协调合作方式。第二，创新研究东北亚区域合作所面临的新挑战。新挑战包括：为遏制中国由美国主导的TPP致力于打造前所未有的高标准自由贸易区范本；中日韩自由贸易区尚未建立，中日韩形成“东北亚困局”，美国因素不可忽视；俄罗斯更关注“欧亚联盟”战略框架，且中俄两国产业链衔接不顺畅；中朝缺乏政治互信，对中国既依赖又警惕，经贸领域合作层次不高；蒙古国经济上依赖中国，政治上对中国保持较强戒心。以上研究使东北亚区域合作研究的结论更科学可信，研究成果的应用空间广阔，目前此领域的研究很少见，研究课题具有前沿性。第三，采用博弈分析方法，将最新发展的计量分析方法应用于东北亚区域合作实证的研究。对东北亚区域合作博弈分析，研究视角独到新颖，在东北亚区域合作中引入博弈研究很少见。这样使研究结论更科学可信，可以拓展提高东北亚区域合作的研究视角，有利于对东北亚区域合作进行全方位、多视角的考察。本书也采用最新的计量学方法，将ADF检验、协整分析、误差修正、回归分析检验运用到东北亚区域合作与东北老工业基地互动发展领域中做定量分析（Eviews 9.0），研究东北亚区域合作对东北经济影响绩效。这样的研究在东北亚区域合作研究中还是比较鲜见的，此研究进一步提高了文章的可信度。主要采用Eviews 9.0计量工具，对东北亚区域合作进出口额中的辽宁、吉林、黑龙江经济增长影响进行实证分析。实证结果表明，其一，东北亚区域合作进出口总额每增加1个百分点，辽宁经济增长2.049077个百分点。其二，吉林与东北亚国家日本进出口总额每增加1个百分点，吉林经济增长0.160735个百分点，吉林与东北亚国家俄罗斯进出口总额每增加1个百分点，吉林经济增长0.159048个百分点。其三，模型分析表明，东北亚国家进出口总额每增加1个百分点，黑龙江经济增长0.154145个百分点。经过实证分析得出东北亚区域合作与东北老工业基地的互动发展对策建议，包括东北亚区域合作与东北老工业基地贸易互动，金融互动服务创新，基地港口、能源、交通、技术合作及农业合作的策略选择。这对于促进东北亚区域合作及东北老工业基地的振兴，为政府提供具有实证数据支持的对策建议，具有重要的实践应用价值。

本书基础结构与主要内容如下。

第1章绪论。主要分析研究的背景、意义、方法、基本结构与主要内容、创新点与不足。

第2章国内外文献综述。主要对国内外文献进行系统的梳理。

第3章东北亚新区域合作的理论创新。主要包括新区域合作模式创新，即未来发展方向混合一体化模式；新区域合作路径创新，梯度发展走产学研——官产学研金——中央政府合作之路；新区域合作方式创新，即未来发展方向走向经济合作——文化教育合作——制度协调合作方式。与此同时也对东北亚及博弈相关理论进行介绍。

第4章东北亚区域合作现状分析。主要分析东北亚区域合作的经济互补性及目前中国与东北亚其他五国合作现状。东北亚区域合作经济互补性分析，主要针对东北亚各国自然资源、产业结构、劳动力资源、农业资源、资金、技术及人才的互补性进行深入分析。中国与东北亚五国的合作现状包括中日、中韩、中俄、中朝、中蒙区域合作现状分析。

第5章东北亚区域合作进程及主要障碍分析。分析东北亚区域合作进程包括目前东北亚区域合作历史进程及中国与东北亚各国合作主要障碍。在历史进程分析中，认为中国与东北亚区域合作目前处于第四阶段中。东北亚区域合作的主要障碍包括：中国、俄罗斯、日本经济重心不在东北亚，地缘优势作用没有充分发挥；缺乏各国公认的“领头羊”，政治诉求不同，东北亚区域合作陷入困境；大国之间竞争防范意识较强，牵制东北亚区域合作一体化发展；美国刻意的干扰破坏东北亚区域合作现实基础；利益吸引力不强，缺乏促成东北亚区域合作的利益切入点；朝核问题错失东北亚区域合作发展良机。

第6章新形势下东北亚区域合作面临的新挑战。新挑战主要内容包括：美国主导的TPP为遏制中国致力于打造前所未有的高标准自由贸易区范本；中日韩自由贸易区尚未建立，中韩日形成“东北亚困局”，美国因素不可忽视；俄罗斯更关注于“欧亚联盟”战略框架，且中俄两国产业链衔接不顺畅；中朝缺乏政治互信，对中国既依赖又警惕，经贸领域合作层次不高；蒙古国经济上依赖中国，政治对中国保持较强戒心。本书还分析了东北亚区域合作面临的国际形势，即东盟中心地位受到挑战；APEC面临“意大利面条碗”效应，存在被架空，被分裂的危险；东盟RCEP区域经济主导权被削弱；SCO注重国家安全，未充分发挥经济合作潜力。

第7章中国参与东北亚区域合作的博弈分析。分析了东北亚区域合作中各国利益与动力分析。重点分析了中国参与东北亚区域合作的博弈分析，本书创新分析了在合作博弈及非合作博弈两种状态下，中国与东北亚五国各种博弈，包括“猎鹿博弈”“智猪博弈”以及“囚徒困境”博弈。得出非合作博弈下中日区域合作应走出“囚徒困境”并提出破解困境的对策。合作博弈中，中韩应走向共赢的“猎鹿博弈”，中俄应从合作走向共赢“猎鹿博弈”，并适时提出中韩、中俄“猎鹿博弈”博弈的启示。与此同时本书还分析了合作博弈中，中国与朝鲜、蒙古国合作应避免“智猪博弈”。

第8章东北亚区域合作前景与战略选择。主要分析东北亚区域合作前景展望，东北亚区域合作的战略选择。前景展望主要包括对中韩、中日、中俄、中蒙、中朝未来区域合作进行了展望。战略选择则未来应采取如下策略，发挥在东北亚区域合作“领头羊”作用，从“零和博弈”到“非零和博弈”观念的转变，营造良好国际政治环境；东北亚地区建立跨国经济联合体，力促中日韩，中俄朝自由贸易区建立；倡导共建东北亚区域合作总部，提升中国的话语权。

第9章东北亚区域合作与东北老工业基地的互动发展。主要分析东北亚各国进出口额对东北经济影响的互动实证分析。东北亚各国进出口总额分别对辽吉黑经济影响的实证分析，辽宁与东北亚区域合作进出口总额每增加1个百分点，辽宁经济增长2.049077个百分点。黑龙江与东北亚区域合作进出口总额每增加1个百分点，黑龙江经济增长0.154145个百分点。吉林与东北亚国家日本进出口总额每增加1个百分点，吉林经济增长0.160735个百分点。吉林与东北亚国家俄罗斯进出口总额每增加1个百分点，吉林经济增长0.159048个百分点。东北亚区域合作与东北老工业基地互动发展，主要包括东北亚区域合作与东北老工业基地贸易互动、投资互动、东北亚区域合作与东北老工业基地金融互动服务创新，东北亚区域合作与东北老工业基地港口、能源、交通、技术合作互动，东北亚区域合作与东北老工业基地农业合作互动发展的政策建议。

第10章辽宁自贸试验区与东北亚区域合作研究。主要针对辽宁自贸试验区与东北亚区域各国合作的经济互补性进行分析。得出辽宁自贸试验区与东北亚区域合作的未来合作发展设想。包括倡导辽宁自贸试验区建立“东北亚区域合作总部”及“东北亚开发银行；力促辽宁自贸试验区——东北自贸试验区——中日韩自贸区、中俄蒙自贸区多边动态发展；力促“辽宁制造”向“辽宁智造”再到“东北亚智造”转变；辽宁自贸试验区与东北亚区域合作宜采用“产学研——官产学研金——中央政府合作”新路径；辽宁自贸试验区与东北亚区域合作宜采用先“经济文化教育合作”再到“制度协调合作”新区域合作方式。

本书有一定的理论应用价值，提出新区域合作理论创新，主要包括新区域合作模式、路径创新及制度创新。与此同时，本书具有一定的实践应有价值，将最新发展的计量分析方法应用于东北亚区域合作与东北老工业基地互动的实证研究，最终得出东北亚区域合作战略选择，这对于促进东北亚区域合作及东北老工业基地的快速发展，为相关部门制定政策提供了实证数据支撑。

关键词：东北亚区域合作　理论创新　博弈分析　ECM 模型　东北老工业基地

Abstract

Shift as the global economy, the role of the northeast Asia regional cooperation more highlights, and positive far-reaching influence on the world economy, the northeast Asia regional cooperation to win-win, in the long term, so the northeast Asia regional cooperation theory innovation research has certain advancement and leading. Northeast Asia regional cooperation mainly includes the northeast region of China, Japan, Mongolia, Russia's far east region, South Korea, north Korea.

China's current high attention of northeast Asia regional cooperation, and northeast old industrial base development, hope to actively promote the northeast Asia regional cooperation as soon as possible to achieve the revitalization of northeast old industrial base. In this paper, with the political economics, public finance, finance and other economic theory as the foundation, analysis of the status of northeast Asia regional cooperation process, the main obstacles, faces new challenges, such as national game situation.

The innovations include, first, put forward a new theory of innovation of regional cooperation, including a new model ' innovation of regional cooperation, namely the future direction of hybrid integration mode. Road runoff innovative new regional cooperation, namely the future direction should be asymptotically gradient development and research-official research-the central government to the road. The new regional cooperation and innovation, namely the future direction towards economic cooperation-cultural and educational cooperation-system coordinated cooperation. The innovations include, first, the proposed new regional cooperation theoretical innovation. Including innovative new model of regional cooperation, namely, the development direction of the hybrid model for future integration. Road runoff innovative new regional cooperation, namely the future direction should be asymptotically gradient development and research-official produces study grinds-the central government cooperation paths. The new regional cooperation and innovation, namely the future direction towards economic cooperation-cultural and educational cooperation-system coordinated cooperation. Second, innovative research cooperation in Northeast Asia are facing new challenges. TPP leading by the United States to curb China's commitment is building an unprecedented high standard sample free trade area. In China, Japan and South Korea free trade area has not yet been established, forming "northeast Asia dilemma" in China, Korea and Japan, the United States factors cannot be ignored; Russia is more focused on "Eurasian union" strategic framework, and the industry chain and connection between China and Russia is not smooth; China and north Korea lacks political mutual trust, both rely on and alert for China, trade and economic cooperation level is low; Mongolia economically dependent on China, politics in China remain strong guard. This study makes Northeast Asia Cooperative Research concluded more scientifically credible, broad application space research, the current research in this area is rare, with a cutting-edge research. Third, the use of game analysis and empirical research cooperation in Northeast Asia quantitative analysis method applied to the latest developments. Game Analysis for Regional Cooperation, a unique new research perspective, the introduction of the game in Northeast Asia Regional Cooperation in Research is rare. Conclusions of more scientifically credible can be expanded to improve the research perspective cooperation in Northeast Asia. Northeast Asia cooperation is conducive to all-round, multi-angle inspection. This paper also uses the latest metrology method, the ADF test, cointegration analysis, ECM applied to the areas of cooperation in Northeast Asia and the northeast old industrial base in interactive development for quantitative analysis, research cooperation in Northeast Asia Northeast economic impact performance. Such research cooperation in Northeast Asia is still relatively uncommon in the study, this study further enhance the credibility of the article. Mainly Eviews 9.0 measurement tools, import and export volume for Regional Cooperation, Liaoning, Jilin, Heilongjiang the impact of economic growth on empirical analysis. The empirical results show these results. First, cooperation in Northeast Asia export volume for each additional percentage will increase economic growth in Liaoning 2. 049077 percent. Second, the model drawn in Northeast Asia import and export volume for each additional percentage will increase economic growth in Jilin 0. 160735 percent with Japan and 0. 159048 percent with Russia. Third, the model analysis showed that the Northeast Asian countries import and export volume for each one percentage will increase economic growth in Heilongjiang 0. 154145 percent. An empirical analysis of Regional Cooperation obtained through the northeast old industrial base and interactive development suggestions. Strategies in Northeast Asia, include cooperation with the northeast old industrial base business interaction, Investment interaction, interactive financial service innovation, the base port, energy, transportation, technical cooperation and agricultural cooperation. This is for the promotion of cooperation in Northeast Asia and the revitalization of northeast old industrial base, offer suggestions for the government has the data to support. It has important practical value.

Infrastructure and the main content of this paper is as follows.

Chapter I The main analysis of the background, significance, methods, basic structure, main content, innovation and inadequate.

Chapter II Literature Review and abroad. Literature mainly to sort out the system.

Chapter III Regional Cooperation theoretical innovation. Including innovative new model of regional cooperation, namely the future direction of hybrid integrated model, innovative new regional cooperation paths, asymptotically gradient development and research-official produces study grinds-the central government cooperation paths, innovative new way of regional cooperation, namely the future direction towards economic cooperation-cultural and educational cooperation-institutional coordination of cooperation. At the same time, it analysis of the game theory.

Chapter IV Analyzes the status Cooperation in Northeast Asia. Northeast

Asia regional cooperation economic complementarity, countries in northeast Asia is aimed at natural resources, industrial structure, labor resources, agricultural resources, capital, technology and talent complementarity for in-depth analysis. Present situation of cooperation between China and the five northeast Asian countries including China and Japan, China and South Korea, China and Russia, China and the DPRK, present condition analysis of the regional cooperation.

Chapter V Analyzes process Cooperation in Northeast Asia and a major obstacle to the analysis. Analysis of northeast Asia regional cooperation process including the historical process of northeast Asia regional cooperation and cooperation between China and northeast Asian countries the main obstacles. In historical process analysis, think that China and northeast Asia regional cooperation is in the fourth stage. The main impediment to northeast Asia regional cooperation include: China, Russia, Japan's economic center of gravity not in northeast Asia, function did not give full play to the geographical advantages; Lack of countries recognized "leader", political demands different of northeast Asia regional cooperation in trouble. Big countries have strong awareness of competition between integrated development in northeast Asia regional cooperation. The United States deliberately sabotaged the northeast Asia regional cooperation realistic foundation. Interests appeal is not strong, lack of contributing to the interests of the northeast Asia regional cooperation starting point. The DPRK nuclear issue miss northeast Asia regional cooperation and development opportunities.

Chapter VI Analyzes Regional Cooperation new challenges. The main contents include: TPP leading by the United States to curb China's commitment is building an unprecedented high standard sample free trade area. In China, Japan and South Korea free trade area has not yet been established, forming "northeast Asia dilemma" in China, Korea and Japan, the United States factors cannot be ignored; Russia is more focused on "Eurasian union" strategic framework, and the industry chain and connection between China and Russia is not smooth; China and north Korea lacks political mutual trust, both rely on and alert for China, trade and economic cooperation level is low; Mongolia economically dependent on China, politics in China remain strong guard.

Chapter VII Analyzes game of northeast Asia cooperation. China's participation in the game analysis of northeast Asia regional cooperation. It is the national interests in northeast Asia regional cooperation and dynamic analysis. It analyzed China's participation in the game analysis of northeast Asia regional cooperation, and innovation of this thesis analyzes the cooperative game and non-cooperative game in the two conditions, China and five countries, including the "Stag Hunt Model" game, "Pigs' Payoffs" game and "prisoner's dilemma" game. It is concluded that the regional cooperation between China and Japan should not under the cooperative game out of the "prisoner's dilemma" and policy Suggestions are put forward. Win-win cooperation game, China and South Korea, China and Russia to win the "Stag Hunt Model" game, and timely put forward suggestions. At the same time this paper also analyzed the cooperation game, co-operation of China and north Korea, Mongolia should avoid "Pigs' Payoffs".

Chapter VIII Analysis of the Northeast Asian cooperation prospects and strategic choice. Prospects for Regional Cooperation primary analysis, strategic choice Cooperation in Northeast Asia. Prospects for China and South Korea, Japan, Russia, Mongolia, in the future regional cooperation were discussed. Strategic choice for the future should adopt the following strategy. China plays a role in northeast Asia regional cooperation "leader", from "zero-sum game" to the change of "non-zero-sum" concept, create a good international political environment. northeast Asia to establish international economic association, urged China, Japan and South Korea, China, Russia and towards free trade area build. We should advocacy to build headquarters in northeast Asia regional cooperation, and promote China's voice.

Chapter IX Analyzes interactive Development Cooperation in Northeast Asia and the northeast old industrial base. Empirical Analysis on Northeast Asian countries mainly import and export interactive Northeast Economic Impact (LiaoNing Province, JiLin Province and HeiLongJiang Province) pairs. Northeast Asian countries import and export volume respectively LiaoNing Province, JiLin Province and HeiLongJiang Province economic impact on the empirical analysis. Regional Cooperation and export volume for each additional percentage will increase economic growth 2. 049077 percent of Liaoning Province, JiLin Province will increase economic growth 0. 160735 percent with Japan, JiLin Province will increase economic growth 0. 159048 percent with Russia, HeiLongJiang Province will increase 0. 154145 percent. Strategies in Northeast Asia, include cooperation with the northeast old industrial base business interaction, Investment interaction, interactive financial service innovation, the base port, energy, transportation, technical cooperation and agricultural cooperation. This is for the promotion of cooperation in Northeast Asia and the revitalization of northeast old industrial base, offer suggestions for the government has the data to support. It has important practical value. Based on this proposed collaboration with the old industrial bases in Northeast Asia Northeast interactive development policy recommendations.

Chapter X Analyzes Liaoning pilot free trade zone and Northeast Asia regional cooperation. This paper mainly analyses the economic complementarity of cooperation between Liaoning Free Trade Pilot Area and countries in Northeast Asia. The future development of Liaoning Free Trade Experimental Area and Northeast Asia regional cooperation is envisaged. It includes advocating the establishment of "Northeast Asia Regional Cooperation Headquarters" and "Northeast Asia Development Bank" in the Liaoning Free Trade Pilot Area, promoting the multilateral dynamic development of the Liaoning Free Trade Pilot Area-Northeast China Free Trade Pilot Area-China, Japan, Korea Free Trade Area, China, Russia and Mongolia Free Trade Area, and promoting the transformation from "Liaoning Manufacturing" to "Liaoning Artificial Intelligence Manufacturing" to "Northeast Asia Artificial Intelligence Manufacturing"; The new path "industry-university-research-government-industry-university-research-centralgovern-ment cooperation" should be adopted in the regional cooperation between the FTA and Northeast Asia, and the new regional cooperation mode of "economic, cultural and educational cooperation" and "system coordination cooperation" should be adopted in the regional cooperation between the FTA and Northeast Asia.

This article is willing to have some theoretical value, put forward a new theory of innovation for regional cooperation, including a new model of regional cooperation, road runoff innovation and system innovation. At the same time this article should have some valuable practice, quantitative analysis method of empirical research the latest developments in Northeast Asia Regional Cooperation to interact with the northeast old industrial base is applied. It comes to Northeast Asia Regional Cooperation strategic choice, which for the promotion of Northeast Asia the rapid development of cooperation and the northeast old industrial base for the relevant departments to develop policies to provide empirical data to support.

Key words: Northeast Asia Regional Cooperation, Theoretical innovation, Game analysis, the ECM model, the Northeast old industrial base

目 录

第 1 章 绪论 …………………………………………………………… (1)
1.1 研究的背景 ……………………………………………………… (1)
1.2 研究的意义 ……………………………………………………… (2)
1.3 研究的方法 ……………………………………………………… (4)
1.4 基础结构与主要内容 …………………………………………… (4)
1.5 主要创新点与不足 ……………………………………………… (7)
1.6 技术路线 ………………………………………………………… (8)

第 2 章 国内外文献综述 ……………………………………………… (10)
2.1 国外文献综述 …………………………………………………… (10)
2.2 国内文献综述 …………………………………………………… (12)

第 3 章 东北亚新区域合作的理论创新 ……………………………… (16)
3.1 东北亚新区域合作的理论概述 ………………………………… (16)
3.2 东北亚新区域合作理论创新 …………………………………… (21)

第 4 章 东北亚区域合作现状分析 …………………………………… (31)
4.1 东北亚区域合作各国经济互补性分析 ………………………… (31)
4.2 东北亚区域合作的现状 ………………………………………… (37)

第 5 章 东北亚区域合作进程及主要障碍分析 ……………………… (63)
5.1 东北亚区域合作的进程 ………………………………………… (63)
5.2 东北亚区域合作的主要障碍分析 ……………………………… (72)

第 6 章　新形势下东北亚区域合作面临的新挑战 …………………… (81)
6.1　东北亚区域合作面临的新挑战 …………………………………… (81)
6.2　东北亚区域合作面临的国际其他区域组织新形势 ……… (95)

第 7 章　中国参与东北亚区域合作的博弈分析 ………………… (109)
7.1　东北亚区域合作的各国利益与动力分析 ……………… (109)
7.2　东北亚区域合作的博弈分析 ………………………………… (112)

第 8 章　东北亚区域合作前景与战略选择 ……………………… (121)
8.1　东北亚区域合作前景展望 ……………………………………… (121)
8.2　东北亚区域合作的战略选择 ………………………………… (136)

第 9 章　东北亚区域合作与东北老工业基地的互动发展 ……… (141)
9.1　东北亚各国进出口额对东北经济影响的互动实证分析 … (141)
9.2　东北亚区域合作与东北老工业基地互动发展的政策建议
…………………………………………………………………… (155)

第 10 章　辽宁自贸试验区与东北亚区域合作研究 …………… (178)
10.1　辽宁自贸试验区与东北亚区域概述 ……………………… (178)
10.2　辽宁自贸试验区与东北亚区域各国合作的经济互补性分析
…………………………………………………………………… (180)
10.3　辽宁自贸试验区与东北亚区域合作的未来发展设想 …… (183)

主要参考文献 ……………………………………………………… (188)

致　谢 ………………………………………………………………… (204)

发表的学术论文，专著，科研，获奖情况 ………………………… (206)

图表目录

图目录

图 1－1　东北亚区域合作的技术路线…………………………………（ 9 ）
图 4－1　2004—2012 年中日相互投资额 ……………………………（ 41 ）
图 4－2　2009—2018 年中国同日本进出口额 ………………………（ 42 ）
图 4－3　2000—2018 年韩国 GDP 总量 ……………………………（ 46 ）
图 4－4　2004—2018 年俄罗斯 GDP 总额 …………………………（ 51 ）
图 4－5　2006—2016 年中国在朝鲜对外贸易中所占比重 …………（ 55 ）
图 4－6　2006—2012 年蒙古国宏观经济情况 ………………………（ 59 ）
图 4－7　2000—2018 年蒙古国 GDP 总额 …………………………（ 60 ）
图 9－1　2003—2017 年辽宁与东北亚各国进出口额 ………………（158）
图 9－2　2003—2017 年辽宁与东北亚各国进出口总额 ……………（159）
图 9－3　2003—2017 年黑龙江与东北亚各国进出口额 ……………（162）
图 9－4　2006—2017 年吉林与东北亚各国进出口额 ………………（165）
图 9－5　2006—2017 年吉林与东北亚国家、东盟组织、欧盟组织进出口额…………………………………………………………（166）

表目录

表 3－1　“囚徒困境”效用矩阵 ……………………………………（ 19 ）
表 3－2　“猎鹿博弈”效用矩阵 ……………………………………（ 20 ）
表 3－3　“智猪博弈”效用矩阵 ……………………………………（ 20 ）
表 4－1　2017 年对主要国家和地区货物进出口金额、增长速度及其比重…………………………………………………………（ 38 ）
表 4－2　2004—2018 年日本 GDP 和实际经济增长率 ……………（ 39 ）
表 4－3　2000—2018 年中国及日本 GDP 总额 ……………………（ 40 ）

表 4-4　2003—2012 年中日相互投资发展状况 ……………………（41）
表 4-5　2009—2018 年中国同日本进出口额及利用日本外商投资额 ……………………（42）
表 4-6　2019 年 1~6 月对华直接投资前 5 位国家/地区 ……………………（43）
表 4-7　2018 年日本对主要贸易伙伴的出口额 ……………………（43）
表 4-8　2018 年日本对中国进出口商品的构成 ……………………（44）
表 4-9　2000—2018 年韩国 GDP，GDP 增长率 ……………………（46）
表 4-10　2000—2018 年中国、日本、韩国历年 GDP 年度增长率比较 ……………………（47）
表 4-11　2019 年上半年对华直接投资前 5 位国家/地区 ……………………（49）
表 4-12　2018 年韩国贸易差额主要来源 ……………………（49）
表 4-13　2004—2018 年俄罗斯 GDP 总额及经济增长率 ……………………（51）
表 4-14　2010—2012 年中俄经贸合作统计 ……………………（52）
表 4-15　2009—2017 年中国实际利用俄罗斯外商投资金额 ……………………（54）
表 4-16　2007—2017 年朝鲜经济总量 ……………………（56）
表 4-17　2006—2012 年蒙古国宏观经济数据 ……………………（59）
表 4-18　2000—2018 年蒙古国 GDP 总额 ……………………（60）
表 4-19　2013—2018 年中蒙经贸合作 ……………………（62）
表 7-1　中国与日本“囚徒困境”博弈 ……………………（113）
表 7-2　事先进行信息交流的“囚徒困境”博弈 ……………………（114）
表 7-3　中国与韩国“猎鹿博弈” ……………………（116）
表 7-4　“智猪博弈” ……………………（119）
表 9-1　2003—2017 年辽宁 GDP 总额及与东北亚国家进出口总额 ……（142）
表 9-2　2003—2017 年辽宁 GDP 总额及与东北亚各国进出口总额的平减数及对数值 ……………………（143）
表 9-3　LNGDP 与 LNDBY 的平稳性检验 ……………………（144）
表 9-4　LNGDP 与 LNDBY 的协整检验 ……………………（144）
表 9-5　残差序列 ADF 统计检验结果 ……………………（145）
表 9-6　东北亚区域进出口总额与辽宁经济增长的 ECM ……………………（146）
表 9-7　2003—2017 年吉林 GDP 总额及其与东北亚国家进出口总额 ……………………（147）

表 9-8　2006—2017 年吉林 GDP 总额及其与东北亚各国进出口总额平减值…………………………………………………（148）
表 9-9　2006—2017 年吉林 LNGDP 总额及其与东北亚国家进出口对数值……………………………………………………（149）
表 9-10　吉林 LNGDP 与 LNJB、LNHG、LNEG 回归分析 …………（150）
表 9-11　2003—2017 年黑龙江 GDP 总额及其与东北亚各国进出口总额 ……………………………………………………（152）
表 9-12　2003—2017 年黑龙江居民消费水平、GDP 总额、与东北亚国家进出口总额平减数及对数值 ……………………（153）
表 9-13　2003—2017 年黑龙江商品零售物价指数、居民消费水平………………………………………………………（153）
表 9-14　东北亚进出口总额与黑龙江经济增长的回归结果 ………（154）
表 9-15　2003—2017 年辽宁 GDP 总额及其与日本、韩国、朝鲜、俄罗斯进出口总额 ……………………………………（157）
表 9-16　2003—2017 年黑龙江 GDP 总额及其与日本、韩国、朝鲜、俄罗斯、蒙古进出口总额 ……………………………（161）
表 9-17　2006—2017 年吉林 GDP 总额及其与日本、韩国、俄罗斯进出口总额 …………………………………………（164）
表 9-18　吉林 GDP 总额及其与东北亚、东盟、欧盟进出口总额比较………………………………………………………（166）
表 9-19　2012 年辽宁省外商直接投资情况 ……………………（169）
表 9-20　2017 年黑龙江外商直接投资情况 ……………………（172）

第1章

绪　论

1.1　研究的背景

在世界经济全球化，区域经济合作发展趋势之下，东北亚区域要发展、要崛起，走新区域合作之路是不可逆转的历史潮流。东北亚区域合作包括亚洲东北部的国家和地区，其中主要有中国的东北地区、日本、蒙古国、俄罗斯的远东地区、韩国、朝鲜地区。可见东北亚区域包括了发展中国家、发达国家、新兴工业化国家、转型国家几种类型。2013年中、蒙、俄、朝、韩、日GDP总产值达到128.18万亿元人民币。2017年中、蒙、俄、朝、韩、日GDP总产值达到140.974万亿元人民币。由以上分析不难得出东北亚区域合作对世界经济的影响是比较巨大的。

目前东北亚区域六国有着良好的地缘优势，历史文化相互交织，传统文化相互交融，这些都为东北亚区域合作打下了坚实的经济、自然、人文合作的基础。随着经济全球化，经济一体化的不断加深，各国都希望参与国际分工和分享分工效益。目前六国也逐步意识到加快东北亚区域合作的重要性，可以提高六国经济增长实力，只有东北亚区域合作不断深化，才能实现各国互利共赢，提高六国的国际地位及国际竞争力，增加六国在国际事务中的筹码及话语权。

本书的理论创新研究为东北亚区域合作及我国东北地区对外开放研究提供了深厚的理论依据。在研究中创新采用博弈分析加入到东北亚区域合作理论分析中，具有一定的先进性和前沿性。目前，深入分析东北亚区域合作理论，将使市场体系和市场机制更加完善，有利于加快东北亚对外开放程度，提高人民生活水平，减轻东北老工业基地包袱，增加就业，促进东北亚区域经济发展和东北老工业基地的全面振兴。

1.2 研究的意义

本书采用博弈分析，实证分析，比较分析方法，结合三种分析结论，创新提出东北亚区域经济合作的模式选择、前景预测及与东北老工业基地振兴的互动策略选择。近年来，东北亚经济总量不断扩大，在世界经济中占有越来越重要的位置，东北亚地区经济贸易的发展日益引起人们的关注。中国改革开放以来经济的增长速度受到世界的瞩目，中国的劳动力优势、高铁优势、农业优势、市场优势等拥有了世界竞争能力。韩国也在外汇危机后通过对企业、金融、政府、劳动等四大部门进行大胆的结构调整，形成了新的增长结构，以适应发展环境的变化，特别是半导体、LED、移动通信器材等方面拥有了国际竞争能力。而日本保持着世界第三经济大国的地位，其多个领域的产品仍保持着世界一流的品质。日本作为中国主要贸易伙伴，2013 年上半年中日双边贸易总值为 1 469. 2 亿美元，同比下降 9. 3%，占我国外贸总值的 7. 4%。2018 年中国和日本之间货物进出口额为 3 175. 3 亿美元，同比增长 6. 8%。2016 年中朝双边贸易额为 50. 6 亿美元。2013 年中俄贸易额达到 881. 6 亿美元，2015 年突破 1 000 亿美元，希望 2020 年达到 2 000 亿美元的目标。2018 年俄罗斯和中国之间的贸易额为 1 082. 84 亿美元，同比增长 24. 5%。可见研究东北亚区域经济合作是十分有现实意义的。

目前中国、韩国、日本所代表的东北亚占据世界经济中心的机会依然存在。东北亚富有活力的经济发展缘于充分发挥其丰富的廉价劳动力和后来居上的优势，如果二者能与活力相结合，那么一定会为实现东北经济乃至中国经济的进一步发展而作出贡献。东北地区是中国参与东北亚区域经贸合作的前沿阵地，在中国参与东北亚区域经贸合作的进程中具有极为重要的战略意义，发展东北经济、振兴东北老工业基地是我们国家的当务之急，只有通过促进东北老工业基地的振兴，才能带动中国更加积极主动地加入到整个东北亚区域经贸合作的进程中去，促进中国同东北亚各国之间贸易的飞速发展，加速实现中国的跨越式发展战略。

东北亚区域合作的理论创新研究意义主要体现在以下几个方面。

一、提出东北亚新区域合作理论创新

主要包括新区域合作模式创新，即未来发展方向混合一体化模式；新区域合作路径创新，即未来发展方向应是渐近，梯度发展走产学研——官产学研金——中央政府合作之路；新区域合作方式创新，即未来发展方向走向经济合作——文化教育合作——制度协调合作方式。并对国际区域组织面临的新形势进行研究，同东盟自由贸易区（10+1或者10+3模式），APEC区域合作，CPTPP，RCEP，上合组织进行比较分析。以上分析都具有现实意义，可以为东北亚区域合作提供参考。

二、对东北亚区域经济合作进行了博弈分析

本书创新分析了各国在区域合作中各种动态博弈的可能，包括“猎鹿博弈”“智猪博弈”以及“囚徒困境”博弈，为未来东北亚区域合作中中国博弈的策略选择提供依据，具有一定的现实意义。

三、对东北亚区域合作前景与战略选择进行深入分析

通过分析得出目前中国的战略选择则未来应采取如下策略，发挥在东北亚区域合作“领头羊”作用，从“零和博弈”到“非零和博弈”观念的转变，营造良好国际政治环境；东北亚地区建立跨国经济联合体，力促中日韩，中俄朝自由贸易区建立；倡导共建东北亚区域合作总部，提升中国的话语权。以上分析为未来东北亚区域合作中中国博弈的策略选择提供依据，具有一定的现实意义。

四、采用计量分析方法，得出东北亚区域合作对东北经济影响绩效

本书在实证分析的基础上，提出东北亚区域合作与东北老工业基互动的政策建议。研究结果表明，其一，辽宁与东北亚区域合作进出口总额每增加1个百分点，辽宁经济增长2.049077个百分点。其二，吉林与东北亚国家日本进出口总额每增加1个百分点，吉林经济增长0.160735个百分点。吉林与东北亚国家俄罗斯进出口总额每增加1个百分点，吉林经济增长0.159048百分点。其三，模型分析表明，黑龙江与东北亚国家进出口总

额每增加1个百分点，黑龙江经济增长0.154145个百分点。因此分析结果表明辽宁、吉林、黑龙江应积极参与东北亚区域合作，深化同东北亚各国的合作力度，只有这样才能更好地促进辽宁、吉林、黑龙江经济迅猛发展，因此本书的分析更具现实意义。

1.3 研究的方法

一、采用博弈分析方法

对东北亚区域合作博弈分析，研究视角独到新颖，在东北亚区域合作中引入博弈研究很少见。这样使研究结论更科学可信，可以拓展提高东北亚区域合作的研究视角，有利于对东北亚区域合作进行全方位、多视角的考察。

二、采用计量分析方法

本书在前人研究基础上，采用最新的计量学方法，将ADF检验、协整分析、回归分析运用到东北亚区域合作领域中做定量分析（Eviews 9.0），研究东北亚区域合作对东北经济影响绩效。这样的研究在东北亚区域合作研究中还是比较鲜见的，此研究进一步提高了文章的可信度。

三、动态分析和静态分析相结合的方法

本书在研究的过程中既对东北亚区域合作的基本理论、东北亚区域合作现状、存在问题进行静态分析，又对东北亚区域合作前景及战略进行动态比较分析，期望对日后探索东北亚区域经济合作的新模式、新途径有所帮助。

1.4 基础结构与主要内容

在区域经济合作的趋势下，作为东北亚区域来说，要发展、要崛起，走新区域合作之路是不可逆转的历史潮流。本书东北亚区域合作理论创新研究具有一定的先进性和前沿性，本书基础结构与主要内容如下。

第 1 章绪论。主要分析研究的背景、意义、方法、基本结构与主要内容及创新点与不足。

第 2 章国内外文献综述。主要对国内外文献进行系统的梳理。

第 3 章东北亚新区域合作理论创新。主要包括新区域合作模式创新，即未来发展方向混合一体化模式；新区域合作路径创新，梯度发展走产学研——官产学研金——中央政府合作之路；新区域合作方式创新，即未来发展方向走向经济合作——文化教育合作——制度协调合作方式。与此同时也对东北亚及博弈相关理论进行介绍。

第 4 章东北亚区域合作现状分析。主要分析东北亚区域合作的经济互补性及目前中国与东北亚其他五国合作现状。东北亚区域合作经济互补性分析，主要针对东北亚各国自然资源、产业结构、劳动力资源、农业资源、资金、技术及人才的互补性进行深入分析。中国与东北亚五国的合作现状包括中日、中韩、中俄、中朝、中蒙区域合作现状分析。

第 5 章东北亚区域合作进程及主要障碍分析。分析东北亚区域合作进程包括目前东北亚区域合作历史进程及中国与东北亚各国合作主要障碍。在历史进程分析中，认为中国与东北亚区域合作目前处于第三阶段中。东北亚区域合作的主要障碍包括：中国、俄罗斯、日本经济重心不在东北亚，地缘优势作用没有充分发挥；缺乏各国公认的“领头羊”，政治诉求不同，东北亚区域合作陷入困境；大国之间竞争防范意识较强，牵制东北亚区域合作一体化发展；美国刻意的干扰破坏东北亚区域合作现实基础；利益吸引力不强，缺乏促成东北亚区域合作的利益切入点；朝核问题错失东北亚区域合作发展良机。

第 6 章东北亚区域合作面临的新挑战。新挑战主要内容包括：美国主导的 TPP 为遏制中国致力于打造前所未有的高标准自由贸易区范本；中日韩自由贸易区尚未建立，中韩日形成“东北亚困局”，美国因素不可忽视；俄罗斯更关注于“欧亚联盟”战略框架，且中俄两国产业链衔接不顺畅；中朝缺乏政治互信，对中国既依赖又警惕，经贸领域合作层次不高；蒙古国经济上依赖中国，政治上对中国保持较强戒心。本书还分析了东北亚区域合作面临的国际其他区域组织新形势，即东盟中心地位受到挑战；APEC 面临“意大利面条碗”效应，存在被架空，被分裂的危险；东盟 RCEP 区域经济主导权被削弱；SCO 注重国家安全，未充分发挥经济合作潜力。

第 7 章中国参与东北亚区域合作的博弈分析。分析了东北亚区域合作中各国利益与动力分析。重点分析了中国参与东北亚区域合作的博弈分析，本书创新分析了在合作博弈及非合作博弈两中状态下，中国与东北亚五国各种博弈，包括“猎鹿博弈”“智猪博弈”以及“囚徒困境”博弈。得出非合作博弈下中日区域合作应走出“囚徒困境”并提出破解困境的对策。合作博弈中，中韩走向共赢的“猎鹿博弈”，中俄应从合作走向共赢“猎鹿博弈”，并适时提出中韩、中俄“猎鹿博弈”博弈的启示。与此同时本书还分析了合作博弈中，中国与朝鲜、蒙古国合作应避免“智猪博弈”。

第 8 章东北亚区域合作前景与战略选择。主要分析东北亚区域合作前景展望，东北亚区域合作的战略选择。前景展望主要包括对中韩、中日、中俄、中蒙、中朝未来区域合作进行了展望。战略选择则未来应采取如下策略，发挥在东北亚区域合作“领头羊”作用，从“零和博弈”到“非零和博弈”观念的转变，营造良好国际政治环境；东北亚地区建立跨国经济联合体，力促中日韩，中俄朝自由贸易区建立；倡导共建东北亚区域合作总部，提升中国的话语权。

第 9 章东北亚区域合作与东北老工业基地的互动发展。主要分析东北亚各国进出口额对东北经济影响的互动实证分析。东北亚各国进出口总额分别对辽吉黑经济影响的实证分析，辽宁与东北亚区域合作进出口总额每增加 1 个百分点，辽宁经济增长 2. 049077 个百分点；吉林与东北亚国家日本进出口总额每增加 1 个百分点，吉林经济增长 0. 160735 个百分点。吉林与东北亚国家俄罗斯进出口总额每增加 1 个百分点，吉林经济增长 0. 159048 百分点；模型分析表明，黑龙江与东北亚国家进出口总额每增加 1 个百分点，黑龙江经济增长 0. 154145 个百分点。东北亚区域合作与东北老工业基地互动发展，主要包括东北亚区域合作与东北老工业基地贸易互动、投资互动、金融互动服务创新、基地港口、能源、交通、技术、农业合作互动发展的政策建议。

第 10 章辽宁自贸试验区与东北亚区域合作研究。主要针对辽宁自贸试验区与东北亚区域各国合作的经济互补性进行分析。得出辽宁自贸试验区与东北亚区域合作的未来合作发展设想。包括倡导辽宁自贸试验区建立“东北亚区域合作总部”及“东北亚开发银行；力促辽宁自贸试验区——

东北自贸试验区——中日韩自贸区、中俄蒙自贸区多边动态发展；力促“辽宁制造”向“辽宁智造”再到“东北亚智造”转变；辽宁自贸试验区与东北亚区域合作宜采用“产学研——官产学研金——中央政府合作”新路径；辽宁自贸试验区与东北亚区域合作宜采用先“经济文化教育合作”再到“制度协调合作”新区域合作方式。

1.5 主要创新点与不足

一、主要创新点

本书遵循经济学论文的内在逻辑和基本范式，对东北亚区域合作进行研究，其主要创新点包括以下几个方面。

1. 东北亚新区域合作研究实现了理论创新

本书提出新区域合作理论创新，主要包括新区域合作模式创新，即未来发展方向混合一体化模式。新区域合作路径创新，即未来发展方向应是渐近，梯度发展走产学研——官产学研金——中央政府合作之路。新区域合作方式创新，即未来发展方向走向经济合作——文化教育合作——制度协调合作方式。

2. 创新研究东北亚区域合作所面临新挑战

本书研究视角新颖，新挑战主要内容包括：美国主导的TPP为遏制中国致力于打造前所未有的高标准自由贸易区范本；中日韩自由贸易区尚未建立，中韩日形成“东北亚困局”，美国因素不可忽视；俄罗斯更关注于“欧亚联盟”战略框架，且中俄两国产业链衔接不顺畅；中朝缺乏政治互信，对中国既依赖又警惕，经贸领域合作层次不高；蒙古国经济上依赖中国，政治上对中国保持较强戒心。本书还分析了东北亚区域合作面临的国际其他区域组织新形势，即东盟中心地位受到挑战；APEC面临“意大利面条碗”效应，存在被架空，被分裂的危险；东盟RCEP区域经济主导权被削弱；SCO注重国家安全，未充分发挥经济合作潜力。由此得出我们所面临的新挑战，使东北亚区域合作研究的结论更科学可信，研究成果的应用空间广阔，目前此领域的研究很少见，研究课题具有前沿性。

3. 采用博弈分析方法，且将最新发展的计量分析方法应用于东北亚区域合作实证的研究

对东北亚区域合作博弈分析，研究视角独到新颖，在东北亚区域合作中引入博弈研究很少见。这样使研究结论更科学可信，可以拓展提高东北亚区域合作的研究视角，有利于对东北亚区域合作进行全方位、多视角的考察。

本书也采用最新的计量学方法，将 ADF 检验、协整分析、误差修正（ECM）、回归分析运用到东北亚区域合作领域中做定量分析（Eviews 9.0），研究东北亚区域合作对东北经济影响绩效。这样的研究在东北亚区域合作研究中还是比较鲜见的，此研究进一步提高了文章的可信度。

二、本书不足之处

东北亚区域合作研究由于所涉及的国家较多，涉及六个国家的经济数据。其中俄罗斯、中国、日本、韩国的经济数据较易获得，但朝鲜及蒙古国数据的收集难度较大。考虑到朝鲜实际情况，部分计量剔除了朝鲜的数据，是本书的不足之处。

本书所涉及的理论较为广泛，因此撰写本书需要理论和调研有机结合，本书作者由于时间等因素，无法走遍东北三省，只是部分选取了图们江、绥芬河、珲春、东宁、嘉荫、罗北、仙人岛港、鲅鱼圈港、黑河、布拉戈维申斯克（俄罗斯）等地进行实地调研，在未来还应深入东北三省不同地方进行调研活动，使研究更具现实操作意义。

1.6 技术路线

本书研究遵循以下技术路线（如图 1－1 所示）。从东北亚区域合作理论创新模块出发，分析东北亚区域合作现状、障碍、面临的新挑战，进而对东北亚区域合作各国的博弈结果进行分析。在利用博弈分析后，本书采用最新的计量学方法，研究东北亚区域合作对东北经济影响绩效，最终得出东北亚区域合作前景与战略选择、东北亚区域合作与东北老工业基地的互动发展的政策建议。

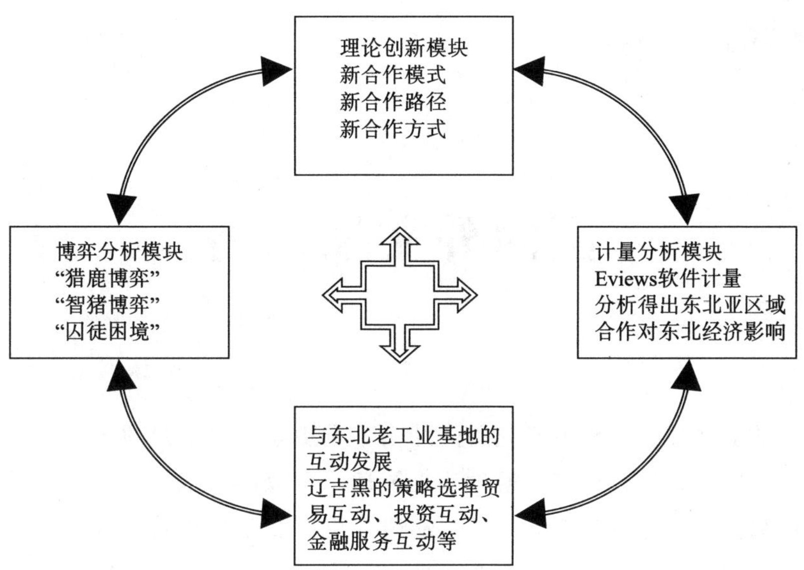

图 1－1　东北亚区域合作的技术路线

国内外文献综述

东北亚区域合作相关研究国内外已不有少学者进行过研究，下面就对国内外研究现状进行梳理。通过认真梳理，可以深入剖析东北亚区域合作未来趋势走向，加入与东北三省互动研究更有利于提出对策建议加速东北亚区域合作及东北老工业基地全面振兴研究，可以为相关政策部门政策制定提供参考。

2.1 国外文献综述

东北亚区域经济合作最早是由日本早稻田大学西川润教授于1987年9月提出来的，他在《关于发展日本海经济协作的倡议》（1987）中，首次指出了日本、中国、韩国、朝鲜开展经济合作的必要性和可能性。

Joseph Eugene“Joe”Stiglitz 在《亚洲经济一体化的现状与展望》（1989）一文中，从全球政治经济稳定的高度来探讨亚洲经济一体化，他指出：“亚洲有着极大的潜能，在贸易和金融领域进一步推动经济一体化。这一议程不仅有利于本地区的经济，也将有利于整个世界的政治和经济的稳定”。

韩国对外政策研究院特邀研究委员孙炳海（1991）提出“东北亚线型自由贸易区”的设想，建议由中国、韩国、朝鲜、苏联、日本及中国台湾地区各确定一个上述沿海城市作为东北亚经济区域合作开放特区，市内设保税加工区，各城市之间以免税往来进行自由贸易。此外韩国的学者还提出了“环黄海经济圈”的构想。

Krishna & Bhagwati（1997）研究在工业化限制条件下关税同盟福利增进的可能性，分析了两个或者两个以上追求非经济目标的国家之间建立区域一体化组织的可能性及其福利效果。

Toshihiko kinoshita（2003 ）认为，东亚一体化进程使许多国家加强了经济往来，制定了一些相互交织的 FTAs，一定程度上促进了各国经济的增长，但是仍然无法解决各个成员国之间收入差距比较大的现状。

Robert Gilpin（2003）认为，一般区域一体化过程中都会受到两种主要因素的影响，即政治因素和经济因素影响。他举例说明在西欧一体化进程中，主要是由政治因素所推动的，北美一体化进程则是由政治因素和经济因素共同作用结果，未来东北亚区域一体化进程将会不同于西欧一体化与北美一体化，市场推动将占据主角。

Shamshad Aklitar（2004）则从金融的角度来分析东亚经济合作，认为当金融危机来临的时候不能只寄希望于国际货币基础组织，应当建构自己的金融机制来抵御各种危机可能，可以首先考虑建立东亚独立的货币区来共同抵御金融风险的存在。

韩国学者安忠荣（2004）在《现代东亚经济论》一书中，也指出中日韩三国，通过密切的合作能够获得巨大的共同利益。Akira Kohsaka（2004）对东亚地区的区域金融合作进行了分析，认为区域金融合作将让现在与未来金融结构得到强化。

加藤正昭（2004）对中日韩经济依存度进行了深入的剖析，认为三国产业间的差距在增加，与此同时收入分配领域中产生的矛盾也不应忽视，中日韩应着眼于如何缩小经济差距，实现东北亚区域共同的繁荣。

Deitas、Desmet、Facchinin（2005）从要素禀赋差异出发建立了一个三个国家的模型，指出从“轮轴—辐条”模式到自由贸易的过程中轮轴国福利下降。Douglas L. Tookey（2007）从环境、安全角度分析特定国家（中亚地区国家）之间的区域合作问题。

日本学者吉田进（2008）通过分析图们江区域的最新发展，得出结论认为次区域合作中仍然有许多问题需要完善，例如交通运输、互联互通、基础设施的发展与建设等方面。

韩国学者李熙玉（2009）分析在当前的环境下，应依靠东北亚各国的合力解决区域问题，应在东北亚成立一个多边经济安全体制，可以建立适当机制来解决东北亚合作中面临的高水平及难点问题。

HyunJin Choi（2009）认为东北亚地区的经济发展确实得到了很大提高，但是随着中日韩发展，其不断增长的能源需求将会是未来影响三国实现东北亚区域合作及安全问题的一个最重要因素。

日本能源经济研究所（2010）报告显示，东北亚区域合作中的能源合作将会有新的趋势出现，那就是通过技术转移实现东北亚区域能源合作。

韩国学者 Sohn Yul（2010）则分析在中日韩合作中应由韩国占据主导权，认为三国应在韩国的带领下实现中日韩三国的区域合作，最终促进东北亚区域合作。

日本学者 Hidetaka Yoshimatsu（2010）认为，毫无疑问目前中日韩国三国在东北亚区域经济中日益成为核心国，且三国在东北亚区域合作中将发挥越来越重要的责任。未来东北亚三国合作的新领域将会涉及金融、环保、物流等多方面。

2.2 国内文献综述

回顾了国外的研究成果后，再来分析一下国内研究现状。目前国内有关东亚区域经济合作方面的成果非常丰富，陈乔之教授主编的《东亚区域经济合作研究》（2002）中，各个学者就从各个不同的视角和方面分析了中国与东亚区域经济合作。王志民等著的《东亚区域经济合作的政治因素及中国的对策》（2009）则从政治因素的视角分析了中国与东亚区域经济合作。王正毅等著《亚洲区域合作的政治经济分析》，东北财经大学刘昌黎教授所著《东亚双边自由贸易研究》则从日韩自由贸易区、日本与东盟各国的 ERP 及我国 FTA 的发展与对策等多方面分析东亚经济合作。有关东亚区域经济合作研究文献多数分析东亚区域一体化的研究，这方面的文献比较多，如陈勇著的《新区域主义与东亚经济一体化》（2006），莫金莲著的《亚太区域合作研究》（2007），李众敏《东亚一体化框架下的经济合作——在不平衡中寻求“共生”》（2008），张蕴岭《对东亚合作发展的再认识》（2008）、《东亚之路该如何走》（2009）等。如蒋旭华《中国参与区域经济合作的历程和展望》（2009）对中国与东亚区域经济合作的进程和特点方面的论述。

对于东亚的研究成果还是比较丰富的，目前许多学者渐渐开始将研究方向转向东北亚区域的研究，认为东北亚区域合作将是未来经济发展必然趋势，将会改变世界经济格局，东北亚区域合作与东北老工业基地振兴将实现互动发展。

林木西（2005，2006）认为，东北亚区域合作与振兴东北老工业基地重在创新，关键在于制度创新，基础在于企业制度创新或所有制结构调整。振兴东北光靠国有经济不行，但光靠民营经济、外资经济也不行，必须走国有经济、民营经济和外资经济混合发展的道路。同时认为，制度变迁是经济增长的内生因素。通过比较东北与国内发达地区制度变迁、东北与浙江文化及非正式制度变迁的差异，可以证实制度变迁对经济发展的内生作用。因此，正式制度与非正式制度创新是实现东北振兴和东北亚区域合作的关键。

关于东北亚区域经济博弈问题的研究，曾兆勇《博弈论在区域经济合作中的运用研究——以东北亚区域为例》（2006 年）认为中日两国的博弈是一个“零和博弈”，对抗性极强，中日只有合作才能“双赢”。动态博弈在东北亚区域经济合作中能发挥很好的作用，提出东北亚区域经济合作的最佳途径。但对于博弈问题的研究切入不够深入，研究领域比较窄。

关于中俄之间的合作分析，杨越松《中国与东盟区域经济合作战略研究》（2011 年）认为中俄之间具有区域经济合作的优势，其一些领域的合作是利益驱动，是历史的选择，合作的开展将有利于双方政治经济领域的发展进步，但是由于文化差异，地缘政治等因素的影响，其合作潜力并没有完全发挥出来，今后，中国与俄罗斯之间要进一步加强交流互信，要逐步形成合作机制，合作模式，以促进两国经济更好合作，促进两国经济社会进步，也对东北亚区域经济合作有所贡献。

关于东北参与东北亚合作张蕴岭《中国参与和推动东北亚区域经济合作的战略》（2013）认为东北亚地区对中国有着特别重要的地缘、经济、政治与安全意义。由于东北亚地区有着复杂的地缘关系，这个地区的合作呈现出多重框架、多种机制、多重因素影响的特点。出于地缘经济、政治的考虑，尤其是东北地区发展的战略考虑，中国对东北亚地区的合作采取了积极参与和务实推进的政策。

关于中国在东北亚经济合作中的地位与作用，李俊久，陈佳鑫在《中国在东北亚经济合作中的地位与作用——区域性公共产品的视角》（2014）文中对中国在供给东北亚区域公共产品中的地位与作用进行了重新审视。文章在具体分析基础上得出合理对策建议，即中国应进行经济结构性调整，最终达到取代美国的“最终产品市场提供者”。与此同时中国应注重国内金融市场培育和发展，最终使人民币成为市场认可度高的国际货币。

对于东北亚区域合作面临的新挑战，刘重力，杨宏在《美国重返亚洲对中国在东亚地区 FTA 战略的影响——基于 TPP 合作视角的分析》（2012），认为美国主导下的 TPP 对东北亚区域合作机制的发展产生了重要的影响，给中国战略选择带来了一些不确定性因素。中国应在分析由美国主导的 TPP 基础上，对自己的 FTA 战略做出调整，与此同时关注最新发展，为未来中国加入 TPP 做好准备工作。

对于辽宁省参与东北亚区域经济合作问题的研究，付云鹏，马树才，宋琪在《辽宁省参与东北亚区域经济合作现状及对策研究》（2013）中，认为辽宁由于其特殊的地域优势、产业优势、资源优势等应尽快参与到东北亚区域经济合作中来。文章在分析现状的基础上，提出未来可以采用对策建议，即包括应对辽宁现有产业进行升级，重新构建适合辽宁发展需求的新产业布局；与此同时辽宁还应大力发展新兴替代产业，主要是利用新能源、新材料等；当然文章也认为应积极加快推进区域一体化发展。毫无疑问以上措施将有利于辽宁更好更快地参与到东北亚区域经济合作中来，进一步促进辽宁经济的快速增长。

关于东亚区域合作与中国东北地区的开放，李静秋在《东北亚区域合作新变化及其对中国东北地区的启示》（2014）认为，国际金融危机之后，亚洲经济不断快速发展，世界地缘重心东移。毫无疑问这为东北亚区域经济的发展提供了机遇与挑战。中国的东北地区更应顺应时代发展潮流，积极进行战略调整，完善合理框架内的经济政策，努力协调发展次区域合作，发展优势产业，形成东北亚区域合作一体化，与此同时进一步促进东北地区对外开放。

对于中国与东北亚各国经济关系及其走势问题的研究，《中国与东北亚各国的经济关系及其走势》，冯玉宝（2014）认为正是由于东北亚复杂的新形势下，国际形势正处于不明朗且变数较大阶段，现在中国与东北亚各国关系存在一些问题，主要包括中国与东北亚各国以双边合作为主寻求多边突破，但效果不明显。与此同时中国与东北亚各国正在进行多层次区域经济合作，但后劲比较乏力。文章认为破解此项难题政策建议在于应着眼基于高速增长推进多边合作且应重视合作效果。同时应增强东北亚次区域经济合作的原动力，例如充分发挥图们江次区域合作道路最终实现中国与东北亚各国区域合作新道路。

对于东北亚区域合作目前遇到困境的问题研究，《推进东北亚区域合作：困境、空间与问题》，张蕴岭（2019）认为有关东北亚区域合作的问题已持续讨论了很长一段时期，现在进入了调整期，反思期。面对新的复杂形势，东北亚各国需要重新思考与推动本地区的合作问题。首先，东北亚地区缺乏一个对于共同利益一致性的认同。其次，东北亚地区缺乏一种引领性的机制认同。再次，东北亚地区的共同安全认同缺位，经济利益的认同并不完全。

对于东北亚区域合作中的中日韩合作路径选择问题，《新形势下加快推进中日韩合作的路径选择》，刘卿（2019）认为三国合作要把维护稳定的地区环境放在首位，努力推进朝美、朝韩对话取得新进展。积极创新合作思路，拓宽合作领域，不断推进中日韩务实合作，夯实三国关系基础。探索合作新途径，共同开辟第三方和第四方市场。持之以恒推进地区国家间互信建设，创建地区安全合作机制。

综上所述，对于东北亚区域经济合作研究，无论是国内还是国外的专家学者们，都从宏观和微观、历史和现状、政治和经济等角度做了大量而充分的研究，形成了一定的理论研究框架。但是我们应看到，东北亚地区政治经济因素相当复杂，想要做综合性的研究十分困难，因此本书试图从整个东北亚区域合作的宏观角度出发，从理论分析、博弈分析及实证分析角度进行探讨，从而提出推动东北亚区域合作发展的一些建议。

第 3 章

东北亚新区域合作的理论创新

东北亚区域合作已由最开始松散合作机制慢慢向制度性框架过渡，随着全球经济重心由大西洋向太平洋转移，东北亚区域无疑将是亚太最具活力和潜力的后发区域，东北亚区域合作将对世界经济走向产生深远影响，东北亚区域合作意在双赢，利在长远。

3.1 东北亚新区域合作的理论概述

3.1.1 东北亚内涵

理论界对于东北亚定义比较多，其中有“中日韩”观点，即从地理范围上来看，包括中国、日本、蒙古国、俄罗斯、韩国、朝鲜。此观点认为如果具体分析区域经济合作的角度，认为应选择经济地位较为重要国家即中日韩三国。理论界也有“小东北亚”观点，认为应包括中国、日本、蒙古国、韩国、朝鲜五国，排除了俄罗斯。理论界还有“大东北亚”观点，本书就采用此观点，主要是考虑到东北亚区域合作与东北老工业基地的振兴作为互动研究意义比较大，本书界定东北亚主要包括中国的东北地区、日本、蒙古国、俄罗斯的远东地区、韩国、朝鲜。

3.1.2　新区域合作理论内涵

新区域主义的理论建于20世纪70年代末，但随着“第三意大利”“硅谷”等为代表的“新马歇尔产业区”的出现，人们开始意识到新区域经济带来新的经济增长，竞争力及创新力，更意识到新区域经济对于提高本国经济实力，尽快融入世界经济一体化浪潮中的重要性。

新区域合作与传统区域合作理论相比，具有以下几个显著特点。

其一，经济上的小国与经济上的大国合作。例如由美国所主导的北美自由贸易协定中，加拿大和墨西哥就是经济上的小国，而美国则为经济上的大国，经济上小国与经济上大国进行了新区域合作。

其二，新区域合作成员国并非地理上相邻国家。传统观点是地理上相邻国家形成区域合作，但随着世界经济一体化浪潮袭来，地理上相邻已经不再是区域合作必要条件。

其三，小国被迫作出减让和改革。例如北美自由贸易协定中墨西哥，为加入此协定做出改革与关税方面减让。

其四，合作涉及深度一体化。新区域合作成员国为加入区域合作，努力减少关税及关税壁垒，努力在政治，经济等方面做出协调措施，成员国一致认为作为“试验田”实行各种努力措施，可以更好地适应未来世界经济一体化的要求。

3.1.3　东北亚新区域合作理论内涵

东北亚区域经济合作最早是由日本早稻田大学西川润教授于1987年9月提出来的，首次指出了日本、中国、韩国、朝鲜开展经济合作必要性和可能性。但是随着世界经济一体化浪潮袭来，东北亚区域合作迎来新发展时代，各个国家为了促进本国经济快速增长，都在积极签订各种类型双边或多边贸易协定，东北亚区域合作已冲出四个国家界定，加入了俄罗斯远东地区、蒙古国到东北亚区域合作中来，六个国家全方位探索，使东北亚区域合作研究范围更广泛、影响更大，同时使东北亚区域合作向着深度融合的方面发展，有利于促进东北老工业基地全面振兴及再工业化的顺利进行。

3.1.4 东北亚新区域合作特点

第一，松散性与渐进性。东北亚区域合作中、日、韩、朝、蒙、俄各国政治、经济制度、经济体制及各国不同的经济发展水平及民族文化差异很大。东北亚区域合作面临问题困难重重，所以东北亚区域合作过程必定是松散性与渐进性。

第二，经济互补性。东北亚区域合作中、日、韩、朝、蒙、俄由于经济发展水平不同，资源禀赋各不相同，东北亚区域各国在资金、技术、劳动力、自然资源等生产要素方面有很强的互补性，各国之间可以相互提供消费市场，这是东北亚区域合作各国加强经济联系动力所在。

第三，民间导向性。东北亚区域合作中、日、韩、朝、蒙、俄各国之间差异性，决定了合作是逐步推进的，首先是由学术团体、企业、财团等各种民间机构首先提出各种构想建议，然后由地方政府在中央的指导下配合组织实施。

第四，开放性。东北亚区域合作中、日、韩、朝、蒙、俄主要是通过双边或多边的方式，在贸易、投资、开发、技术转让、人员交流等方面进行广泛的合作，相互实行优惠政策，并根据条件的可能逐步开放本国的市场，共同融入东北亚区域合作中。

3.1.5 博弈的基本界定及分类

博弈（game），也称“对策论”“赛局理论”，表示在多决策主体之间行为具有相互作用时，各主体根据所掌握信息及对自身能力的认知，做出有利于自己的决策的一种行为理论。

博弈的四个要素。①参与人，参与博弈的决策主体。谁参与了博弈？②规则，对博弈作出具体规定的集合。谁在何时行动？他行动时知道什么？他能选择什么样的行动？③结果，对于参与人行动的每一个可能的集合，博弈的结果是什么？④赢利，在可能的每一个结果上，参与者的所得和所失。参与人在每个可能结果上的偏好（即效用函数）是什么？

博弈根据是否可以达成具有约束力的协议分为合作博弈和非合作博弈。非合作博弈指在策略环境下，在非合作框架内可以把所有人的行动都当成是个别行动。非合作博弈主要强调一个人进行自主的决策，而与这个策略环境中其他人无关。合作博弈亦称为正和博弈，是指博弈双方的利益都有所增加，或者至少是一方的利益增加，而另一方的利益不受损害，因而整个社会的利益有所增加的。

（一）非合作博弈中“囚徒困境”（The prisoners’ Dilemma）

在非合作博弈中，“囚徒困境”（The prisoners’ Dilemma）是被广为引用的对策论模型之一，是 1950 年美国兰德公司提出的博弈论模型。两个共谋犯罪的人被关入监狱，不能互相沟通情况。如果两个人都不揭发对方，则由于证据不确定，每个人都坐牢半年；若一人揭发，而另一人沉默，则揭发者因为立功而立即获释，沉默者因不合作而入狱 8 年；若互相揭发，则因证据确实，二者都判刑 1 年。由于囚徒无法信任对方，因此倾向于互相揭发，而不是同守沉默。

表 3－1　“囚徒困境”效用矩阵

局中人 2

		背叛（坦白）	合作（抗拒）
局中人 1	背叛（坦白）	－8，－8	0，－10
	合作（抗拒）	－10，0	－1，－1

囚徒困境这两个被捕囚徒之间的一种特殊博弈，说明为什么甚至在合作对双方都有利时，保持合作也是困难的。[①] 囚徒困境博弈假定每个参与者（即“囚徒”）都是利己的，理性的局中人所采取的行动应该是使得自己的效用（或者盈利）达到最大化，而不关心另一参与者的利益。与此同时还假定没有任何其他力量干预决策，参与者完全按照自己意愿选择策略。

（二）合作中博弈中“猎鹿博弈”

合作博弈中猎鹿博弈又称猎鹿模型（Stag Hunt Model），猎人的帕累托效率，源自启蒙思想家卢梭的著作《论人类不平等的起源和基础》中的一个故事。古代的村庄有两个猎人。当地的猎物主要有两种：鹿和兔子。如

① 曼昆《经济学原理》第五版，北京大学出版社，2009 年。

果一个猎人单兵作战，一天最多只能打到 4 只兔子。只有两个一起去才能猎获一只鹿。从填饱肚子的角度来说，4 只兔子能保证一个人 4 天不挨饿，而一只鹿却能让两个人吃上 10 天。这样两个人的行为决策可以形成两个博弈结局：分别打兔子，每人得 4；合作，每人得 10。这样猎鹿博弈有两个纳什均衡点，那就是：要么分别打兔子，每人吃饱 4 天；要么合作，每人吃饱 10 天。

表 3－2　　　　“猎鹿博弈”效用矩阵

猎人 A

		抓　兔	打 鹿
猎人 B	抓　兔	4，4	4，0
	打 鹿	0，4	10，10

（三）合作中博弈中“智猪博弈”（Pigs’Payoffs）

“智猪博弈”由约翰·纳什（John Nash），1950 年提出。实际上小猪选择等待，让大猪去按控制按钮，而自己选择“坐船”（或称为搭便车）的原因很简单：在大猪选择行动的前提下，小猪选择等待的话，在大猪返回食槽之前，小猪可得到 4 个单位的纯收益，大猪到达之后只能得到剩下的 6 个单位，实得 4 个单位；而小猪和大猪同时行动的话，则它们同时到达食槽，分别得到 1 个单位和 5 个单位的纯收益；在大猪选择等待的前提下，小猪如果行动的话，小猪在返回到达食槽之前，大猪已吃了 9 个单位，小猪只能吃到剩下的 1 个单位，则小猪的收入将不抵成本，纯收益为 －1 单位，如果大猪也选择等待的话，那么小猪的收益为零，成本也为零，总之，等待还是要优于行动。本书用博弈论中的报酬矩阵可以更清晰的刻画出小猪的选择。

表 3－3　　　　“智猪博弈”效用矩阵

小猪

		行 动	等　待
大猪	行动	5，1	4，4
	等待	9，－1	0，0

从矩阵中可以看出，当大猪选择行动的时候，小猪如果行动，其收益是 1，而小猪等待的话，收益是 4，所以小猪选择等待；当大猪选择等待的

时候，小猪如果行动的话，其收益是 -1，而小猪等待的话，收益是 0，所以小猪也选择等待。综合来看，无论大猪是选择行动还是等待，小猪的选择都将是等待，即适时等待是小猪的占优策略。

3.2　东北亚新区域合作理论创新

东北亚新区域合作与现存区域合作有很大的不同之处，主要体现在现存区域合作更注重垂直分工一体化模式，或者水平分工一体化模式，而本书提出东北亚新区域合作模式创新，认为未来发展应走向混合一体化的新模式。新区域合作路径创新，与现存区域合作产学研路径不同，认为未来发展方向应是渐近、梯度发展走产学研——官产学研金——中央政府合作之路。新区域合作方式创新与现存区域合作方式不同，现存区域合作方式强调经济及文化整合，新区域合作方式认为未来发展方向走向经济合作——文化教育合作——制度协调合作方式。

3.2.1　东北亚新区域合作模式创新——“混合一体化”新模式

（一）现存区域合作模式

1. 北美自由贸易区垂直分工一体化

北美自由贸易区（North American Free Trade Area，NAFTA）由美国、加拿大和墨西哥三国成立于 1994 年。三个会员国彼此必须遵守协定规定的原则和规则，如国民待遇、最惠国待遇及程序上的透明化等来实现其宗旨，以消除贸易障碍。自由贸易区内的国家货物可以互相流通并减免关税，而贸易区以外的国家则仍然维持原关税及壁垒。墨西哥与美国、加拿大的经济发展水平差距较大，而且在经济体制、经济结构和国家竞争力等方面存在较大的差别，美墨之间因北美自由贸易区使得墨西哥出口至美国受惠最大。

（1）突破了以水平分工为基础的一体化模式，是典型的南北合作。

北美自由贸易区（NAFTA）突破了以水平分工为基础的一体化模式，

区域内发达国家和发展中国实行区域内部的垂直分工。各成员国虽然经济发展水平各不相同，但由于区域内经济结构互补性很强，最终实现了南北合作，开创性地取得了巨大的成功。目前美国在北美自由贸易区内起着绝对的主导作用，区域内既有经济实力强大的发达国家美国，加拿大，也有经济发展水平较低的发展中国家墨西哥，是典型的南北合作。各国市场的成熟度，经济发展水平差距较大，经济互补性很强。各成员国在发挥各自比较优势的同时，通过发达国家美国及加拿大与发展中国家墨西哥区域间垂直分工，突破了水平分工一体化的模式。各国虽然经济发展水平差异很大，经济结构不同，但互补性强的自由贸易区仍取得令人瞩目的成绩，成功促进了美加墨地区贸易增长和增加了直接投资（FDI），最终使得发达国家美国及加拿大可以继续保持经济强势地位，发展中国家墨西哥则充分利用自己劳动力优势从中获得巨大收益。

（2）将美国、加拿大和墨西哥共同纳入产业一体化中的垂直分工。

北美自由贸易区域内各国具有经济上互补性且各国分工关系明确，例如加拿大和墨西哥的资源与能源和美国互补，墨西哥的劳动力与美国、加拿大的技术、资本互补等。垂直分工一体化过程中主要利用加拿大的原材料、墨西哥的劳动力与美国的技术管理相融合，最终发展成为以美国为轴心的生产和加工一体化。美国和墨西哥生产一体化的行业，主要集中在电器、汽车和服装这几个行业，带有明显的垂直分工一体化的特点，主要是美国将零部件运到墨加工后再返回美国。这种产业一体化中的分工协作体制使各国的产业优势，比较优势得到更大的发挥。与此同时通过区域内自由的贸易和投资，推动各国产业结构的调整，促进发展中国家的经济发展，从而减少与发达国家的差距。

（3）垂直分工一体化带来南北各国多赢局面。

北美自由贸易区由于其规模巨大，更易于达到规模经济，区域内的三国在能源、劳动力、资本、农产品等方面有着很强的互补关系。通过建立北美自由贸易区各成员国都会从中获益，同时有利于各成员国降低成本。北美自由贸易区使得美国在双边贸易、直接投资、技术转让及第三产业等领域得到控制和渗透加拿大和墨西哥的机会，从而确立了自己在贸易区内的话语权及控制权。美国目前进入墨西哥的服务、电讯、金融等领域，利用墨西哥劳动力成本低的优势，成功实现了美国本土产业结构的快速平稳升级，从中获益颇丰。而加拿大则利用此次良机加大了对美国和墨西哥出口力度，增加了对两国国内投资的力度，提高了本国的劳动生产率，增强了国际竞争力。自加入北美自由贸易区以来，加拿大和墨西哥得到了成功进入美国市场的机会，有利促进加拿大、墨西哥的经济发展，且三国联合起来发挥集聚优势在国际贸易中的地位也随之上升。以墨西哥为例从中获益较大，贸易成倍增长，吸引外资最为迅猛，据墨西哥《金融家报》报道，根据墨西哥经济部公布数据显示，2013 年墨西哥吸引外国直接投资 351.88 亿美元，创墨西哥历史新高，按外资来源国分，比利时占 38%，美国占 32%，日本和德国均占 4%，英国占 3%，其余 11% 来自其他 79 个国家，墨西哥经济得到强劲增长。可见以垂直分工为主北美自由贸易区确实实现了南北多方共赢，南北合作即不同的经济发展水平的国家间实行区域经济一体化是完全可行的，而且区域内各方获益都非常大。

2. 欧盟、东盟水平一体化

欧洲联盟（European Union），欧共体是世界上一支重要的经济力量。目前拥有 28 个国家，总面积为 242 万平方千米，人口 3.5 亿。2013 年欧盟国内生产总值 GDP 为 17.36 万亿美元，人均 GDP 为 34038 美元。2018 年欧盟国内生产总值 GDP 为 18.75 万亿美元，人均 GDP 突破 40000 美元。欧盟 2018 年实际增速为 1.9%，不包括英国，实际增速为 2.0%。2017 年欧盟的增量为 1.36 万亿美元，接近澳大利亚的经济总量，人均 GDP 为 3.66 万美元。欧元区 GDP 总量为 13.66 万亿美元，而中国 GDP 总量为 13.61 万亿美元，预计 2019 年中国 GDP 总量将超过欧元区。欧盟中 GDP 总量最高的国家是德国，2018 年实现生产总值 3.99 万亿美元，德国的实际增速为 1.4%，增量为 2971 亿美元，接近 3000 亿美元，人均 GDP 高达 4.8 万美元。英国 GDP 总量位居第二，法国第三。

欧盟是由经济发展水平相同或相近的国家所形成的经济一体化组织，主要以法国、德国作为欧盟的核心成员国，各成员国相比其他经济组织来说经济基础比较好，且拥有完备的市场经济。欧盟内部成员国之间的贸易主要是产业内的贸易，而且产业内贸易高达 68.7%，而且各国的制成品贸易发展比较迅猛，各成员国都从受益匪浅，经济增长较快。欧盟实现关税同盟和共同外贸政策、实行共同的农业政策、基本建成内部统一大市场、共同的渔业政策、建立欧洲货币体系、建立经济货币联盟，欧盟水平一体化程度较高，发展的历史较长，政策制度较完备。

东盟自由贸易区（Asean Free Trade Area，简称 AFTA）于 1992 年提出，现包括原东盟 6 国（印尼、马来西亚、菲律宾、新加坡、泰国、文莱）和 4 个新成员国（越南、老挝、缅甸、柬埔寨），共 10 个国家，陆地总面积为 450 万平方公里，人口 5.3 亿。2002 年中国与东盟十国共同签署了《中国与东盟全面经济合作框架协议》，2005 年中国——东盟自由贸易协定全面启动并进入实质实施阶段，2019 年中国——东盟自由贸易区已经经历了 17 年。2018 年，东盟成员国中柬埔寨经济增长率为 7.3%，越南经济增长率为 7.08%，印尼经济增长率为 5.15%，新加坡经济增长率为 3.3%。目前东盟各成员国进行的贸易主要是区域产业内的贸易，贸易的产品层次基本上是一些中低级产品，附加值非常低。未来东盟将提升贸易便利化水平，推进货物贸易发展；与此同时共建各类合作园区，促进双向投资不断发展；加快服务贸易自由化，提升服务贸易水平；推进次区域合作，扩展自贸区合作内容；加快互联互通建设，深化自贸区合作领域。可见东盟是典型的水平一体化模式与欧盟相比，水平一体化的程度较低。

（二）东北亚新区域合作创新采用“混合一体化”新模式

东北亚区域合作应在借鉴北美自由贸易区垂直一体化模式、欧盟水平一体化模式、东盟水平一体化模式等现存区域合作模式基础上，采用迈向更高水平的混合一体化新模式。

1. 东北亚各国的资源禀赋有利于实现混合一体化的新模式

东北亚区域合作中各国产业结构不同，其中中国拥有丰富劳动力市场，且劳动力成本较低，国内消费品市场巨大，但相对缺少先进的技术支持；日本拥有先进的技术，丰厚的资金优势，在产业结构上的层次较高，但国内的农产品市场较为脆弱；俄罗斯拥有丰富的资源优势，主要拥有大量天然气、石油和木材等，但对于玩具、纺织、家电及零部件等轻工业依赖于中国市场，水果、蔬菜等则依赖于欧盟市场，俄罗斯相对缺乏资金及劳动力；韩国在产业结构的层次也较高，在汽车、手机等市场上拥有先进的技术，资金雄厚，迫切需要产业升级换代；朝鲜劳动力资源丰富，自然资源也较为丰富，但技术较为落后，缺少发展资金，人民生活较为贫困，处于产业结构低端位置；蒙古国与朝鲜相近，都是自然资源较为丰富，但产业层次较低，技术落后并且缺乏资本。可见各国的资源禀赋有很强的经济上的互补性，有利于实现混合一体化新模式。

由于上述各国产业结构具有多层次性，东北亚区域合作宜采用混合一体化的新模式。在新模式下中国可以承受日本、韩国的产业转移（高分工阶梯），也可以向朝鲜、蒙古国（低分工阶梯）等进行产业转移。由此可见，中国在东北亚地区的国际分工中处于承上启下的地位，发挥着联结东北亚各地区产业转移的枢纽作用。

2. 东北亚区域六国在制成品、投资及木材深加工等领域实行垂直分工

东北亚区域未来发展可以采用混合一体化新模式，即垂直分工与水平分工相结合，是更高水平的一体化模式创新。垂直分工主要集中在制成品方面，日韩处于产业链中上游阶段，中蒙处于产业链下游阶段。在电器、汽车、服装、农业等行业，可以充分发挥比较优势及产业优势，日本及韩国可以将零部件运到中国、蒙古国等国加工后再返回日本及韩国，使得中国、蒙古国的劳动供给优势与日韩的技术优势相给合。也可利用中国劳动资源丰富优势参与俄罗斯的农业生产，从互惠互利的角度解决俄罗斯农业人口的短缺问题，为俄罗斯的农业发展做出贡献。还可以通过投资方式，借助日韩资金及技术优势，投资于急需资金支持的中国、俄罗斯、朝鲜及蒙古国，日韩也可以通过投资占领一部分这些国家市场份额，在双赢理念的驱动下的分工合作最终将实现东北亚区域合作一体化。俄罗斯的燃料、矿产品、工业制品、木材深加工技术、军工技术具有比较优势，中国可以利用劳动力和资本等生产要素上的优势与俄罗斯开展广泛合作，可以促进产品深加工程度，延长中国的产业链条。

东北亚区域各国的技术水平呈垂直分工的态势。日本、韩国对东北亚其他国家以输出技术为主；中国的技术优势，主要表现在航天航空等高尖技术优于朝日，轻工、纺织、电子和部分机械工业优于俄蒙朝。垂直分工可以帮助东北亚区域各国互通有无，实现共赢。

3. 东北亚各国在食品、汽车、钢铁、矿产资源开发、农业等领域选择水平分工方式

从经济发展整体效益视角考虑，可以在食品、汽车、钢铁、矿产资源开发、农业等领域选择水平分工方式，使中国产品低成本价格优势与其他国家产品优质优势相整合，通过东北亚区域合作使低价产品与高质量产品分别满足不同国家不同市场的需求。蒙古国在非食用原料、矿产品资源上

具有比较优势，但技术落后、资金短缺。中韩日矿产资源比较少，但却拥有先进技术和雄厚资金的优势，适合发展中韩日与蒙古国共同合作的资源开发产业，实现中韩日蒙经济的跨越式发展。

4. 东北亚各国在农业领域可以创新采用混合分工新模式

农业可以创新采用垂直分工与水平分工相结合即混合分工新模式，以前传统农业主要以垂直分工为主，但混合分工新模式是将水平分工模式引入到整个系统中，一方面利用本土丰厚的自然资源，优质的劳动力，从国外市场不断获得市场短缺的农产品。另一方面充分利用韩日资本集约型、土地节约型、劳动节约型特点，通过水平分工，加深农业技术交流与合作，向韩日学习农产品深加工技术，为区域内农业贸易自由化打下基础，中国可以借此提高农产品产量、质量及深加工技术。

可见东北亚各国在制成品、投资及木材深加工等领域实行垂直分工，在食品、汽车、钢铁、矿产资源开发等领域选择水平分工方式，在农业领域可以创新采用垂直分工与水平分工相结合即混合分工新模式方式。东北亚区域合作总体上可以创新采用迈向更高水平的混合一体化新模式。

3.2.2 东北亚新区域合作创新采用新路径——“产学研——官产学研金——中央政府合作”

东北亚区域合作路径应是一个渐近梯度的过程，即第一步可以先走产学研相结合道路，第二步走官产学研金合作道路，最后才是中央政府合作道路。

（一）东北亚现存区域合作路径——产学研

相比之前东北亚区域合作研究，学者们都认为由于东北亚区域六个国家的意识形态，岛屿纷争，不可能一步到位实现东北亚的区域合作。可以尝试着先与各国在民间进行广泛合作，增加合作的机会与信任。从产学研入手，产学研合作可以实现东北亚区域六国共同目标、获得六国最佳利益和综合优势，利用六国各自资源和优势建立一种优势互补、风险共担、利益共享、共同发展正式但非合并关系结构，可见产学研合作是东北亚区域合作最新驱动力。产学研合作将可以在东北亚区域内采取技术转让、联合开发、共建研发机构等符合各国利益的各种合作模式，在此基础上，通过政府合作，最终实现东北亚区域合作。

（二）东北亚新区域合作创新采用：官产学研金——中央政府合作

1. 产学研基础上采用“官产学研金合作”

东北亚区域合作路径在以往产学研合作的基础上，可以创新的采用“官产学研金合作”。“官产学研金合作”主要包括政府、企业、高校、研究机构、金融机构等各个部门，各个部门彼此之间的合作可以促进东北亚区域各国之间的交流与合作，促进技术溢出和知识扩散，可以使新知识、新信息技术快速传递，使研发人员的科研水平不断提高，有利于东北亚区域长远发展。作为官方代表的政府部门掌握着最新、最前沿的科技信息，通过东北亚区域内学校、科研机构人员的自主创新，金融机构给予鼎力支持，可以保证投资大方向与政府部门规划一致，实现各方的共同创新。目前官产学研金相结合的研究成果更易于被企业所接受，且易于操作，从而会使创新带动实体经济的增长。

在实际运行中可以在产学研金合作的基础上，政府率先参与进来，建立先行区域进行试点，比如类似图们江地区、罗先等区域。可以预见的未来，地方政府在东北亚区域合作中发挥的作用将越来越大，随着中央简政放权的实施，地方政府为主力的官产学研金国际交流将日益增多。未来地方区域合作将呈现出勃勃生机，各个地方政府区域合作将慢慢深化，例如绥芬河与俄罗斯远东地区相互交融的外贸买卖、物流合作、友城合作、跨境婚姻、劳务输出及人才转移，都是地方政府在发挥排头兵的作用。未来官产学研金合作还可以从政府的角度关注一些新能源领域，例如新能源汽车，太阳能、风能、生物质能、清洁能源，生物、航天、海底资源利用等各种新能源。各国政府可以参与进来，发挥其政策舆论等方面的优势、推动民间组织大力参与，政府为企业提供税收优惠、税收减免、优惠税率、延期纳税等财政税收优惠政策支持，鼓励东北亚各国建立联合实验室和产业基地，金融机构给予必要的支持，最终促成新能源领域及其他领域的新合作。可见官产学研金合作开发新模式，毫无疑问将在“第三次革命”的新领域占据制高点。官产学研金所创造的合作模式将是未来国家间成功进行东北亚区域合作的试验田。

2. “官产学研金合作”走向“中央政府合作”

在官产学研金基础上，东北亚区域内各中央政府应本着求大同的思想共同推进东北亚区域合作。目前韩国政府进行“西海岸开发计划”，日本政府进行“北九州复兴计划”，俄罗斯政府进行“远东大开发战略”，中国政府进行“东北老工业基地振兴计划”等，都说明各国政府都试图通过区域合作改善目前东北亚及本国经济现状的意愿。各国都在尽力寻找各自发展的突破口，东北亚区域合作毫无疑问将孕育而生。在产学研合作的基础上推进官产学研金的开发，最终实现由政府出面的东北亚区域合作的共同开发。各中央政府可以首先合作开展FTA谈判，寻求中韩在新能源，生物技术，信息通讯，战备性新兴产业等领域的双边贸易，再到中日韩多边贸易，最终实现东北亚区域合作。在中央政府层面，推进东北亚各个国家间的科学家、工程技术人员、企业家、政府官员及金融家之间的互访和交流。

3.2.3 东北亚新区域合作方式创新——“经济合作——文化教育合作——制度协调合作”

（一）东北亚现存区域合作方式——“经济文化合作”

理论界学者对于东北亚区域合作的方式大多局限于研究如何进行经济上合作及文化领域合作。目前东北亚关于此方面的合作方式也比较多，例如在中国的满洲里、绥芬河、黑河等边境城市，中俄两国的互市贸易比较多见，且两国文化交流活动也比较频繁，不定期举办中俄两国的文化演出，边境出口通关速度也较以前有较大的提高。

（二）东北亚新区域合作方式创新——“经济—文化教育—制度协调合作”

1. 经济合作先行

经济基础决定上层建筑，东北亚区域合作的方式应优先选择经济方面合作即双边—多边—经济一体化。中国可以尝试以下双边到多边模式，即中韩到中日韩，中俄到中俄蒙，中俄到中俄朝，东联日本海经济圈，西联环黄渤海经济圈，北联中俄蒙边境大陆经济协作区，形成具有从双边到多边具有联动效应的东北亚区域经济合作。

2014年11月中韩自由贸易区谈判取得实质性进展，未来可以建立中日韩自由贸易区作为东北亚区域合作突破口。中日韩在东北亚区域中经济发展水平较高，文化历史融合较高，经济发展上有很强互补性，合作发展所占比重较大，三国人民从自由贸易区中所获得收益较多，且三国整体福利水平会有大幅度提升。之所以选择中日韩是因为目前俄罗斯远东地区，蒙古国，朝鲜实力较弱。中日韩自由贸易区建成后会对朝俄蒙产生辐射效应和示范效应，从而形成中俄朝，中俄蒙多边自贸区，最终实现东北亚区域合作一体化。从目前东北亚区域合作发展上来看可以先让相互依赖度高，技术差距较小产业优先实现自由化以达到示范效应。毫无疑问目前东北亚区域合作应减少政治干预，增加经济合作，才能真正走向各国共赢之路。

2. 文化教育合作紧跟其后

东北亚六国人民在经济合作基础上，应不断加深文化教育交流与合作，文化教育合作可以为东北亚区域合作提供桥梁和纽带。目前中国与俄罗斯结成很多友好城市，深化双边关系发展。在中国满洲里、绥芬河、珲春等边贸城市文化的交流与合作比较频繁。未来文化教育合作可以借助论坛、博览会、民间文化节、互相派遣留学生等活动形式，增进东北亚六国人民的互信和了解。各种形式的民间组织探讨和交流，充分利用研讨会的形式，利用各国专家、学者、官员等群体，对东北亚区域合作从经济、文化教育、社会等领域存在问题及对策进行深入的交流和研究，分析各国各自的优劣势，选择资源互补性强，发展潜力巨大的项目进行合作，为共同推进东北亚区域合作向纵深发展打下坚实的基础。当然东北亚区域合作也应重视人才培养，培养各国掌握国际经贸规则、法律及外语的复合型专业人才。目前中日，中蒙民间的文化交流日益加深，中韩也在加深文化的交融，韩国与中国的针灸、中药、美容等民间文化的交流正日益增加。文化教育合作将有助于加快推进实现东北亚区域合作的步伐。

3. 最终走向制度协调合作

东北亚区域合作目前还是局限在地方政府合作层次上，东北亚六国没有在战略层面上做出批示。地方政府仅仅在利益驱使下，在有限权利内，进行东北亚区域合作，没有东北亚合作框架进行指导。可以看到，在东北亚区域合作中地方政府行政权力毕竟有限，无法进行深入与大范围发展，致使合作过程中受到较多限制，没有形成制度协调合作机制。因此除了经济及文化教育的合作，东北亚各国还应致力于制度协调合作与发展。

东北亚合作机制的形成，首先，完成中央政府层面的东北亚六国合作政策建立，在合作政策基础上进行沟通与交流。其次，建立东北亚六国合作组织机构。组织机构在东北亚合作前提下，制定利益分享规则、行为约束规则、激励规则、处罚规则等措施。还可以合作建立东北亚区域银行，为东北亚六国的共同发展提供资金帮助。通过东北亚六国中央政府制度全局协调可以解决困扰东北亚区域合作资金短缺、金融服务支持后劲不足、互设金融机构少、贷款平台不足，投资贷款汇率波动较大等一系列风险问题，再次，建立东北亚区域合作具体项目策划。使东北亚六国更紧密地在合作框架内共同进行具体项目的运营，达到共赢目的。通过制度协调合作与发展，可以减少不利于东北亚区域合作中人为因素、歧视性因素、不确定性风险以及干扰因素等，促进区域内交易成本大幅降低。现实中可以通过货物通关，促进投资，人员往来，最终形成制度协调。中央政府在进行制度协调过程中利用六国各自自然优势大力发展铁路、海路运输，降低物流成本，为东北亚区域合作货物运输、贸易往来、人员流动及旅游开发提供良好基础设施保障。以上措施必将有助于尽快实现东北亚区域合作。

东北亚区域合作现状分析

东北亚区域内中国、日本、韩国、俄罗斯、蒙古国、朝鲜，各国都拥有比较优势，更为关键的是六国经济互补性很强，更易于实现东北亚区域合作。在东北亚经济圈内有资源丰富的朝鲜、蒙古国和俄罗斯。有农业发展较快、人力资源充裕、市场规模巨大的中国。有资本和技术具有优势的日本、韩国。下面对东北亚区域合作现状进行分析。

4.1　东北亚区域合作各国经济互补性分析

东北亚地区从地缘战略角度来看是重要的区域，毫无疑问东北亚经济圈与北美、欧盟等较为成熟的经济圈相比，由于其具有经济上的互补性，所以东北亚区域是最具增长潜力的经济圈，未来发展东北亚区域合作是十分必要的。东北亚区域合作过程中，区域内各个成员国的生产要素禀赋不同且经济发展水平不同，经济互补性很强。中国农业发展迅速、人力资源充裕、消费市场巨大。俄罗斯能源丰富、军工业发展较快。蒙古国矿产资源较充裕，中国、日本、韩国比较需要矿产资源，经济互补性很强。日本的农业供给不足需要中国的农业出口。日本、韩国的能源、矿物短缺，俄罗斯、蒙古国则是矿产资源大国。从以上分析不难得出，东北亚区域各国在自然资源、产业结构、劳动力、农业、资金、技术、人才等经济互补性为东北亚区域合作的实现提供了现实的合作基础。

4.1.1 东北亚各国自然资源的互补性分析

俄罗斯丰富的自然资源正是东北亚其他国家所缺少的，俄罗斯森林覆盖面积8.67亿公顷，木材蓄积量807亿立方米，天然气已探明蕴藏量为48万亿立方米，均居世界第一位。石油天然气是其特色产业，2012年俄罗斯石油开采量为5.18亿吨，武器出口额达140亿美元。2018年俄罗斯石油出口约为2.5767亿吨，比2017年增长0.3%。其中12月份出口增长11.3%，达到2290万吨。2018年俄罗斯石油日产量平均增长1.6%，平均日产量为1116万桶。俄罗斯煤蕴藏量居世界第二位，铁蕴藏量居世界第一位，铝蕴藏量居世界第二位，水力资源居世界第二位，铀蕴藏量居世界第七位，黄金储藏量居世界第四位。在东北亚区域合作中俄罗斯在石油天然资源、森林资源、土地资源、渔业资源、有色金属，稀有金属等资源方面与中国、日本、韩国相比具有天然的优势，尤其以人均占有量来看，以上资源都是中日韩的稀缺资源。

朝鲜自然资源也比较丰富，有200多种有用的地下矿物资源、水资源和森林资源。蕴藏着铁矿及铝、锌、铜、金、银等有色金属和煤、石灰石、云母、石棉等非金属矿物储量丰富，亦有石油资源，且石墨、菱镁矿储量居世界前列。目前朝鲜有110多种矿产资源得到勘探，可分为燃料资源、黑色金属、有色金属、稀有金属、稀土、多元素矿物资源、化学和建材矿物资源、化肥资源、耐火材料资源、陶瓷原料资源、宝石矿石等资源等，这些资源相对于其落后的生产力具有天然的比较优势。在东北亚区域合作过程中以上这些资源也恰好是中国、日本、韩国所短缺的，朝鲜与东北亚区域中的一些国家有很大的资源互补性。

蒙古国具有比较优势的是矿产资源，蒙古国矿产资源丰富，铜、金、钼、煤炭、稀有金属和采矿业生产占国民生产总值的80%。目前有超过600处已探明的矿藏。但蒙古国国力单薄，开采技术落后，使得大量的矿产资源得不到合理的开发与利用，但是东北亚各国对资源的需求量比较大，东北亚各国可以充分发挥人力资源优势、资金优势、开采技术优势，与蒙古国进行多种合作来开采资源。

4.1.2　东北亚各国产业结构上互补性分析

东北亚区域各国由于经济发展水平处于不同的阶段，因此产业结构上互补性很强。在区域内有经济发展水平较低的朝鲜和蒙古国，产业结构为资源密集型；有经济发展水平较高的日本、新兴工业化国家韩国，两国产业结构以资本和技术密集型为主；有经济飞速发展的中国，产业结构为劳动力密集型；有希望重振大国雄风的俄罗斯，产业结构以资源密集型为主。可见东北亚区域合作中的六国总体呈现阶梯型产业结构特征，在区域合作中可以充分利用六国自身优势，在东北亚区域合作中采用垂直型国际分工，此举将有利于在区域内实现东北亚六国的产业转移升级及衔接。

日本作为发达国家，产业结构上层次较高，日本与东北亚各国，经济互补性很强。主要体现在日本在东北亚区域内可以供给机械、电机、化工产品、汽车零件、技术、环保、高科技等领域产品。目前在车辆零部件、机械器具、零件、电机电气设备及零附件是日本的主要出口商品，而上述产业结构层次较高的商品与中国、蒙古国、俄罗斯、朝鲜形成鲜明的互补性。

韩国作为新兴工业国家，产业结构的层次也较高，在石油化工、汽车产业、造船、半导体产业、电器、通讯、电子产业、农业管理、资源利用等市场上拥有先进的技术，这些又恰好是中国、俄罗斯、朝鲜、蒙古国所需的产品，可见东北亚区域内各国合作是必要的，有较强的互补性。

作为经济飞速发展的中国，中国正在进行工业化和城镇化建设，拥有 13 亿人口，人口众多，且消费市场巨大，可以吸收和消化日韩大部分过剩产品，缓解日韩两国国内生产和需求之间的不平衡状态，也可以承接随着科技发展后的日本、韩国产业的转移和衔接。中国与俄罗斯也可以在产业结构上进行衔接，例如俄罗斯对中国主要出口商品是石油和天然气等矿产品、金属及其制品、化工产品、机械设备和交通工具、宝石及其制品、木材及纸浆等。俄罗斯可以从中国进口商品包括机械设备和交通工具、食品和农业原料产品、化工品、橡胶、金属及其制品、纺织服装、农机具类商品等。

作为产业结构层次较低且经济发展水平不高的蒙古国及朝鲜，同日本、韩国的机械、电机、化工产品、汽车零件、技术、环保、高科技、石油化工、汽车产业、造船、半导体产业、电器、通讯、电子产业、农业管理、资源利用等有互补性。

可见东北亚各国经济和产业技术处于不同发展阶段，区域合作有利于优势互补、互利共赢。

4.1.3 东北亚各国劳动力资源互补性分析

中国与俄罗斯远东地区、日本、韩国高昂的劳动力成本相比，劳动力供需方面存在着很强的互补性。俄罗斯地大物博，但人口稀少，在俄罗斯远东地区的开发需要大量的劳动力资源，中国可以与俄罗斯联合开发俄远东地区，为俄罗斯提供充裕的劳动力资源。目前，黑龙江省每年对俄罗斯输出劳务 3 万余人，利用俄罗斯土地资源种植蔬菜，发展畜牧业，毫无疑问增加了俄远东地区农副产品供给。据统计黑龙江省对俄罗斯输出劳务人均劳务收入在 3 万元以上，年创劳务收入超 10 亿元。因此中国与俄罗斯在劳动资源上有很强的互补性，除了农业合作外，中国与俄罗斯也开展了森林采伐合作，木材深加工合作，共同开发矿产资源合作等项目。

目前中国与朝鲜具有极强的劳动力资源互补性，朝鲜廉价的劳动力是中国企业所急需的，朝鲜发展经济离不开中国。朝鲜外派劳动力工资比较低，有助于企业节约生产成本。在朝鲜罗津——先锋经济特区，朝鲜劳动者工资水平大约每月 94 美元。在开成工业园区，朝鲜劳动者的月平均工资在 2005 年为 53 美元，2014 年提高至 127 美元。目前在中国境内雇佣朝鲜劳动力按人头所需支付的工资约为每月 1800 ~ 2000 元人民币，远低于中国境内劳动力的平均工资水平。

中国与日本及韩国的劳动力资源互补性也很强，日本及韩国同为经济发达国家，经济发展水平较高，与此同时对劳动力需求比较大，2018 年日本的人口总数约为 1. 27 亿人，韩国总人口 5107 万人，两国城市人口密度较大，劳动力资源不足。日韩两国由于出生率下降及人口老龄化问题严重，劳动力资源严重不足。据日本统计，2018 年日本人口数量减少约 44. 8 万，未来劳动力资源不足。而中国尤其是东北地区劳动资源比较丰裕，

2018 年中国人口总数约为 13.95 亿人，全年出生人口 1523 万人，人口增加比上年末增加 530 万人。中国可以为日本及韩国提供丰富的劳动力资源，与日本及韩国在劳动力资源上有很强的经济互补性。

4.1.4　东北亚各国农业互补性分析

中国在农业生产、纺织品、玩具制造、通讯、高铁等方面也具有优势。对于农业生产可以为日本、韩国、俄罗斯、朝鲜提供农作物。而且中国东北正在进行如火如荼的振兴东北老工业基地建设，这与东北亚区域合作不谋而合，可以充分利用辽、吉、黑的优势加深与东北亚区域各国合作。

据韩联社报道，2018 年朝鲜的名义国民总收入为 35.9 万亿韩元（约合人民币 2084 亿元），朝鲜人均国民收入为 1298 美元，与缅甸的 1310 美元相当，仅为韩国的 1/26。朝鲜经济发展水平一直比较低，是低收入国家，一直被联合国列为缺粮国家。朝鲜是贫穷国家，朝鲜农业发展水平不高，生产效率低，朝鲜土地资源比较贫瘠，无法实现农业产品自给自足，缺少粮食等农产品，严重依赖中国及国际援助。因此如果不考虑政治因素，参与东北亚区域合作将会弥补朝鲜在农业生产上的不足。

蒙古国的农业资源丰富，是农产品出口大国，小麦和谷物的出口也有很高的潜力。畜牧业是蒙古国的传统产业具有比较优势，是国民经济的基础，也是蒙古国加工业和生活必需品的主要原料来源。目前蒙古国出口的山羊绒占世界的 30%，70% 的绵羊毛出口到中国，大约 30% 的肉类出口到俄罗斯，可见蒙古国农业及畜牧业优势明显。可以与中国、日本、韩国形成农业互补。日本与韩国的农业一直是软肋，由于土地资源不足，一直无法实现真正意义上的自给自足。同时由于传统的特殊政治气候，两国农业领域的相对保守，导致很难参与真正的国际合作。而与中国及蒙古国农业大国恰好形成经济上的互补，恰当的政策将有助于东北亚区域合作的顺利实现。

目前俄罗斯远东地区每年小麦、大豆、玉米、蔬菜、肉、奶、水果等农产品供给严重不足，俄罗斯粮食自给率仅为 15%、蔬菜自给率仅为 36%、肉类自给率仅为 52%、牛奶自给率仅为 40%。俄罗斯国土面积世界第一，加之人口较少，有大量闲置土地，中国有先进的农业技术，加之人口多，农民勤劳，农产品产量高。目前俄罗斯农产品供给严重依赖中国农产品市场，为了促进俄罗斯农业的发展，2013 年俄罗斯雇佣黑龙江省农民在俄罗斯远东地区种植土地 720 万亩，相当于黑龙江省 3～4 个中等县的耕地面积。2018 年俄罗斯的政府对远东地区的农业用地进行整合划分，租赁土地给中国的农民开发农业，促进东北亚地区经济合作发展，俄罗斯和中国人民都可以获利，此举是一个双赢的举措。俄罗斯农业部长 2018 年披露，中国海外农业投资的 13% 在俄罗斯，绝大多部分在俄罗斯远东地区。俄罗斯农业也有中国所没有的优势，俄罗斯禁止转基因作物的种植，并且几乎不使用农药、化肥等有害物品，俄罗斯所生产的农产品属于绿色无公害，有益于身心健康发展，中国市民争相购买。中国需要俄罗斯的农产品，俄罗斯本国也无法满足自给自足需要，大量进口中国蔬菜，中国对俄农业投资也能满足俄罗斯国内需求，有利于俄罗斯的国际收支平衡，促进俄罗斯经济增长。中美贸易摩擦后，俄罗斯出口大豆给中国，缓解了中国大豆不足的焦虑。可见，中俄两国在农业及农产品上有很强的互补性。

4.1.5 东北亚各国资金、技术、人才互补性分析

毫无疑问东北亚区域合作日韩在资金、技术、人才等方面占有明显的优势，东北亚其他各国，例如中国、俄罗斯、朝鲜、蒙古国应充分利用日韩的优势，大力发展本国的经济。韩国在石油化工、汽车产业、造船、半导体产业、电器、通信、电子产业、农业管理、资源利用等领域具有优势，与此同时其资本水平及技术实力也具有明显的优势，东北亚各国对其产品、资金、技术需求量较大。

中国人力资源也较为丰富，在东北亚区域发展过程中可以发挥自身优势，利用日韩的资金和技术，大力发展依靠创新，再创新走科技发展的道路。俄罗斯是经济大国之一，高科技技术领域优势较为明显，包括基础科学研究实力较雄厚，特别是在航天、核能、军工、精密仪器、石油化工等尖端技术研究领域人才储备较多，且技术较为先进。中国轻工业、高铁技术比较发达，经济总量居世界第二。

朝鲜拥有对于东北亚的各个国家都是极为珍贵的资源，目前中国率先已与朝鲜合作进行资源的开发与利用。2012 年中国对朝鲜直接投资流量 1.09 亿美元，2017 年中国与朝鲜贸易额下降 10.5% 至 50.6 亿美元，对朝鲜出口增长 8.3% 至 33.4 亿美元。中国对朝鲜投资企业主要集中在矿产资源和制造业领域，如纺织轻工、化工、运输和百货等服务业、以及机械、食品、水产养殖、医药、建材等多个行业。朝鲜对于石油和石油产品需求可以与俄罗斯形成互补，机械电子产品需求可以与日韩形成互补，粮食、化肥、服装和纺织原料等商品需求可以与中国形成互补。为了加深中朝两国友谊，中国对朝鲜无偿援助了 1000 吨大米和 16.2 万吨肥料。随着东北亚合作进程的深化，中朝两国取长补短，合作空间巨大。

综上所述，东北亚地区在技术方面呈现的是一种立体的阶梯状分布状态，在日韩、俄罗斯、中国、蒙古国和朝鲜中，有着明显和稳定的技术供应和承接方，利益链条清晰而明确。在阶梯状分布的同时，各国在自己的传统领域保持稳定的优势，呈现立体交错分布，在技术分享和传承方面，东北亚各国的合作空间巨大，有进一步开发和利用的潜能。

4.2　东北亚区域合作的现状

2018 年，中国面对错综复杂的国内外形势，特别是中美贸易摩擦的严峻挑战，在以习近平同志为核心的党中央坚强领导下，出台了一系列稳经济政策措施，为东北亚区域合作发展注入了新活力。2018 年，中国对前四大贸易伙伴欧盟、美国、东盟、日本进出口分别增长 7.9%、5.7%、11.2% 和 5.4%，合计占进出口总额的 48.3%。其中，对欧盟、美国、东盟、日本、韩国的出口分别增长 7.0%、8.6%、11.3%、4.4% 和 3.1%。目前中国与东北亚各国贸易合作潜力不断释放，成为拉动我国经济增长的新动能。其中对日本出口额 9709 亿元，增长 4.4%，进口额 11906 亿元，增长 6.2%。对韩国出口额 7174 亿元，增长 3.1%，进口额 13495 亿元，增长 12.3%。对俄罗斯出口额 3167 亿元，增长 9.1%，进口额为 3909 亿元，增长 39.4%，中国与东北亚区域各国合作前景广阔。

表 4-1　2017 年对主要国家和地区货物进出口金额、增长速度及其比重

国家和地区	出口额（亿元）	比上年增长（%）	占全部出口比重（%）	进口额（亿元）	比上年增长（%）	占全部进口比重（%）
欧盟	26974	7.0	16.4	18067	9.2	12.8
美国	31603	8.6	19.2	10195	-2.3	7.2
东盟	21066	11.3	12.8	17722	11.0	12.6
日本	9709	4.4	5.9	11906	6.2	8.5
韩国	7174	3.1	4.4	13495	12.3	9.6
中国香港	19966	5.7	12.2	564	13.8	0.4
巴西	2214	12.9	1.3	5119	28.2	3.6
俄罗斯	3167	9.1	1.9	3909	39.4	2.8
印度	5054	9.5	3.1	1242	12.2	0.9
南非	1072	6.9	0.7	1799	8.9	1.3

资料来源：2018 年中国统计公报

4.2.1　中日区域合作现状

（一）日本概况

1. 日本概况

日本与中国、朝鲜、俄罗斯隔海相望，东部濒临太平洋。2018 年日本的人口总数约为 1.27 亿。据日本海关统计，2012 年中国、美国和韩国是日本的前三大出口贸易伙伴，出口额分别为 1441.7 亿美元、1401.0 亿美元和 615.0 亿美元。在前十大出口贸易伙伴中，日本进口排名靠前的国家依次是中国、美国和澳大利亚，2012 年的进口额分别为 1884.5 亿美元、762.4 亿美元和 565.0 亿美元。2012 年日本贸易逆差主要来源于产油国、中国和澳大利亚，与中国的贸易逆差比上年增长 100.21%。2018 年日本贸易顺差额为 0.01085 万亿美元，比上一年大幅缩减 76%。出口总额为 0.74 万亿美元，比上一年增长 5.1%。进口总额为 0.73 万亿美元，比上一年增长 10.6%。

在经历了 20 世纪 90 年代“失去的十年”之后，日本经济从 2002 年起走上缓慢复苏之路。经济由 2004 年 GDP 为 4.82 万亿美元上降到 2008 年

的 5.04 万亿美元，到 2010 年上升到 5.7 万亿美元，2012 年上升到 6.2 万亿美元，2017 年下降为 4.86 万亿美元，2018 年再次上升达到 4.97 万亿美元。2004 年、2008 年、2010 年、2012 年、2017 年、2018 年经济增长率分别为 2.2%、-1.09%、4.19%、1.5%、1.93%、0.79%，见表 4-2。

表 4-2　2004—2018 年日本 GDP 和实际经济增长率

年份	GDP（万亿美元）	经济增长率（%）
2004 年	4.82	2.2
2005 年	4.76	1.66
2006 年	4.53	1.42
2007 年	4.52	1.65
2008 年	5.04	-1.09
2009 年	5.23	-5.42
2010 年	5.7	4.19
2011 年	6.16	-0.12
2012 年	6.2	1.5
2013 年	5.16	2
2014 年	4.85	0.37
2015 年	4.39	1.22
2016 年	4.93	0.61
2017 年	4.86	1.93
2018 年	4.97	0.79

资料来源：https://www.kuaiyilicai.com/stats/global/yearly_per_country/g_gdp_growth/chn-jpn.html

2. 中日经济对比分析

东北亚区域合作中国和日本占有很重要的地位，中日之间合作的动力及潜能巨大。近 20 年，可以说是中国经济发展的“黄金 20 年”，从原先一个经济总量不足万亿的国家变成如今的世界第二大经济体，这样的速度让很多国际上的经济强国都为之惊叹。2000 年中国 GDP 只有 1.21 万亿美元，到 2010 年 6.09 万亿美元超过日本 5.7 万亿美元，2017 年 12.14 万亿美元，2018 年 13.61 万亿美元。2000 年日本 GDP 为 4.89 万亿美元，2010 年 5.7 万亿美元，2017 年 4.86 万亿美元，2018 年 4.97 万亿美元，中国经济总量赶超日本经济。

表 4－3　　2000—2018 年中国及日本 GDP 总额

年份	中国 GDP（万亿美元）	日本 GDP（万亿美元）
2000 年	1.21	4.89
2001 年	1.34	4.3
2002 年	1.47	4.12
2003 年	1.66	4.45
2004 年	1.96	4.82
2005 年	2.29	4.76
2006 年	2.75	4.53
2007 年	3.55	4.52
2008 年	4.59	5.04
2009 年	5.1	5.23
2010 年	6.09	5.7
2011 年	7.55	6.16
2012 年	8.53	6.2
2013 年	9.57	5.16
2014 年	10.44	4.85
2015 年	11.02	4.39
2016 年	11.14	4.93
2017 年	12.14	4.86
2018 年	13.61	4.97

资料来源：https：//www.kuaiyilicai.com/stats/global/yearly_per_country/g_gdp_growth/chn－jpn.html

（二）中国及日本区域合作发展现状

1. 中国及日本相互投资发展现状

中日双边贸易具有很强的互补性和稳定性，2012 年双方贸易额为 3294.5 亿美元。日本是中国第五大贸易伙伴，第五大出口目的地和第三大进口来源地。日本对中国的投资由 2003 年 50.5 亿美元下降到 2008 年的 36.5 亿美元，到 2010 年上升到 42.4 亿美元，2012 年上升到 72.5 亿美元。中国对日本的投资由 2003 年的 0.07 亿美元，上升到 2008 年 0.59 亿美元，到 2010 年上升到 3.38 亿美元，到 2012 年上升到 2.11 亿美元，见表 4－4，图 4－1。

表 4－4　　2003—2012 年中日相互投资发展状况　　（单位：亿美元）

	日本对中国		中国对日本	
年份	金额	增减	金额	增减
2003 年	50.5	20.5	0.07	—
2004 年	54.5	7.9	0.15	0.08
2005 年	65.3	19.8	0.17	0.02
2006 年	47.6	－27.1	0.39	0.02
2007 年	36.9	－24.6	0.39	0
2008 年	36.5	1.76	0.59	0.20
2009 年	41.0	12.4	0.84	0.25
2010 年	42.4	1.4	3.38	2.54
2011 年	63.3	20.9	1.49	－1.89
2012 年	72.5	9.2	2.11	0.62

资料来源：中国商务部，中国驻日本大使馆经商参处统计，《2012 年度中国对外直接投资统计公报》

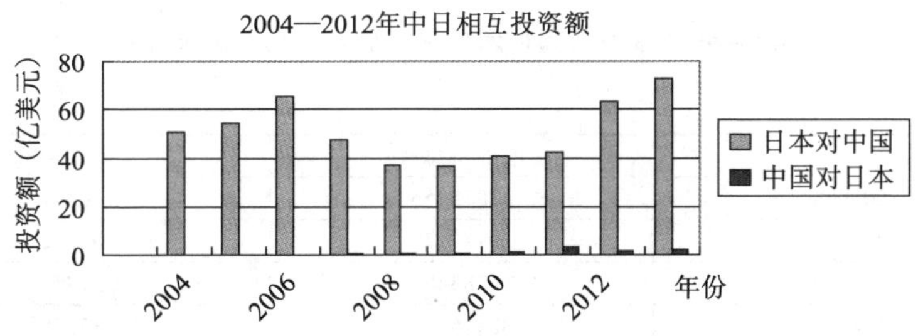

图 4－1　2004—2012 年中日相互投资额

东北亚国家中，贸易方面日本与欧盟及美国贸易量比较大。但随着东北亚各国经济的快速发展，目前中国经济总量位居世界第二，韩国经济正在迅猛发展，俄罗斯正在进行经济转型，日本也看到了与东北亚各国合作中存在的商机，通过与东北亚各国相互沟通，日本与东北亚各国的贸易往来也呈逐渐增多的趋势，经济得到了快速增长。与此同时日本也加大了对中国投资，在中国建造生产的基地，促进了中国经济的增长。中国主要供给日本百货，衣服等，这些产品价格较低，给日本消费都带来实实在在的利益。但在两国互通有无的过程中，中国还应注重知识产权、资本转移自由化的问题，如果能够解决这些问题，中日间的经济互补性将会进一步深入，有利于促进中日的发展及东北亚区域合作进一步深入开展。

目前在车辆零部件、机械器具、零件、电机电气设备及零附件是日本的主要出口商品，具有优势，2012 年对中国出口额为 1628.8 亿美元、1587.9 亿美元和 1258.7 亿美元。矿物燃料、电机电气设备及零附件和机械器具及零附件是日本的前三大类进口商品，2012 年从中国进口额为 3016.5 亿美元、968.8 亿美元和 641.6 亿美元。

2. 中国与日本进出口额及实际利用外资情况

2009 年中国同日本进出口额及利用日本外商投资额分别为 22878256 万美元，410497 万美元。2015 年则分别达到了 27851902 万美元，319496 万美元。2018 年分别达到了 32766311 万美元，379780 万美元。从趋势来看，2009 年到 2018 年中国同日本进出口额及利用外资额都呈现出先上升后下降的趋势，到 2016 年达到最低点，2017 年、2018 年又继续上升。东北亚区域合作中国与日本的合作与两国的政治情势息息相关，见表 4-5、图 4-2。

表 4-5　2009—2018 年中国同日本进出口额及利用日本外商投资额

单位：万美元

	进出口总额	直接投资额
2009 年	22878256	410497
2010 年	29777959	408372
2011 年	34283401	632963
2012 年	32945578	735156
2013 年	31237785	705817
2014 年	31231185	432530
2015 年	27851902	319496
2016 年	27508069	309585
2017 年	30305294	326100
2018 年	32766311	379780

资料来源：2018 年中国统计年鉴

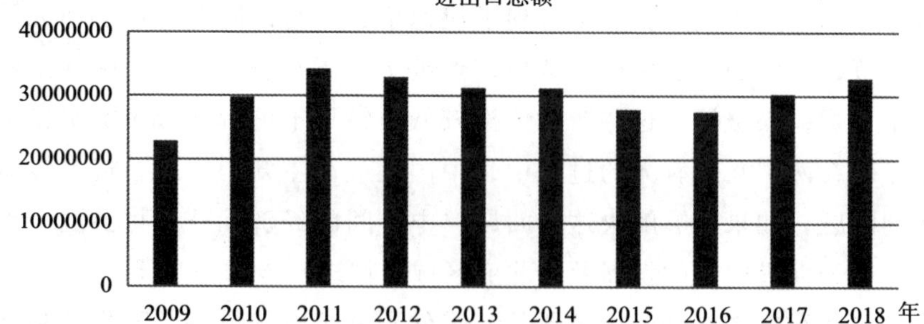

图 4-2　2009—2018 年中国同日本进出口额

2019 年 1 ~6 月对华直接投资前 5 位国家或地区，排第一位的是中国香港地区，为 500.9 亿美元，排第二的为韩国 36.4 亿美元，日本为 19.8 亿美元，位于美国之前。日本未来与中国合作的前景广阔，东北亚区域合作未来可进行深入交流。

表 4 -6　　2019 年 1 ~6 月对华直接投资前 5 位国家/地区

时间	国家/地区	金额（亿美元）
2019 年 1 ~6 月	香港地区	500.9
2019 年 1 ~6 月	韩国	36.4
2019 年 1 ~6 月	新加坡	33.2
2019 年 1 ~6 月	日本	19.8
2019 年 1 ~6 月	美国	16.3

资料来源：中国商务部

3. 中日双边贸易概况

2018 年日本与中国双边货物进出口额为 3175.3 亿美元，增长 6.8%。其中，日本对中国出口 1439.9 亿美元，增长 8.4%，占日本出口总额的 19.5%，提高 0.5 个百分点。日本自中国进口 1735.4 亿美元，增长 5.5%，占日本进口总额的 23.2%，下降 1.3 个百分点。日本与中国的贸易逆差 295.5 亿美元，下降 6.8%。截止到 2018 年 12 月，中国是日本第一大出口贸易伙伴和第一大进口贸易伙伴。

2018 年日本对主要贸易伙伴出口额，对中国出口额 1439.92 亿美元，同比增长 8.4%，占比 19.5%，位居第一位。对美国出口额为 1400.59 亿美元，同比增长 3.9%，占比 19.0%，位居第二位。对韩国出口额为 525.05 亿美元，同比下降 1.5%，占比 7.1%，位居第三位。可见日本参与东北亚区域合作，有利于同主要贸易伙伴中国，韩国实现互惠共赢。

表 4 -7　　2018 年日本对主要贸易伙伴的出口额　（单位：百万美元）

国家和地区	金额	同比%	占比%
总值	738197	5.7	100.0
中国	143992	8.4	19.5
美国	140059	3.9	19.0
韩国	52505	-1.5	7.1
中国香港	34700	-2.1	4.7
泰国	32262	9.6	4.4

续表

国家和地区	金额	同比%	占比%
新加坡	23420	3.4	3.2
德国	20892	10.3	2.8
澳大利亚	17108	6.8	2.3
越南	16412	9.0	2.2
印度尼西亚	15789	17.8	2.1
马来西亚	13946	9.3	1.9
英国	13902	1.2	1.9
荷兰	12727	2.3	1.7
墨西哥	11613	3.0	1.6

资料来源：中国商务部

日本对中国的主要出口产品，2018年出口额为1439.92亿美元，其中核反应堆、锅炉、机械器具及零件总值分别为352.64亿美元，占比24.5%；电机、电气、音像设备及其零附件总值267.42亿美元，占比18.6%；车辆及其零附件铁道车辆除外总值137.87亿美元，占比9.6%；光学、照相、医疗等设备及零附件总值117.53亿美元，占比8.2%。

日本自中国进口的主要总值1735.39亿美元，其中电机、电气、音像设备及其零附件总值481.51亿美元，占比27.8%；核反应堆、锅炉、机械器具及零件总值307.48亿美元，占比17.7%；针织或钩编的服装及衣着附件总值85.17亿美元，占比4.9%；非针织或非钩编的服装及衣着附件总值84.71亿美元，占比4.9%，为主要商品；玩具、游戏或运动用品及其零附件总值49.79亿美元，占比2.9%等。在日本市场上，中国的劳动密集型产品占有较大优势，中国产品的主要竞争对手来自越南、泰国、意大利、美国等国家。

表4－8　　2018年日本对中国进出口商品的构成（金额单位：百万美元）

	商品类别	2018年1～12月	上年同期	同比%	占比%
出口构成	总值	143992	132839	8.4	100.0
	核反应堆、锅炉、机械器具及零件	35264	29572	19.3	24.5
	电机、电气、音像设备及其零附件	26742	26625	0.4	18.6
	车辆及其零附件，但铁道车辆除外	13787	12357	11.6	9.6
	光学、照相、医疗等设备及零附件	11753	11817	－0.5	8.2

续表

	商品类别	2018 年 1 ~ 12 月	上年同期	同比%	占比%
进口构成	总值	173539	164542	5.5	100.0
	电机、电气、音像设备及其零附件	48151	46779	2.9	27.8
	核反应堆、锅炉、机械器具及零件	30748	28550	7.7	17.7
	针织或钩编的服装及衣着附件	8517	8532	-0.2	4.9
	非针织或非钩编的服装及衣着附件	8471	8222	3.0	4.9
	塑料及其制品	5058	4997	1.2	2.9
	玩具、游戏或运动用品及其零附件	4979	5085	-2.1	2.9
	家具；寝具等；灯具；活动房	4892	4691	4.3	2.8
	光学、照相、医疗等设备及零附件	4889	4672	4.6	2.8
	车辆及其零附件，但铁道车辆除外	4466	4264	4.7	2.6
	钢铁制品	4106	3605	13.9	2.4

资料来源：中国商务部

4.2.2　中韩区域合作现状

（一）韩国概况

1. 韩国概况

韩国位于东北亚朝鲜半岛南半部，三面环海，西南濒临黄海，东南是朝鲜海峡，东边是日本海，人口 5107 万。韩国是 20 国集团和经合组织（OECD）成员之一，也是亚太经合组织（APEC）和东亚峰会的创始国，是亚洲四小龙之一。自 20 世纪 60 年代以来，韩国政府实行了“出口主导型”开发经济战略，缔造了举世瞩目的“汉江奇迹”。是拥有完善市场经济制度的经合组织发达国家。韩国的制造业与科技产业发达，除高速互联网服务闻名世界外，内存、液晶显示器及等离子显示屏等平面显示装置和移动电话都在世界市场中占具领导地位。

2008 年韩国 GDP 为 1 万亿美元，2009 年上升到 9019.35 亿美元，到 2010 年上升到 10.9 万亿美元，到 2012 年上升到 1.22 万亿美元，2017 年 1.53 万亿美元，2018 年 1.62 万亿美元。2008 年、2009 年、2010 年、2012 年、2017 年、2018 年经济增长率分别为 2.83%、0.71%、6.5%、2.29%、3.06%、2.67%。韩国关税厅统计，2012 年，从出口国家和地区

看，韩国对华出口 1343 亿美元，同比增长 0.1%。对日本出口 389 亿美元，同比减少 2.1%。从进口国家和地区看，从中国进口 808 亿美元，日本 644 亿美元，可见中国对于韩国的重要性。

表 4-9　　2000—2018 年韩国 GDP，GDP 增长率

年份	GDP 增长率	GDP（美元）
2000 年	8.92%	5616.33 亿
2001 年	4.53%	5330.52 亿
2002 年	7.43%	6090.2 亿
2003 年	2.93%	6805.21 亿
2004 年	4.90%	7648.81 亿
2005 年	3.92%	8981.37 亿
2006 年	5.18%	1.01 万亿
2007 年	5.46%	1.12 万亿
2008 年	2.83%	1.0 万亿
2009 年	0.71%	9019.35 亿
2010 年	6.50%	1.09 万亿
2011 年	3.68%	1.2 万亿
2012 年	2.29%	1.22 万亿
2013 年	2.90%	1.31 万亿
2014 年	3.34%	1.41 万亿
2015 年	2.79%	1.38 万亿
2016 年	2.93%	1.41 万亿
2017 年	3.06%	1.53 万亿
2018 年	2.67%	1.62 万亿

资料来源：韩国央行，中国商务部网站

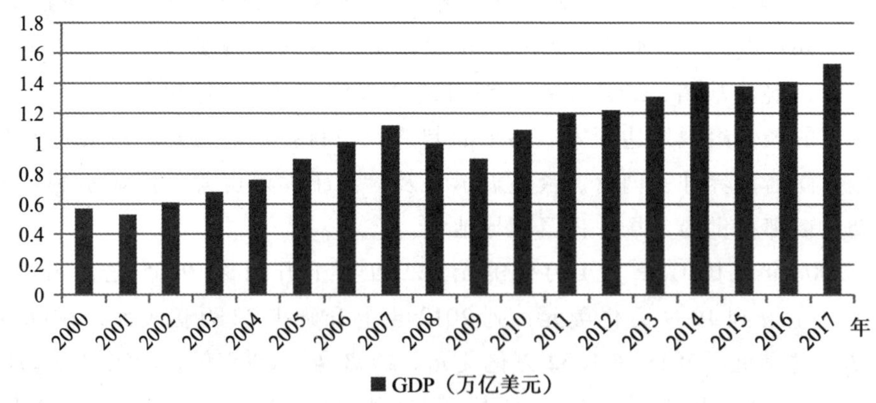

图 4-3　2000—2018 年韩国 GDP 总量

2. 中韩经济对比分析

2000 年中国、韩国、日本经济增长率分别为 8.49%，8.92%，2.78%。2012 年达到 7.86%，2.29%，1.50%。2017 年为 6.76%，3.06%，1.93%。2018 年为 6.60%，2.67%，0.79%。可见受世界经济增长总体下滑的影响，中日韩三国经济在 2018 年经济增长率相比 2017 年下降。

表 4-10　2000—2018 年中国、日本、韩国历年 GDP 年度增长率比较

年份	中国 GDP 年度增长率	日本 GDP 年度增长率	韩国 GDP 年度增长率
2000 年	8.49%	2.78%	8.92%
2001 年	8.34%	0.41%	4.53%
2002 年	9.13%	0.12%	7.43%
2003 年	10.04%	1.53%	2.93%
2004 年	10.11%	2.20%	4.90%
2005 年	11.40%	1.66%	3.92%
2006 年	12.72%	1.42%	5.18%
2007 年	14.23%	1.65%	5.46%
2008 年	9.65%	-1.09%	2.83%
2009 年	9.40%	-5.42%	0.71%
2010 年	10.64%	4.19%	6.50%
2011 年	9.55%	-0.12%	3.68%
2012 年	7.86%	1.50%	2.29%
2013 年	7.77%	2.00%	2.90%
2014 年	7.30%	0.37%	3.34%
2015 年	6.91%	1.22%	2.79%
2016 年	6.74%	0.61%	2.93%
2017 年	6.76%	1.93%	3.06%
2018 年	6.60%	0.79%	2.67%

资料来源：中国商务部

（二）中韩区域合作发展现状

1992 年中韩正式建交，中韩贸易克服两次经济危机，持续快速发展，继 2005 年突破 1000 亿美元后，2010 年又突破 2000 亿美元，2012 年，中韩双边贸易额为 2563.29 亿美元，比 2011 年增长了 4.4%。其中，中国向韩国出口 876.81 亿美元，进口 1686.48 亿美元，同比分别增加了 5.7% 和 3.7%。2013 年中韩贸易额为 2300 亿美元，其中，韩国对中国的贸易顺差 630 亿美元。2018 年，中韩贸易额 3134.3 亿美元，比上年增长 11.8%。其中，中国对韩出口 1087.9 亿美元，自韩国进口 2046.4 亿美元，分别比上年增长 5.9% 和 15.3%。

中国向韩国出口的商品主要包括石油制品、汽车、石化产品、机械、无线通讯器材、半导体等；自韩国进口的商品包括无线通讯器材、机械、钢铁产品、精密化学制品、纤维制品、液晶显示器等。

韩国是中国吸收外资的重要来源国。据中国商务部统计，2012 年韩国在华投资新批项目 1306 个，同比下降 5%，实际到位韩资 30.4 亿美元，同比增长 19.1%。截至 2012 年底，韩国累计对华投资项目数 54853 个，实际投资额 528.9 亿美元，是中国第四大外商直接投资来源国。2012 年中国对韩国直接投资流量 9.42 亿美元，截至 2012 年末，中国对韩国直接投资存量 30.82 亿美元。2018 年，中国对韩投资 6.6 亿美元，比上年增长 57.1%。截至 2018 年 12 月底，累计对韩投资 76.4 亿美元。2018 年，韩国对华投资 1882 个项目，比上年增长 15.7%，中国实际使用韩资 46.7 亿美元，比上年增长 27.1%。韩国是中国第二大外资来源国，中国是韩国第二大投资对象国。截至 2018 年 12 月底，韩国累计对华实际投资额 770.4 亿美元。2018 年，中韩新签工程承包合同额为 7.9 亿美元，比上年下降 42.6%；完成营业额 4.1 亿美元，比上年增长 10.7%。截至 2018 年 12 月底，中国对韩工程承包合作累计签署合同额 78.2 亿美元、完成营业额 42 亿美元。

目前韩国对外 FTA 的据点型制造业投资崭露头角，中国小家电制造商在韩设立组装工厂向欧美出口成品以降低关税成本。中韩两国在东北亚区域合作中地理相近、发展贸易具有天然优势，两国经济互补性很强，经济合作比较深入。2019 年中韩自贸协定第二阶段第五轮谈判在首尔举行，双方就服务、投资和金融领域展开进一步磋商，重点讨论服务市场开放度、加强投资者保护等双方关心的焦点问题。中国是韩国服务贸易的第一大出口对象国，未来将通过签订高水平协定，支持韩国企业进军中国服务市场，同时加大对韩企在华投资的保护。未来中韩两国经济联系更加紧密，也为东北亚区域合作的发展提供一定的借鉴作用。

表 4 – 11　　2019 年上半年对华直接投资前 5 位国家/地区

时间	国家/地区	金额（亿美元）
2019 年 1 ~ 6 月	香港地区	500. 9
2019 年 1 ~ 6 月	韩国	36. 4
2019 年 1 ~ 6 月	新加坡	33. 2
2019 年 1 ~ 6 月	日本	19. 8
2019 年 1 ~ 6 月	美国	16. 3

资料来源：中国商务部

2019 年上半年对华投资前 5 位的国家或地区第一名是中国香港地区，投资金额 500. 9 亿美元，第二名是韩国，投资金额为 36. 4 亿美元。日本位居第五位为 19. 8 亿美元，可见东北亚区域内的韩国、日本都是对中国投资金额排名在前的国家，为未来东北亚区域合作发展奠定了良好基础。

表 4 – 12　　2018 年韩国贸易差额主要来源　　（单位：百万美元）

国家和地区	贸易差额	上年同期	同比%
总值	69997	95216	– 26. 5
主要顺差来源			
中国	55679	44260	25. 8
中国香港	44002	37233	18. 2
越南	28997	31577	– 8. 2
美国	13865	17860	– 22. 4
印度	9727	10108	– 3. 8
菲律宾	8492	6891	23. 2
墨西哥	6361	6525	– 2. 5
土耳其	4792	5373	– 10. 8
新加坡	3873	2747	41
主要逆差来源			
日本	– 24031	– 28309	– 15. 1
沙特阿拉伯	– 22379	– 14443	54. 9
卡塔尔	– 15773	– 10832	45. 6
科威特	– 11536	– 8431	36. 8
德国	– 11480	– 11265	1. 9

资料来源：中国商务部

2018 年韩国贸易差额的主要来源，顺差主要来源于中国香港地区、中国、越南、美国，分别为 556.79 亿美元，440.02 亿美元，289.97 亿美元，138.65 亿美元。逆差主要来源于日本，沙特阿拉伯，分别为 240.31 亿美元，－223.79 亿美元。可见韩国的贸易差额与中国和日本具有高度的相关性，东北亚区域各国紧密相联，为未来东北亚区域合作提供了扎实的合作基础。

东北亚区域的中国、日本、韩国是最具发展潜力的国家，中国经济增长率 2000 年 8.49%、2010 年达到 10.64%、2017 年 6.76%、2018 年 6.6%，中国经济一直保持高速增长。日本经济增长率 2000 年 2.78%、2010 年达到 4.19%、2017 年 1.93%、2018 年 0.79%，日本经济也一直保持着缓慢的增长。韩国经济增长率 2000 年 8.92%、2010 年达到 6.5%、2017 年 3.06%、2018 年 2.67%，韩国经济一直保持平稳增长。中国、日本、韩国经济发展潜力巨大，经济增长率在世界也是位居前列，为未来东北亚区域合作发展提供良好经济基础。

4.2.3 中俄区域合作的现状

（一）俄罗斯概况

俄罗斯位于欧洲东部和亚洲北部，国土面积 1707.54 万平方公里，东南面有中国、蒙古国和朝鲜，东面与日本和美国隔海相望，2013 年俄罗斯人口为 1.43 亿。俄罗斯国土面积大，在东北亚区域合作中占有重要的地位。2018 年俄罗斯 GDP 总量达到了 103.63 万亿卢布，按照可比价格同比上年增长了 2.3%。东北亚区域合作中的俄罗斯远东地区是俄罗斯最大的经济区，面积达 616.93 万平方公里，占全俄面积的 36.4%。俄罗斯远东地区农业及土地资源丰富，但农业人口少，且俄罗斯农业机械损坏率高，因此每年都需从周边国家进口农副产品。

东北亚国家中的俄罗斯 2004 年 GDP 总额及经济增长率为 5910.17 亿美元，经济增长率 7.18%，2010 年为 1.52 万亿美元，经济增长率 4.57%，2017 年为 1.58 万亿美元，经济增长率 1.63%，2018 年为 1.66 万亿美元，经济增长率 2.25%，见表 4－13 和图 4－4。俄罗斯经济总体整体呈现出先上升后下降的趋势，经济增长率则总体呈现下降趋势，俄罗斯经济处于低谷时期。目前由于美国及欧盟对俄罗斯的制裁不断加剧，中美贸易摩擦的不断升级，加上俄罗斯国内经济形势不容乐观，未来俄罗斯必将积极主动参与东北亚区域合作，提高俄罗斯经济发展水平。

表 4 - 13　　2004—2018 年俄罗斯 GDP 总额及经济增长率

	俄罗斯 GDP（美元）	俄罗斯经济增长率（%）
2004 年	5910. 17 亿	7. 18
2005 年	7640. 17 亿	6. 38
2006 年	9899. 31 亿	8. 15
2007 年	1. 3 万亿	8. 54
2008 年	1. 66 万亿	5. 25
2009 年	1. 22 万亿	- 7. 82
2010 年	1. 52 万亿	4. 57
2011 年	2. 05 万亿	5. 28
2012 年	2. 21 万亿	3. 66
2013 年	2. 3 万亿	1. 79
2014 年	2. 06 万亿	0. 74
2015 年	1. 36 万亿	- 2. 31
2016 年	1. 28 万亿	- 0. 33
2017 年	1. 58 万亿	1. 63
2018 年	1. 66 万亿	2. 25

资料来源：世界银行

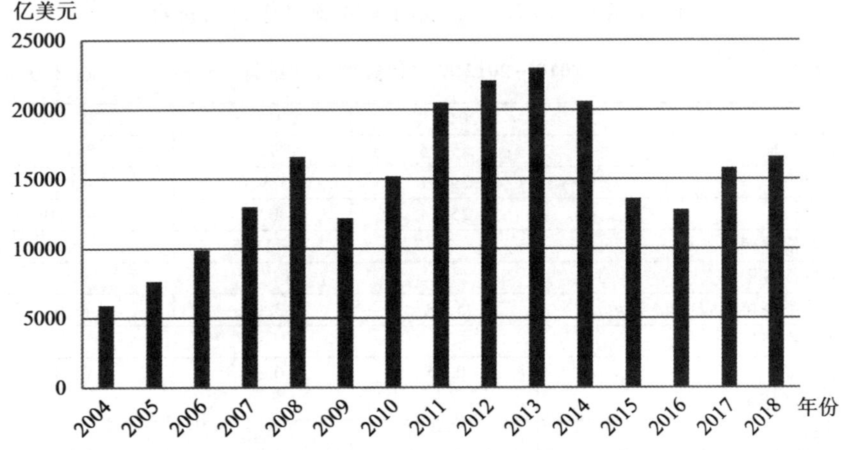

图 4 - 4　2004—2018 年俄罗斯 GDP 总额

（二）中俄区域合作现状

中俄区域合作最为直观的表现形式就是经贸合作，2012 年俄罗斯对外贸易总额 8373 亿美元，其中出口额 5247 亿美元，进口额 3126 亿美元。在最重要的双边贸易伙伴关系中，中、日、美依次为：中国（875 亿美元，第一位）、日本（312 亿美元，第八位）、美国（282 亿美元，第九位）。中俄经贸合作中，中国 2010 年顺差 37.7 亿美元，2011 年逆差 14.5 亿美元，到 2012 年逆差 0.4 亿美元，逆差在逐渐减少。中国自俄罗斯引进项目数从 2010 年的 31 个，增长到 2012 年的 43 个。中国对俄非金融类直接投资 2010 年为 5.94 亿美元，2012 年增加到 6.6 亿美元。俄来华直接投资 2010 年 0.35 亿美元，到 2012 年为 0.30 亿美元，见表 4 - 14。

目前在俄罗斯的中资企业主要集中在建筑、能源、林业、矿产、农业、零售等领域。2013 年中俄贸易额达到 892 亿美元，比 2012 年增长 17 亿美元，中俄希望双边贸易额在 2020 年突破性地达到 2000 亿美元。中国也一直利用自己的纺织、玩具制造、轻工产品等优势与俄罗斯进行边境贸易。2014 年 10 月李克强总理访问俄罗斯，双方签署了能源、高铁、投融资、本币互换、人文交流等方面的合作项目，打开了中俄两国合作领域的新篇章。2018 年俄罗斯和中国之间的贸易额为 1082.84 亿美元，同比增长 24.5%。2018 年中国在俄罗斯对外贸易总额中所占的份额从 14.9% 增长至 15.7%。俄罗斯对中国的出口额为 560.66 亿美元，同比增长 44.1%。俄罗斯从中国的进口额为 522.18 亿美元，同比增长 8.7%，中俄两国区域合作日益加深。

表 4 - 14　　2010—2012 年中俄经贸合作统计　　（单位：亿美元）

	2010 年	2011 年	2012 年
进出口总额	554.5	792.5	881.6
中国出口	296.1	389.0	440.6
中国进口	258.4	403.5	441.0
中国对俄差额	+37.7	-14.5	-0.4
中国对俄投资			
非金融类直接投资（亿美元）	5.94	3.03	6.6
俄来华投资			
直接投资	0.35	0.31	0.30
自俄引进技术			
项目数（个）	31	33	43
金额（亿美元）	17.5	17.6	1.4

资料来源：中国海关、中国商务部

2019 年一季度中国与俄罗斯远东贸易额增长超过 20%。2018 年全年增长了 26%，达 97 亿美元。远东地区外国投资中，中国占到 63%。“滨海 1 号”“滨海 2 号”国际运输走廊货运量持续增长，“滨海 1 号”今年前 4 月较上年同期货运量增长了 1.7 倍，达 2228 个标箱，“滨海 2 号”超过 1000 个标箱，较 2018 年全年增长了 1 倍。自 2017 年 8 月开始在远东实施电子签证制度以来，现在已经有 19 个国家和地区的公民可以通过电子签到访远东，包括：阿尔及利亚、巴林、文莱、印度、伊朗、卡塔尔、中国、朝鲜、科威特、摩洛哥、墨西哥、阿联酋、阿曼、沙特阿拉伯、新加坡、中国台湾、突尼斯、土耳其和日本。对该制度使用最多的是中国居民，已经获得了 8.2 万张签证，其中 6 万中国人已经使用电子签入境。排第二位的是日本居民，共取得了 2.1 万张签证，超过 1.68 万张签证已被使用。另外还有 218 位新加坡居民和 121 位印度居民通过电子签到访远东地区。

2019 年俄罗斯增值税从 18% 提升至 20%，目前通货膨胀率已控制在 5% 以下。俄罗斯不断扩大黄金储备，目前总储备量超过 5000 亿美元。2018 年俄罗斯人均工资上涨 8.5%，且最低工资标准提升为每月 11280 卢布（约合人民币 1228 元），受惠民众约 4400 万人。国家共花费 1500 亿卢布购买抗癌药物，花费 2000 亿卢布建造 200 个垃圾综合处理设施。2018 年俄罗斯军事支出为 480 亿美元，约占 GDP 的 3%，并预计于 2021 年下降至 2.8%。普京表示，根据经济专家估算，欧盟因为对俄制裁损失达到 2400 亿美元，日本损失 270 亿美元，美国损失 170 亿美元，俄罗斯仅损失 500 亿美元。为应对制裁，俄罗斯采取的进口替代计划总额达到了 6670 亿卢布（约合 105 亿美元）。由于制裁，俄罗斯之前的弱势领域得到发展，2019 年俄罗斯拨款 3030 亿卢布支持俄罗斯农业，其中 16% 将用于扶持农场经济，预计 2024 年前俄罗斯农产品出口额将达到 450 亿美元。2018 年俄罗斯农产品出口总额预计达 260 亿美元，超过 2017 年的 200 亿美元指标，2018 年前 11 个月的贸易增长率达 20%，预计超 6100 亿美元，贸易顺差为 1756 亿美元。2018 年俄农产品出口增加了 20%，出口额近 250 亿美元，创历史纪录。2018 年俄非原料类非能源产品出口超过了 1480 亿美元，也创历史纪录。

表 4－15　2009—2017 年中国实际利用俄罗斯外商投资金额　（万美元）

	直接投资
2009	3177
2010	3497
2011	3102
2012	2992
2013	2208
2014	4088
2015	1312
2016	7343
2017	2384

资料来源：2018 中国统计年鉴

东北亚区域中，中国实际利用俄罗斯外商投资金额从 2009 年的 3177 万美元，到 2015 年达到 1312 万美元，2017 年达到 2384 万美元。2017 年中国对俄罗斯的投资流量 15.48 亿美元，同比增长 19.7%，占流量总额的 1%，占对欧洲投资流量的 8.4%。从行业分布情况看，投资主要集中在采矿业（38.7%）、农林牧渔（18.7%）、金融业（10.4%）、制造业（8.5%）、批发和零售业（6.5%）、科学研究和技术服务业（6.5%）等。2017 年末，中国对俄罗斯的投资存量为 138.72 亿美元，占中国对外直接投资存量的 0.8%，对欧洲地区投资存量的 12.5%。共在俄罗斯设立境外企业近 1000 家，雇用外方员工 2 万人。从存量的主要行业分布情况看，采矿业 65.92 亿美元，占 47.5%；农林牧渔业 27.02 亿美元，占 19.5%；制造业 15.74 亿美元，占 11.3%；租赁和商务服务业 9.24 亿美元，占 6.7%；金融业 4.95 亿美元，占 3.6%；批发和零售业 4.84 亿美元，占 3.5%；房地产业 4.04 亿美元，占 2.9%；建筑业 2.98 亿美元，占 2.1%。可见中国与俄罗斯在东北亚区域合作正在不断加深中。

4.2.4　中朝区域合作的现状

（一）朝鲜概况

朝鲜位于朝鲜半岛北半部，北部与中国为邻，领土面积约 12 万平方公里，2018 年人口约 2555 万。2017 年朝鲜 GDP 为 307.04 亿美元，较上年增长约 3.7%。韩国央行称，据估计 2018 年朝鲜人均年收入为 1298 美元。韩国以 5092 万人口位居世界第 28，朝鲜以 2512 万人位居第 51，韩朝人口合计 7604 万。朝鲜矿产资源比较丰富，已探明矿产 300 多种，其中有用矿 200 多种。石墨、菱镁矿储量居世界前列。铁矿及铝、锌、铜、金、银等有色金属和煤、石灰石、云母、石棉等非金属矿物储量丰富亦有石油资源。目前朝鲜开辟的经济区有：罗先经济贸易区、黄金坪、威化岛经济区、金刚山国际旅游特区、开城工业园区。朝鲜对中国的贸易依赖程度很高。2016 年，中国作为朝鲜最主要的对外贸易伙伴，在朝鲜对外贸易中占比高达 92.7%。在贸易产品结构方面，2016 年朝鲜对中国的主要出口产品集中于矿物燃料及矿物油（占比约 45.06%）、纺织品（约 27.46%）、矿石（8.55%）、海产品（7.22%）等；进口主要集中于矿物燃料及矿物油（10.86%）、电气设备及其他电子设备（9.22%）、锅炉及其他机械（7.85%）、车辆及其零部件（7.45%）、塑料及其制品（5.98%）。可见，朝鲜的对外贸易依存对象过于单一，且出口商品主要集中于矿物燃料、矿物油和纺织品，其进口商品种类占比较为均匀的情况也从侧面反映出朝鲜国内商品较为缺乏，尤其是机械、电子设备等产品。

中国在朝鲜对外贸易中所占比重呈上升趋势。2006 年中国在朝鲜对外贸易中所占比重为 56.7%，2010 年中国在朝鲜对外贸易中所占比重为 83%，2015 年中国在朝鲜对外贸易中所占比重为 91.3%，2016 年中国在朝鲜对外贸易中所占比重为 92.7%，如图 4－5 所示。

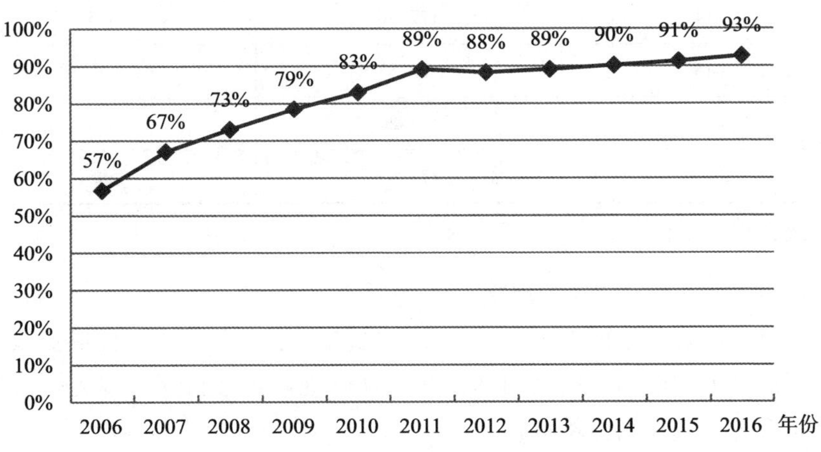

图 4－5　2006—2016 年中国在朝鲜对外贸易中所占比重

2007 年朝鲜经济总量为 143.75 亿美元，人均 GDP 为 597 美元。2009 年 GDP 下降到 120.35 亿美元，人均 GDP 为 494 美元。2010 年 GDP 增长至 139.45 亿美元，人均 GDP 为 570 美元，2017 年 GDP 增长至 173.65 亿美元，人均 GDP 为 685 美元（表 4 – 16）。2018 年中国对朝鲜进出口总值 160.9 亿元人民币，同比下降 52.4%。其中出口 146.7 亿元，下降 33.3%，进口 14.2 亿元，下降 88%。因国际社会在 2016 年底和 2017 年采取了更加严厉的制裁措施，2018 年朝鲜国际贸易额萎缩 48.4%，导致其出口下降近 90%，矿业产出口萎缩 17.8%，受对煤炭和矿产品出口的制裁拖累，农业、林业和渔业因干旱萎缩 1.8%。

表 4 – 16　　2007—2017 年朝鲜经济总量

	GDP（亿美元）	人均 GDP（美元）
2007	143.75	597
2008	133.37	551
2009	120.35	494
2010	139.45	570
2011	156.89	638
2012	159.07	643
2013	165.65	666
2014	173.96	696
2015	162.83	648
2016	167.89	665
2017	173.65	685

资料来源：世界银行

（二）中朝区域合作的现状

朝鲜经济发展空间较大，是东北亚区域合作中重要的一位成员国，紧邻中国。目前朝鲜与中国共同开发和共同管理两个经济区—罗先经济贸易区和黄金坪、威化岛经济区。

朝鲜的贸易伙伴按贸易量排序主要为：中国、韩国、欧盟、俄罗斯、印度、印尼、泰国、巴西和中国香港等。截至 2011 年底，朝鲜同世界 100 多个国家和地区建立了贸易关系。2012 年，朝鲜吸引外资 8000 万美元。2012 年中朝双边贸易额 60.34 亿美元，同比增长 7%。其中，中方对朝方出口 35.33 亿美元，同比增长 11.6%；中方自朝方进口 25.01 亿美元，增长 1%。

据中国商务部统计，2012 年中国对朝鲜直接投资流量 1.09 亿美元。投资地域主要集中在平壤、罗先经济贸易区。2012 年，朝对华直接投资项目 24 个，同比增长 71.4%；实际到位资金 155 万美元，同比增长 84.5%。截至 2012 年底，朝对华直接投资累计 577 项，实际到位 11294 万美元，分别占中国吸引外资的 0.08% 和 0.01%。

2012 年，中国自朝方进口前五项商品依次为：无烟煤 11.98 亿美元，同比增长 5.05%；纺织服装 3.73 亿美元，同比增长 4.51%；矿石 3.58 亿美元，同比减少 11.88%；钢铁 1.25 亿美元，同比减少 19.5%；水产品 1.01 亿美元，同比增长 21.48%。前五项累计占中国自朝方进口总额的 87%。2012 年，中国对朝出口前五项商品依次为：矿物性燃料 7.9 亿美元，同比增长 2.46%；机械设备 2.93 亿美元，同比增长 5.54%；电子电器 2.67 亿美元，同比增长 6.15%；各种车辆 2.33 亿美元，同比增长 5.47%；塑料及其制品 1.31 亿美元，同比增长 18.54%。前五项累计占中国对朝出口总额的 50%。中国实际利用朝鲜外商投资金额 2009 年为 151 万美元，2010 年为 1122 万美元，2014 年为 29 万美元，2015 年为 7 万美元。

2018 年初受国内外经济形势影响，朝鲜主动调整外交政策，朝鲜半岛局势好转。中国于 2018 年 7 月无偿援助朝鲜 1000 吨大米，价值 102 万美元。5 月无偿援助 4.8 万吨尿素肥料，价值 1463 万美元，6 月至 9 月间共向朝鲜无偿援助 16.2 万吨肥料，价值 5503 万美元。

2019 年朝鲜对中国开放图们江跨江游，恢复图们江至七宝山旅游线路，中朝关系进入新的发展阶段。随着朝鲜半岛无核化进程推进，中国“一带一路”倡议和韩国“新北方政策”持续升温，中国与韩、朝经贸关系将迎来新局面。2019 年 5 月，朝鲜从中国进口商品总额为 2.5829 亿美元，创 2017 年 11 月以来的新高。从产品分类看，从中国进口塑料制品为 2804 万美元，规模最大。还包括化肥、人造丝、动植物性油脂、针织类产品、手表零部件、香烟、粮食等产品。2019 年朝鲜对华出口规模环比（2226 万美元）大幅减少，仅为 1601 万美元，5 月朝鲜对华贸易逆差 2.4228 亿美元。

目前朝鲜正在进行局部的经济改革并且谋求改善与国际社会的关系，积极与东北亚周边国家搭建新的合作框架。此举引起外界对这个长期以来高度封闭国家的浓厚兴趣，中国国内一些智库和企业也在推动国家与朝鲜开展跨境合作，其中一个重要思路是在朝鲜更多获得国际认可之后，利用朝鲜“优质廉价”的劳动力资源，发挥中朝两国相关联的开发区作用，开展加工贸易，未来还可以利用朝鲜丰富旅游资源及海洋资源进行深入合作。

4.2.5 中蒙区域合作现状

（一）蒙古国概况

蒙古国位于东亚，是一个内陆国，北与俄罗斯接壤，东、西、南与中国交界，仅与两国接壤，是比较封闭的国家。2006—2008 年，蒙古国经济保持持续稳定增长。受全球金融危机和矿产品价格大幅下跌影响，2009 年蒙古国经济呈现负增长。2010 年在国际市场矿产品价格不断升温的影响下，经济开始复苏，随着全球金融危机的逐渐减弱，全球矿业走出低谷，国际市场矿产品价格在高位运行，蒙古国的“矿业兴国”战略渐现成果，同时拉动了相关产业和基础设施发展，2011 年及 2012 年蒙古国经济出现了前所未有的发展势头。2011 年实际 GDP 为 78.8 亿美元，到 2012 年达到了 102.59 亿美元。2011 年人均 GDP 为 2781 美元，2012 年上升到 3575 美元。2011 年外贸总额 114.2 亿美元，2012 年下降到 111.2 亿美元，见表 4 - 17。

蒙古国由于经济基础薄弱，经济增长潜力大，市场化程度高。世界经济论坛《2012—2013 年的全球竞争力报告》显示，蒙古国在全球最具竞争力的 144 个国家和地区中，排名第 93 位。近年来，蒙古国政府实施“矿业兴国”战略，国民经济在矿业开发带动下实现快速发展。2012 年，蒙古国国内生产总值增长 12.3%，成为世界上发展最快的经济体之一，而矿业也成为该国吸引外国投资最多的部门。

表 4－17　　2006—2012 年蒙古国宏观经济数据

主要指标	数　值						
	2006 年	2007 年	2008 年	2009 年	2011 年	2011 年	2012 年
实际 GDP（亿美元）	27.2	28.35	29.6	29.1	60.8	78.8	102.59
人口（百万）	2.594	2.635	2.683	2.737	2.755	2.834	2.87
人均 GDP（美元）	1214	1491	1921	1552	2470	2781	3575
外贸总额（亿美元）	30.18	40.06	57.79	40.34	61.77	114.2	111.2
外汇储备（亿美元）	6.873	9.724	6.567	11.45	20.9	24.57	36.29
中央财政收支（亿美元）	1.069	0.87	－2.36	－2.3	0.016	－4.6	－8.33
通货膨胀率（%）	6.0	9.0	22.1	4.2	13	9.2	14.3

资料来源：蒙古国家统计局、世界银行、亚洲开发银行报告、中国商务部网站。

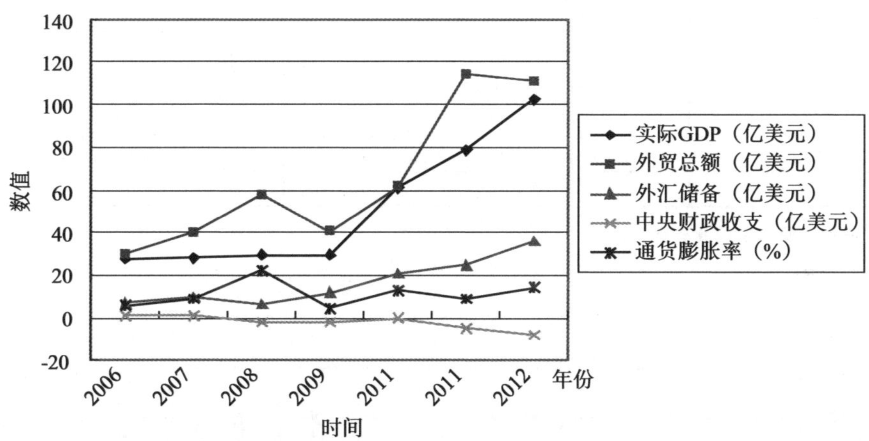

图 4－6　2006—2012 年蒙古国宏观经济情况

蒙古国经济从 2000 年到 2018 年总体上呈现出先上升后下降的趋势，2000 年 GDP 为 11.37 亿美元，2005 年上升到 25.23 亿美元，2010 年上升到 71.89 亿美元，2013 年达到最高 125.82 亿美元，2017 年下降到 114.34 亿美元，到 2018 年有所上升达到 130.1 亿美元。人均 GDP 增长趋势也从 2000 年到 2018 年总体上呈现出先上升后下降的趋势，2000 年人均 GDP 为 474 美元，2005 年上升到 998 美元，2010 年上升到 2643 亿美元，2013 年达到最高 4366 美元，2017 年下降到 3671 美元，到 2018 年有所上升达到 4103 美元，见表 4－18 和图 4－7。

表 4－18　　2000—2018 年蒙古国 GDP 总额

年份	蒙古国 GDP（亿美元）	蒙古国人均 GDP（美元）
2000 年	11.37	474
2001 年	12.68	524
2002 年	13.97	571
2003 年	15.95	646
2004 年	19.92	797
2005 年	25.23	998
2006 年	34.14	1334
2007 年	42.35	1632
2008 年	56.23	2136
2009 年	45.84	1714
2010 年	71.89	2643
2011 年	104.1	3757
2012 年	122.93	4351
2013 年	125.82	4366
2014 年	122.27	4158
2015 年	117.5	3918
2016 年	111.87	3660
2017 年	114.34	3671
2018 年	130.1	4103

资料来源：中国商务部

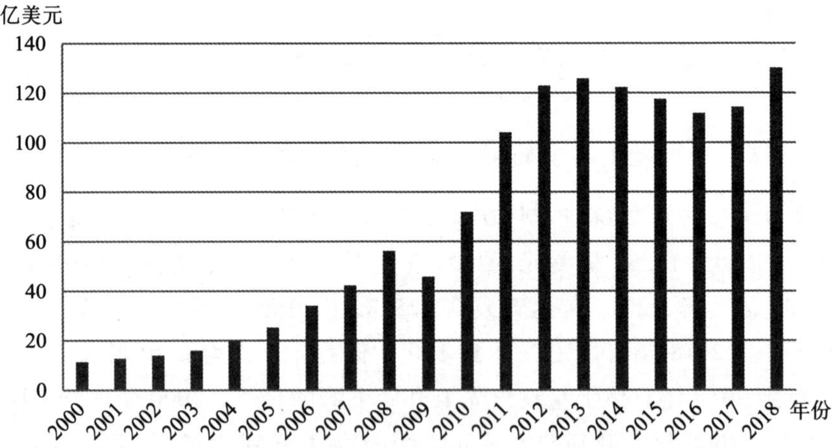

图 4－7　2000—2018 年蒙古国 GDP 总额

（二）中蒙区域合作现状

目前中国倡导的东北亚区域合作正好为推动蒙古国与中国、俄罗斯、朝鲜、韩国、日本等东北亚邻近国家合作提供了良好的契机。中蒙经济结构存在互补性，具备合作发展的条件，通过东北亚各个国家的战略对接实现资源的有效配置，不仅可促进中国的可持续发展，也可促进蒙古经济转型发展。近几年蒙古政府努力推动经济复苏，积极改善财政困境，采取了一系列有效措施，避免了债务危机的爆发。2017 年蒙古 GDP 增长恢复至 5.1%，2018 年经济增长 6.9%，2019 年第一季度为 8.6%，东北亚国家中国已连续十多年成为蒙古国最大的贸易伙伴和最主要的投资来源国。

2010 年 7 月蒙古国对东北亚区域各国家之间的贸易总额占到了蒙古国全国贸易总额的 60% 以上。2012 年中蒙贸易总额为 65.96 亿美元，同比增长 2.5%；其中，中国出口 26.53 亿美元，比去年同期减少了 2.9%，中国进口 39.42 亿美元，比去年同期增长 6.5%。除了中国，蒙古国第二大出口目的地为俄罗斯，第二大进口来源国也为俄罗斯。可见，蒙古国与东北亚各国贸易往来紧密相联。2012 年中国对蒙古直接投资流量 9.04 亿美元，截至 2012 年末，中国对蒙古国累计直接投资 24 亿美元。中国对蒙古国投资的主要行业有地质矿产资源勘探、开采、贸易餐饮服务、建筑工程及建材生产、畜产品加工、食品生产等领域。

2018 年中国对蒙古国出口 16.5 亿美元，自蒙古国进口 63.4 亿美元。2013 年中国对蒙古国出口 24.5 亿美元，自蒙古国进口 35.06 亿美元，对蒙古国直接投资 3.8879 亿美元。2016 年对蒙古国出口 9.88 亿美元，自蒙古国进口 36.19 亿美元，对蒙古国直接投资 0.7912 亿美元。2017 年对蒙古国出口 12.48 亿美元，自蒙古国进口 51.18 亿美元，对蒙古国直接投资 22.9298 亿美元。2009 年中国实际利用蒙古外商投资金额 231 万美元，2010 年为 325 万美元，2013 年为 207 万美元，2017 年为 308 万美元。中国已连续十多年成为蒙古国最大的贸易伙伴和最主要的投资来源国。2018 年，中蒙双边贸易额 79.9 亿美元，同比增长 24.7%。2019 年 1～4 月，双边贸易额达到了 25.6 亿美元，同比增长 14.5%。截至 2019 年 4 月，中方对蒙方各类投资累计达到 48 亿美元，约占蒙方吸引外资总额的 30%，是蒙方第二大外资来源国。

表 4－19　　2013—2018 年中蒙经贸合作　　（单位：亿美元）

主要指标	2013 年	2014 年	2015 年	2016 年	2017 年	2018 年
对蒙出口	24.50	22.16	15.72	9.88	12.48	16.5
自蒙进口	35.06	50.93	37.79	36.19	51.18	63.4
对蒙直接投资	3.8879	5.0261	－0.2319	0.7912	22.9298	—

资料来源：中国海关、中国商务部

2019 年中蒙双方进一步推动中方“一带一路”倡议同蒙古“发展之路”倡议对接。在东北亚区域合作两国经济利益互补基础上，两国相互尊重彼此核心利益，中国加快对蒙无偿援助和优买贷款项目落实工作，扩大蒙方矿能及农牧产品出口、进一步提供过境运输便利。中蒙共同推动筹建跨境经济合作区，2014 年 8 月，国家主席习近平明确提出要在中国二连浩特和蒙古国扎门乌德等地建立跨境经济合作区。2016 年 5 月，中蒙两国在蒙古国乌兰巴托市正式签署《二连浩特——扎门乌德中蒙跨境经济合作区共同总体方案》。2017 年 9 月，中蒙跨境经济合作区（中方一侧）基础设施建设项目签署全面战略合作协议，中蒙跨境经济合作区进入全面施工建设阶段。中蒙跨境经济合作区规划面积 18 平方公里，其中中蒙双方各 9 平方公里，通过“两国一区、境内关外、封闭运行”模式，打造集国际贸易、物流仓储、进出口加工、电子商务、旅游娱乐及金融服务等功能于一体的综合开发平台，最终形成以中国二连浩特和蒙古国扎门乌德为中心、带动辐射面积达 50 平方公里的跨境经济合作区。2019 年 6 月 4 日，中国与蒙古国正式签署《中华人民共和国政府和蒙古国政府关于建设中国蒙古二连浩特——扎门乌德经济合作区的协议》。中蒙之间以资源产品为主的边境地区贸易合作呈现良好的发展势头。

未来启动中蒙自贸协定可期，加强矿产开发和基础设施建设等传统领域合作，加大棚户区改造等民生领域合作，让越来越多的蒙古企业在中蒙合作中不断发展壮大，可以预见未来随着东北亚各国贸易的关联程度越来越高，东北亚区域合作也必将逐步深入开展。

东北亚区域合作进程及主要障碍分析

通过对东北亚区域合作进程的深入分析，可以清楚地知道东北亚区域合作未来走向及趋势。深入细致地分析其障碍因素则可以有针对性地提出东北亚区域合作的策略分析。

5.1　东北亚区域合作的进程

20 世纪 60 年代末，东北亚区域合作就已初见端倪。最早是由日本学者提出“东北亚经济圈”这一概念，自此以后东北亚区域合作与发展引起了理论界、实业界和政界浓厚兴趣和关注。20 世纪 80 年代后，世界政治经济格局开始重新调整，东西方关系趋于缓和，世界经济多极化和区域经济一体化有所发展。正是在这一国际背景下，受地区政治经济格局变化的影响和驱动，东北亚区域合作的思潮在东北亚各国再次迸发。目前东北亚区域合作发展较为迅速，区域内六国合作在不断的深化。[①] 纵观东北亚地区经济合作的进程，大体上可以将其划分为以下几个阶段：

① 李玉潭，庞德良主编：《经济全球化与东北亚区域经济合作》，吉林人民出版社，2009 年 3 月 .

5.1.1 20世纪70—80年代：东北亚区域经济合作的萌芽阶段

1967年欧洲共同体和东南亚联盟成立，在其后20年不断完善和发展中，使得中国、日本和韩国等东北亚国家认识到区域合作的重要性，东北亚各国不约而同地萌生了区域合作的愿望，其中以中日韩三国较为活跃。1952年中日签订了第一个民间贸易协定，1962年签署了《关于发展中日两国民间贸易的备忘录》，1978年签订了《中日长期贸易协议》。战后日本经济快速腾飞，其国内的生产成本居高不下，劳动密集型产业很难发展，20世纪80年代，随着中国的改革开放政策的实施，日本发现中国在劳动力、技术、人口数量、国土面积以及地理位置上，是日本的一个天然的经济合作国。1983年3月，日本学者岛仓民生提出建立"日本海经济合作区"构想。1987年3月，一个由日本政府和民间组织共同合作参与的机构"日本经济调整协议会"提出"东北亚经济合作区"构想。1987年11月，日本早稻田大学教授西川润提出了"环日本海经济圈"构想，发表了《关于发展环日本海经济协作》的倡议，日本要求东北亚地区经济合作的愿望日益迫切。与此同时，韩国在经过了战后的快速发展期后，也遭遇到西方发达国家的贸易保护主义冲击，对汇率升值、非关税壁垒等一系列问题难于应付。20世纪80年代以后，中国的改革开放，让韩国看到了一个全新的邻居和一个广阔的市场，也点燃了对东北亚地区经济开发合作的热情。20世纪80年代开始韩国将经济开发建设重点向中国方面转移，其中1986年公布的《国土综合开发方案》和《重新划分工业布局的计划》法案，其目的就是要加快建设韩国西南部沿海地区，这一中国毗邻地区被韩国称作西海岸工业区，至此中韩贸易规模不断扩大。这一期间，中朝总体上平稳发展，1950年中朝两国政府在北京签署第一个"易货协定"，正式建立政府间的贸易关系。为扭转长期以来的经济不景气，1984年朝鲜宣布对外开放并于1991年在罗津和先锋设立自由贸易区，吸引外资到朝鲜投资。同年中朝两国先后签订了六个"长期贸易协定"。

总的来说，这一时期东北亚各国都有发展经济的愿望，但是由于当时的政治环境恶劣，各国经济发展水平差距较大，互相之间的依赖性较弱，对当时的经济合作发展起到了严重的阻碍作用，东北亚区域经济合作还处于萌芽期。

5.1.2　20 世纪 90 年代：东北亚区域经济合作的自发互惠阶段

冷战结束后，东北亚地区的政治形式转暖，而欧美经济陷入衰退期，保护主义抬头，同时中国改革开放 10 多年以后，市场容量大增，需要大量资本和技术密集型产品，在中国劳动密集型产业的成本优势吸引下，使得日本和韩国大量资金进入中国投资，并带来了丰厚的回报，日本保持了多年与中国贸易量第一的地位。1990 年韩国同中国正式建交以后，先后签署了《中韩避免双重征税和防止偷漏税协定》《中韩海运协定》《中韩政府贸易协定》《中韩投资保护协定》以及《中韩政府渔业协定》等重要文件。俄罗斯在苏联解体以后，经历了经济阵痛，因此也迫切希望能够发展本国经济，1990 年，俄罗斯正式决定向中国开放劳务、农副产品、轻工和科技四大市场。在这一背景下，东北亚各国围绕图们江流域展开了史无前例的经济合作。在联合国开发计划署的住持下，各国纷纷积极参，中国于 1992 年将黑河、绥芬河、满洲里及珲春定为边境开放城市，与之相对应，俄罗斯也设立了纳霍德卡经济特区和符拉迪沃斯托克（海参崴）自由经济区，极大地促进了中俄之间的边境贸易。朝鲜、蒙古国、韩国也都积极应对图们江开发项目，1991 年朝鲜政府设立了罗津——先锋自由贸易区，面积 600 多万平方公里，1993 年该自贸区的面积扩大到 749 万平方公里，罗津港和先锋港成为朝鲜的自由贸易港，朝鲜极其重视罗津——先锋自由贸易区，将其定义为中央直辖市。1995 年中国与俄罗斯、韩国、朝鲜、蒙古国先后签署了《关于建立图们江地区开发协调委员会的协定》,《关于建立图们江地区经济开发区及东北亚开发协商委员会的协定》和《图们江地区经济开发区及东北环境准则谅解备忘录》。这一阶段，东北亚各国联系日益紧密，经贸往来频繁，各国之间不断签署单边协定和多边协定，东北亚的区域内贸易比重也从 1990 年的 11% 上升至 2000 年的 20% 。

东北亚各国经济上日益加深的合作和联系，更多是来自于国际分工的全球化趋势和地缘经济的发展。例如日本和韩国更多的是将劳动密集型产业转移到中国，将大量过时的技术和产业以各种方式转让给发展中国家，或依据国际贸易需要直接在国外建立高技术企业，从而获取超额利润。国际分工的变化，也使中国等工业生产能力较低的国家和地区获得了全新的发展机会。东北亚各国在这一时期都有了长足的进步，这是一种国与国之间经济利益最大化的模式。

5.1.3　2000—2012 年东北亚区域经济合作的曲折发展阶段

进入 21 世纪，东北亚区域合作的道路走向更加曲折发展的道路。随着中国经济实力的日益强大以及俄罗斯经济的复苏，加强与深化周边国家、亚洲国家甚至世界各国贸易联系要求更加迫切，这对世界现有的利益格局产生了实质性冲击。中国和俄罗斯都希望建立多级的世界格局，而现有的世界秩序是以美国为首的单级世界，中国经济大发展导致经济结构的必然升级，俄罗斯利用世界能源的繁荣期逐渐恢复了往日的力量，这些必然对现有的世界利益链条带来混乱。100 多年以前，当美国遇到类似的情况时，提出了“利益均沾”的口号，100 多年后的今天，随着苏联解体和冷战的结束以及单级世界的出现，情况变得更加复杂化。导致美国紧张的原因很多，众所周知，政治、外交甚至战争都是经济的一种外在表现形式，经济形势和实力的变化是对世界的一个根本的改变，如果东北亚经济合作日益紧密，甚至达到共同体的地步，导致的后果就是，中日韩俄等国的安全忧虑必然降低甚至消失，美日、美韩同盟将失去意义，亚洲其他国家也是同样道理。因此，美国亚太再平衡战略，以及由美国主导，排除中国的 TPP 谈判，无一不体现了国际政治经济形势的复杂性和发展的曲折性。每个国家在世界经济链条中都有自己的位置，这个位置是不断变化和发展的，是其他国家默认的，更是自己努力争取而来的。因此，东北亚区域经济合作的道路是曲折的，同时经济的发展也必然是主旋律。

21 世纪，也是东北亚区域合作大发展时期。随着亚洲金融危机的爆发，东盟各国发现在全球化的时代，各国应更紧密的联合起来，才能在危机来临时拥有更强大的抵抗能力。进入 21 世纪以后，随着东北亚地区政治环境日益宽松，各国经济发展势头良好，欧洲和北美等地区的地区区域合作进行的比较顺利和成熟。地区区域合作的发展与区域内各国的经济、政治等发展水平息息相关。相对而言，东亚地区区域合作的进展显得较为缓慢。为扩大双方的经贸交往，2000 年 11 月，在新加坡举行的第四次中国——东盟领导人会议上，中国首次提出建立中国——东盟自由贸易区的构想，并建议在中国——东盟经济贸易合作联合委员会框架下成立中国——东盟经济合作专家组，就中国与东盟建立自由贸易关系的可行性进行研究。东盟各国积极响应，2002 年 11 月，第六次中国——东盟领导人会议在柬埔寨首都金边举行，中国和东盟 10 国领导人签署了《中国与东盟全面经济合作框架协议》，决定到 2010 年建成中国——东盟自由贸易区。东盟和韩国、日本的自由贸易区也于 2009 年和 2012 年分别建立。这就是著名的东盟和中、日、韩“10 + 3”机制，以及中、日、韩分别与东盟的“10 + 1”机制。上述区域合作的进程与东北亚区域合作进程息息相关，随着东北亚区域合作的深化，也逐渐引起了美国的警惕和不安，美国发起 TPP 力图排除中国，并鼓动日本 2013 年参与 TPP 谈判。由于各国经济一体化程度上还不能摆脱对美国的依赖，东北亚区域合作经常会看到美国的影子，现实状况下“10 + 3”及“10 + 1”和中日韩三国三边互动机制可以说机遇和挑战并存。随着东盟的成熟，东北亚区域合作的中日韩合作机制也迈向三边关系良性互动的方向发展，东北亚各国在东盟框架内的良好发展，为东北亚区域合作打下坚实的基础，未来东北亚区域内六国合作必将走向成功。未来东北亚区域合作可以以东盟自由贸易区为原型，并扩展贸易区域，实现东北亚区域合作，在此基础上实现东南亚与东北亚的融合，最终形成东亚自由贸易区。

中国与俄罗斯关系一直比较紧密，东北亚区域合作日益受到中俄两国的重视，且东北亚区域合作的优势也日益凸显。俄罗斯远东地区与东北老工业基地振兴交织融合，有利于东北亚区域合作的发展。2009 年中俄批准实施《中华人民共和国东北地区与俄罗斯联邦远东及东西伯利亚地区合作规划纲要（2009 - 2018 年）》，这一合作纲要具有里程碑式的意义，助推了东北亚区域内中俄两国合作基础。2011 年俄罗斯终于加入 WTO，2012 年中国发改委发布《中国东北地区面向东北亚区域开放规划纲要（2012 - 2020 年）》，为中俄东北亚区域合作指明了方向，中俄两国合作力度不断加大。2012 年的 APEC 会议俄罗斯提出“远东大开发”，中国与时俱进，也希望中国振兴东北老工业基地，双方需求不谋而合，东北亚区域合作中的中俄两国合作势在必行。

中国已经成为韩国最大贸易伙伴国、最大出口对象国和最大进口来源国，2013 年中韩双边贸易额已达到 2742 亿美元，2015 年达到 3000 亿美元。中国及韩国人民曾深受日本侵略战争伤害，在正确对待历史问题和反对日本政治右倾化等问题上拥有相同的立场，因此在东北亚区域合作进程中，中韩两国更加积极，并愿意为此努力。从 2012 年开始中韩两国已就“双边自由贸易协定”进行谈判，2014 年习近平主席访问韩国，成果显著，希望双方尽快建成中韩自由贸易区，推动两国经贸合作向高端产业、金融服务业、医疗、共同研发等领域拓展。两大经济体的合作将有助于东北亚区域合作进一步深化发展。中日合作一直在继续，中国与日本由于历史原因长期处于政冷经热的合作过程。2012 年 11 月，日本与东盟、中国、韩国、印度、澳大利亚、新西兰 16 国宣布将启动区域经济伙伴关系协定（RCEP）谈判。

中日韩自由贸易区这一设想在 2002 年在中日韩三国领导人峰会上正式提出。设想中，中日韩自由贸易区是一个由人口超过 15 亿的大市场构成的三国自由贸易区。自由贸易区内关税和其他贸易限制将被取消，商品等物资流动更加顺畅，区内厂商往往可以降低生产成本，获得更大市场和收益，消费者从中获益，中日韩三国的整体经济福利都会有所增加。2012 年 11 月 20 日，在柬埔寨金边召开的东亚领导人系列会议期间，中日韩三国经贸部长举行会晤，宣布启动中日韩自贸区谈判。2013 年 3 月，中日韩自贸区第一轮谈判在韩国首尔举行。谈判已经历时 7 年，几经波折，至今仍未达成框架协议。由于钓鱼岛等问题，中日处于政冷经冷的现状，合作处于停滞状态，但看到中韩自贸区的建立，日本心急如焚，也加快了中日自贸区谈判的进程，在经济发展获得巨大利益的驱动下，目前中日关系有所缓和，东北亚区域合作的大势不可逆转。

目前中国连续 10 多年成为蒙古国最大的贸易伙伴和投资国，中蒙贸易额从 1994 年的 1.2 亿美元增加到 2013 年的 60 亿美元。1991 年蒙古国和俄罗斯、中国、韩国、朝鲜共同启动了图们江区域合作开发项目，意味着蒙古国参与东北亚合作进程的开始。蒙古国在 1998 年成为东盟地区论坛（ARF）的成员，2005 年蒙古加入《东南亚友好合作条约》，加强了蒙古与中国在经济和自由贸易方面的联系。2008 年时任国家副主席习近平访问蒙古国，促进两国成为真正的“好邻居、好朋友、好伙伴”，中蒙合作进一步深化。2014 年国家主席习近平访问蒙古，这是中国国家主席时隔 11 年再次访问蒙古国，蒙古国高度重视，双方希望在矿业、畜牧业、基础设施建设等方面加强合作。

中国与朝鲜政府十分重视两国的边贸发展，长期发展比较稳定。2010 年朝鲜将“自由经济区”罗先市升格为特别市，成为继平壤、开成之后的第三个特别市。2013 年中国投资修建 3 条连接朝鲜的高铁，造价高达 63 亿美元的项目旨在拉近朝鲜同中国经济轨道的距离，打开中国同朝鲜东北亚区域合作的新篇章。2014 年 7 月 23 日，朝鲜在全国范围内新设多个经济开发区，朝鲜在平壤市设立尖端技术开发区，在黄海南道设立国际绿色示范区，在南浦市设立出口加工区，在平安南道设立工业开发区和农业开发区，在平安北道设立旅游开发区。以上措施无不显示出朝鲜期盼与中国合作，促进朝鲜经济的发展，也为东北亚区域合作的成功增加了新筹码。

以上种种迹象表明，东北亚区域合作的发展在曲折中前进，发展是时代的主题，东北亚区域合作是不可逆转，可以预见在不久的将来，东北亚区域合作必将迎来瓜熟蒂落的成熟期。

5.1.4　2013 年至今东北亚区域经济合作初见曙光

2013 年 9 月中国国家主席习近平创新性地提出共同建设“丝绸之路经济带”。2015 年 3 月，中国政府特制定并发布《推动共建丝绸之路经济带和 21 世纪海上丝绸之路的愿景与行动》。习近平主席表示“一带一路”倡议不是要替代现有的地区合作机制，而是要在已有基础上，推动沿线各国实现经济战略相互对接，可见在“一带一路”背景下东北亚区域合作将迎来曙光。

中俄引领东北亚区域合作，携手打造东北亚共赢走廊。2014 年，中俄于 2014 年签署 30 年天然气供运协议，合同总金额高达 4560 亿美元，中俄两国合作又向前迈进一大步。由于乌克兰问题，随着美国，欧盟，日本对俄罗斯的制裁，俄罗斯已经把经济增长的视角开始投向东北亚，与中国签订了一批先进武器的军售合同，这在中俄历史上是极其罕见的。俄罗斯特别关注与中国的合作，希望与中国的合作快速摆脱西方的制裁，实现俄罗斯经济的快速复苏。俄罗斯面对美国的制裁急需发展国内经济，中国面对中美贸易摩擦也更加关注东北亚区域的发展，迫切希望实现东北亚区域合作。

2018 年国家主席习近平首次出席第四届东方经济论坛，中俄双方签署了一系列合作计划和协议，开启了两国合作的新征程，也为东北亚国家开展合作树立了新典范。中俄双方签署了未来六年发展远东经贸和投资合作的相关规划，涉及能源资源、农林开发、机械制造、运输物流、医药、金融等多个领域。跨境电商就是合作领域之一，中国电商巨头阿里巴巴、俄罗斯直接投资基金、俄罗斯电信运营商 MegaFon 和互联网公司 Mail. Ru 宣布建立新的战略合作伙伴关系，在俄罗斯和独联体国家建立合资电商企业，包含阿里巴巴旗下速卖通目前在俄罗斯的业务。互联互通建设更是两国间投资与合作的助推器。中俄双方正在中国东北边境地区积极建设许多新的道路、桥梁等基础设施。例如，两座连接中国黑龙江省与俄罗斯犹太自治州和阿穆尔州的跨境桥梁将于 2019 年建成，中俄合作开发“滨海 1 号”和“滨海 2 号”国际交通走廊，是欧亚经济联盟与丝绸之路经济带倡议对接的重要合作成果，是俄远东地区与中国东北地区共同发展的新阶段，东北亚区域合作初见曙光。

2018 年建设扎鲁比诺港开展内贸货物跨境运输航线，一条路线为“珲春—扎鲁比诺港—釜山—宁波—釜山—扎鲁比诺港—珲春”、往返周期约为 15 天的海铁联运物流通道初步建成。中俄跨境运输通道的“中俄滨海 2 号国际运输走廊项目”的出海口就位扎鲁比诺港。中俄在这一交通走廊建设上的合作具有巨大的共赢意义。一方面，中方可以引进俄罗斯远东地区的各类资源，同时打通东北大宗物资跨境运输通道，帮助吉林化工、汽车、农产品等优势产业与国内其他省份及周边国家形成更好的连接。另一方面，港口的发展将为俄罗斯远东地区带来更多的转口贸易和就业机会，也有利于进一步打开俄罗斯本土商品的出口空间。

在俄罗斯远东地区的国际合作发展中，中国无疑处于领先地位。目前，中国是俄罗斯远东地区最大的投资来源国。未来，中俄合作模式有望成为俄罗斯与其他国家开展区域合作的样本。这也为“一带一路”沿线地区的国家加强经贸互动提供更多机会，有利于东北亚区域合作的发展。

中韩关系趋于缓和，2014 年 11 月在中国召开 APEC 会议，此次会议中韩、中澳自贸区达成实质性谈判，会议还提出建立亚太自由贸易区线路图，得到亚太国家一致支持。在 2018 年中日和平友好缔结 40 周年之际，两国领导人达成重要共识，2017 年 4 月双方时隔 8 年重启了中日经济高层对话，建立了第三方市场与创新合作两大机制，中日关系正朝好的方面发展。2018 年 12 月“中日韩自贸区”提速进行中，中日韩自贸区第十四轮谈判，谈判取得了实质性进展，中日韩自贸区谈判提速基础已经具备，三方将在 RCEP（中日韩及东盟等 16 国参加的东亚区域全面经济伙伴关系协定）已取得的重大成果基础上，探讨中日韩自贸区进一步提高贸易投资自由化水平的方案，RCEP 也被认为是我国正在推动的经济体量最大、占我国外贸比重最高的自贸区谈判之一。中日韩三方商定将自下一轮谈判起恢复工作组会议，就货物贸易、服务贸易、投资等议题展开实质性磋商。去年以来，中日韩三方已多次表达加快谈判意愿。2017 年 5 月第七次中日韩领导人会议发表联合宣言，重申将进一步加速中日韩自贸区谈判，力争达成全面、高水平、互惠且具有自身价值的自贸协定。中日韩贸易潜力巨大，“中日韩自贸区”具备提速的现实需求，中国领导人亦提出要加快中日韩自贸区谈判进程。三方加强合作的共同意愿增强，成为中日韩合作再出发的重要契机。历时 7 年的谈判终于进入提速中。自中日韩三国决定建设中日韩自贸区已经过去 17 年，三国经济状况均有所改变。随着全球经济形势的变化，自贸区的谈判范围正从货物贸易拓展到服务贸易和投资自由化。中日韩三国均希望达成一份高水平的自贸协定，而不至于在 RCEP 签订后成为鸡肋。RCEP 由东盟发起，邀请中国、日本、韩国、澳大利亚、新西兰、印度共同参与，已经接近完成，其涵盖全球一半人口、1/3 的贸易额和 1/5 的外国直接投资。中国商务部国际司有关负责人表示，中国希望的是一份“全面、高水平、互惠且具有自身价值”的自贸协定，日本外务省有关负责人也强调，中日韩自贸协定要比 RCEP 更有价值。

中国与蒙古国合作初见曙光，2014 年 8 月，国家主席习近平明确提出要在中国二连浩特——蒙古国扎门乌德等地建立跨境经济合作区。2016 年 5 月，中蒙两国在蒙古国乌兰巴托市正式签署《二连浩特——扎门乌德中蒙跨境经济合作共同总体方案》。2017 年 9 月，中蒙跨境经济合作区（中方一侧）基础设施建设项目签署全面战略合作协议，中蒙跨境经济合作区进入全面施工建设阶段。2018 年 4 月 9 日，两国共同签署了《中国商务部与蒙古国对外关系部关于加快推进中蒙跨境经济合作区建设双边政府间协议谈判进程的谅解备忘录》，加强中国“一带一路”倡议同蒙古国“发展之路”战略对接的重要举措。加快谈判进程，争取尽快就双边政府间协议达成一致，推动中蒙跨境经济合作区建设早日取得实质性进展。2018 年 8 月 23 日，中蒙正式启动自由贸易协定联合可行性研究。2019 年 6 月 4 日，中国与蒙古国正式签署《中华人民共和国政府和蒙古国政府关于建设中国蒙古二连浩特——扎门乌德经济合作区的协议》。中蒙两国在东北亚区域合作中不断加深合作，为东北亚区域合作顺利实现打下坚实的合作基础。

2013 年之后，中朝双边贸易额连年下滑。而中国对朝鲜直接投资额，更是从 2012 年的 1.1 亿美元一路重挫至 2016 年的 2844 万美元。根据联合国安理会 2371 号决议，中国商务部还在 2017 年 8 月下令禁止中国企业在朝鲜境内开设新的合资或合作实体，并禁止现有双向投资企业增资扩大规模。2017 年由于半岛对峙局势紧张，中国与朝鲜的经贸合作暂时处于停滞状态。2018 年初受国内经济形势影响，朝鲜主动调整外交政策，与中国展开实质性接触，朝鲜半岛局势好转。中朝关系开始走向缓和，东北亚合作初见曙光。

5.2 东北亚区域合作的主要障碍分析

东北亚区域合作有利于区域内各国经济发展，但从目前区域合作还面临着很多障碍，深入分析合作中面临的障碍，有利于加快推进东北亚区域合作进程。

5.2.1 中国、俄罗斯、日本经济重心不在东北亚，地缘优势作用没有充分发挥

东北亚区域内六个国家中，中国东北地区，俄罗斯远东地区，日本等国具有地缘优势，地理上相邻，从本质上来讲更有利于发展东北亚区域合作。但由于目前东北亚各个国家经济发展水平不同，经济重心也不同，地

缘优势并没有充分发挥。中国经济重心多偏于东部地区，直到 2003 年中国提出了振兴东北老工业基地战略，力图把东北地区打造成继珠三角、长三角之后重要区域经济增长极，东北慢慢开始受到重视。2016 年 4 月《中共中央国务院关于全面振兴东北地区等老工业基地的若干意见》，在“十三五”开局之际吹响了新一轮东北振兴战略的号角。东北亚区域内俄罗斯地跨欧亚两大洲，俄罗斯远东地区位于亚洲，远东地区是俄罗斯最大经济区，但并不发达，面积达 621. 59 万平方公里，占全俄面积的 36. 4%。由于其地处于寒冷地带，虽然自然资源丰富，但是地广人稀，经济也远没有其首都莫斯科发达。因此俄罗斯战略重心还是比较集中在其地处欧洲的部分。2014 年 9 月，俄总理公开表示支持俄罗斯重心东移，但毫无疑问，现阶段经济重心仍不在俄罗斯远东地区。2018 年俄罗斯 GDP 总量为 1. 66 万亿，经济增长 2. 25%。2019 年美国、加拿大和欧盟开始对俄罗斯进行新一轮的制裁，俄罗斯热切关注东北亚区域合作问题。日本作为世界第三大经济体，2018 年 GDP 总量为 4. 97 万亿美元，实际增速为 0. 7%，增长率依旧很低。日本经济形势不容乐观。中国 GDP 总量为 13. 6 万亿美元，超过日本 8 万多亿美元，中国在 2010 年 GDP 总量上首次超过日本，位居世界第二。但是日本经济重心并不在东北亚发展，其经济重心更乐于向美国靠拢，不仅在军上依赖美国，更希望在经济上有所获益。日本虽然内心深处不愿意损害自己的农业等行业，但实际行动上还是加入由美国所主导的 TPP 谈判，并且在美国退出 TPP 后，日本 2018 年由美国操纵下成立 CPTPP，希望在欧洲市场上有所发展。中国、俄罗斯、日本等国由于经济重心不在东北亚，因此各国与生俱来地缘优势并没有发挥其应有的作用。

5. 2. 2　缺乏各国公认的“领头羊”，核心大国没有真正建立

东北亚区域合作缺乏大家公认的“领头羊”，缺少核心的主导力量，阻碍了东北亚区域合作进程。东北亚六国中，中国是快速崛起的新兴经济体，中国经济实力随着改革开放的发展，在世界经济舞台上发挥越来越重要作用，且有能力并愿意担当责任，在东北亚区域合作过程中希望发挥其核心主导力量，获得更多话语权，制定贸易和投资规则，服务于东北亚区

域。中国2018年GDP总量首次突破90万亿元人民币，按照全年的平均汇率计算，折合13.6万亿美元，实际增长6.8%，名义增速为9.69%，同比上年增长了7.95万亿元，接近8万亿元人民币，折合1.4万亿美元，相当于增长了一个澳大利亚的体量。中国约占美国经济总量的66%，同比2017年提升3个百分点，同时中国对于全球经济的贡献远超过美国。日本作为世界第三大经济体，2018年GDP总量为4.97万亿美元，实际增速为0.7%，增长率依旧很低。中国GDP总量为13.6万亿美元，超过日本8万多亿美元，中国在2010年GDP总量上首次超过日本，位居世界第二，在随后的9年时间里依旧保持着高速增长，如今日本GDP总量占中国的比重为36%，占美国的比重为24%。2018年美国名义增速为5.2%，实际增速为2.9%，美国GDP总量首次突破20万亿美元，达到20.5万亿美元，稳居世界第一，中国与美国的差距还是较大。中国经济总量增长成为世界第二，但毕竟是新兴经济体，对于如何成为东北亚区域合作"领头羊"，还需不断总结和学习。

而日本作为发达资本主义国家，由于自身经济实力较为雄厚，且资本、技术、科技水平远高于中国，与中国有钓鱼岛之争，大力依附于美国，更希望在美国的支持下主导东北亚区域事务，在东北亚事务中拥有更多话语权，得到制定贸易规则话语权，以此为筹码希望从美国方面得到更多政治利益。

韩国目前经济实力不可小觑，作为发达国家，经济发展较为迅速，2014年11月中韩双方完成了中韩自由贸易区实质性谈判，双边贸易发展前景一片光明。2018年12月"中日韩自贸区"提速进行中。中韩在完成谈判后，韩国也希望在东北亚区域合作中能占据主导地位，不想错失经济发展的良机。

苏联解体后，俄罗斯走上资本主义道路，其基础科研实力不可小觑，受美国、欧盟、加拿大、日本制裁，渐渐向中国靠拢，与中国正处于历史最好时期。凭借其雄厚的实力，本无意于东北亚区域合作，因为东北亚区域合作只涉到其远东地区，但随着国际形势的风起云涌，目前重新审视俄罗斯在东北亚区域合作中的地位，随着欧盟及美国制裁的深入，也希望其远东地区能快速发展，不会轻易放弃主导地位。朝鲜及蒙古国由于其经济实力较弱，无法对东北亚区域合作主导权进行争夺。

5.2.3　政治诉求不同，东北亚区域合作陷入困境

中国和朝鲜同为东北亚区域内的社会主义国家，中国正在走有中国特色的社会主义道路，朝鲜也力图仿效中国，希望走上富强的道路。而日本及韩国同为发达国家，走的是资本主义道路，信奉依赖与美国合作才能保证自己的安全策略，因此与美国联系紧密。而俄罗斯与蒙古国走的也是正在发展中的资本主义道路，希望国内经济能上一个新台阶。由于地缘政治的影响，中国、朝鲜、蒙古、俄罗斯接壤，日本和韩国则隔海相望。东北亚区域内各国地理位置紧密相联，但由于各自的政治诉求不同，美日韩结成多边合作关系，不断进行联合军演，中俄结成战略协作伙伴关系也力图遏制西方国家，蒙古、朝鲜也在各自为政。东北亚区域内各种利益博弈复杂，很难在短期内使各方面政治诉求得到完全满足，东北亚区域合作陷入困境，未来可以预见，东北亚区域合作道路将是曲折的，不会一蹴而就，但是，东北亚区域合作的大势已经形成，不可逆转。

5.2.4　大国之间竞争防范意识较强，牵制东北亚区域合作一体化发展

在东北亚六国区域合作中，矛盾客观存在。其中较为棘手的矛盾主要是中日之间矛盾。中日同为经济上大国，从历史角度出发，中国人民在近代史上所遭受的屈辱不希望在今天重现，尤其是日本不承认侵华历史，安倍参拜靖国神社，中日钓鱼岛之争，南海问题，拉开了中日矛盾的焦点。中日双边关系变得复杂敏感，与此同时日本感受到的由中国崛起而带来的权力转移的冲击也远较美欧等国来得直观和强烈。因此，随着中国崛起的势头越来越强，中日双边的发展战略和地缘战略的碰撞也不断加剧和扩散，甚至已经进入到围绕整个国际格局以及各自所处的相对位置和所追求的国家目标，彼此进行综合实力全面较量的战略博弈阶段。更何况安倍内阁“摆脱战后体制”和“正常国家化”等政治目标也想要通过“中国威胁论”或“中国霸权论”这张牌来加以推动。中日大国之间竞争防范意识较强，但为追求利益，又依靠具有 13.78 亿人口的消费国，未来东北亚区

域合作还是可期待的。未来中日在东北亚区域合作中较为便捷合理的路径应是通过中韩 FTA、中日 FTA 向中日韩自由贸易区转变。但由于政治因素，中日 FTA 陷入困境，但让人欣喜的是中日关系目前得到极大缓和，中日 FTA 有希望尽快实现。且既便中日韩自由贸易区能实现，但中日主导权之争也是不可避免。日本在美国支持下凭借其经济实力，更希望主导东北亚区域合作，削弱中国在东北亚区域合作中优势地位，争取更多话语权。中国是日本第一大出口贸易伙伴和第一大进口贸易伙伴，2017 年日本对华投资达到 32.7 亿美元，同比增长 5.1%，扭转了连续 4 年的下滑趋势。与此同时，中日进出口贸易总额 3029.8 亿美元，同比增长 10.1%，也呈现止跌回升的态势。目前中断多年的最高领导层互访也已重启，2018 年 5 月李克强总理正式访日后，中日关系开始出现缓和，日本外交具有“两面性”特征，实际上日本是以国家利益及主导权为出发点进行考量所有决策。未来东北亚区域合作为中日实现共赢合作提供了新平台和试验田，在新的平台上可以实现互利合作发展。可见中日在东北亚区域合作中领导权之争不可避免，竞争防范意识较强，毫无疑问牵制了东北亚区域一体化的发展步伐。

中俄之间矛盾也不容小觑，竞争防范意识也较强。俄罗斯与中国同为大国，在世界政治经济领域举足轻重，目前关系处于历史最好时期。但大国之间的关系比较微妙，俄罗斯不会放弃在东北亚区域合作中能成为“领头羊”机会。目前中俄政府之间的合作关系是最好的时期，2019 年中俄之间有 100 多个各领域的工作小组，56 个涵盖教育、旅游、到天然气合作的委员会，4 个由副总理级别牵头的委员会，每年两国总统或总理都会会晤，讨论很多领域的事宜。从中俄合作框架来说，中俄关系处于“蜜月期”，但两国之间矛盾在于两国利益的不同。未来东北亚区域合作中俄罗斯希望作为“领头羊”得到更多中国投资来发展自己的产业，而中国则将俄罗斯视为一个大市场，希望向俄罗斯出口商品和服务。中国从俄罗斯进口从 1991 年开始直到现在，石油和天然气一直都是最主要的部分。目前俄罗斯 70% 的出口仍然是石油、天然气以及一些木材，其他领域合作比例不高。未来东北亚区域合作中俄合作俄罗斯希望成为“领头羊”借助中国资本优势、市场需求优势、人力资本优势、制造业优势，助推俄罗斯经济发展，尤其是俄罗斯远东地区发展。中国也希望在东北亚区域合作中发挥主导地位，与俄罗斯进行能源，高科技产业、化工、农业、教育、航空等基础科研领域合作，打破西方技术垄断，提高自己核心竞争力。可见中俄在东北亚区域合作中领导权之争同样也是不可避免，且竞争防范意识也无时无刻不在，必将牵制东北亚区域一体化发展。

5.2.5　美国刻意干扰破坏东北亚区域合作的现实基础

东北亚区域合作难以达成，除了受区域内各种因素影响外，很大程度上受美国刻意干扰。美国一直在东北亚拥有广泛的经济利益和军事存在，已经超出地理范畴。美国通过与日本和韩国的结盟达到控制东北亚地区乃至整个亚洲是其长期的战略意图。在东北亚区域内，中国经济在持续快速增长的同时，也与东北亚各国建立了广泛的经济贸易联系，东北亚国家对中国的经济依赖关系不断加深。美国为阻碍中国经济的发展，且目前提出“亚太再平衡”战略，宣传中国威胁论，在军事上，与日韩结成同盟，并极力宣传自己的“亚太再平衡”战略。墨西哥、韩国和新西兰分别于20122013 和 2016 年加入 TPP 谈判。2013 年日本在美国支持下正在进行加入 TPP 谈判，其核心目的就是削减中国在亚洲影响力，阻碍东北亚区域合作的进程，阻碍中国在亚洲发展和壮大，消减中国在世界影响力。美国主导的 TPP“排他效应”势必会对中国的经济领域造成冲击，尤其会影响中国与东北亚各个国家的 FTA 谈判，甚至会影响中国在亚太地区的 FTA 战略。TPP 协议通过将对中国产生巨大的负面影响，意味着由中国主导的亚投行前景更加不明朗，让中国本已不太明朗的国内经济更加雪上加霜。中国创立亚投行原本是为了“破坏”美主导的现有国际秩序，但却完全无力对抗 TPP。美国总统特朗普于 2017 年 1 月 23 日签署总统行政令宣布美国退出 TPP，2018 年 12 月 30 日由日本主导的“全面与进步跨太平洋伙伴关系协定”（CPTPP）正式生效，该协定是 TPP 协定的继承与进一步发展。CPTPP 其 11 国覆盖人口近 5 亿的市场，GDP 总量约占全球 GDP 总额的 13.5%。随着中国经济的快速发展，中国经济实力以及国际影响力持续上升，目前已成为世界的第二大经济体。TPP 向 CPTPP 演变无疑会影响中国与亚太地区及东北亚相关国家的政治、经济、投资和文化等方面的合作，不可避免地会对中国对外政治关系造成一定的影响，进而会影响亚太地区治理结构格局。目前美国是东北亚各国最大出口市场，自特朗普上台以来，在“美国优先”的旗帜下，美国利用其出口市场地位阻碍东北亚地区合作，且东北亚区域内日韩极重视美国想法，美国极力阻碍日韩加入东北亚区域合作的步伐。与此同时受乌克兰事件影响，继美欧对俄罗斯实行制裁后，在美国怂恿下日本、欧盟宣布对俄罗斯实行制裁，可见美国对日本影响力之大。与此同时美国为了遏制中国日益上升的影响力，近年来不断加强与东北亚区域内国家的军事同盟关系，2017 年在韩国部署萨德系统是美国以韩国为跳板，一步步在整个亚太地区部署美国的导弹防御系统，此举破坏了东北亚地区战略平衡，阻碍东北亚区域合作的进一步发展。

现在中国及日本、韩国等东北亚国家为了打开美国市场，刻意迎合美国消费市场，金融危机之后，随着世界贸易保护主义复苏，美国与中国产生贸易摩擦，对东北亚区域现实合作影响越来越大，力推 CPTPP 战略，拉拢日本刻意阻挠东北亚区域合作进程。

5.2.6 利益吸引力不强，尚未建立信任机制，缺乏促成合作的利益切入点

东北亚区域合作过程中，由于各个国家进行博弈，都从自身角度来考虑各自利益，且没有可以起带头作用“领头羊”国家出现，东北亚区域合作进程缓慢。进程缓慢根源在于利益吸引力不强。虽然东北亚各国经济互补性明显，但各国更愿意本国在欧洲市场上占有一席之地，对于在亚洲市场上利益切入点没有真正找到。实际上如果东北亚区域合作成功受益最大的应是中国、日本、韩国，因为这三个国家在东北亚区域中所占经济份额比较大。中日韩三国经济总量相加约占全球经济总量 20% 的份额，是一个具有 16 亿人口的巨大市场。日韩由于打起了贸易战，2019 年 7 月日本对韩国进行了半导体材料的出口管控，想要限制和制裁韩国的半导体行业发展。半导体行业是韩国的支柱型产业，2018 年韩国的经济增长率为 2.7%，如果去除掉半导体增长所带来的效益，那么韩国的经济增长则只有 1.4%，可见韩国对半导体行业的依赖之重，目前日本与韩国关系不断恶化，东北亚区域合作困难重重。

日本政府近期多次在对华关系上展现出积极姿态。现阶段，东北亚区

域合作在“一带一路”倡议背景下已为中日深化互利合作提供了新平台和试验田。2017 年日本对华投资达到 32.7 亿美元，同比增长 5.1%，扭转了连续 4 年的下滑趋势。与此同时，中日进出口贸易总额 3029.8 亿美元，同比增长 10.1%，也呈现止跌回升的态势（约合 33.34 万亿日元，创下了以日元计算的历史最高纪录）。中日在经济情势向好的同时，两国政治关系也出现了积极改善的势头，尤其是最高领导层在国际场合举行首脑会谈的氛围日渐融洽，中断多年的最高领导层互访也已重启。2018 年 5 月李克强总理正式访日后，中日关系出现上述两种不同景象，中日领导人高层次的互动繁重。未来只有增强利益吸引力东北亚区域合作才能顺利进行，伴随着中国崛起，中国作为世界上第二大经济体，巨大的消费市场，其释放出的商机可谓潜力无穷，对日本有较大的吸引力，可以借此加速日本经济的发展。

目前俄罗斯由于利益吸引力不强，曾经对东北亚区域合作不感兴趣，但随着世界经济形势改变，也开始慢慢关注远东地区发展。因此从受益最大化的角度来看，中日韩三国最应先形成利益共同体，但由于目前受钓鱼岛问题及日本右倾化影响，韩国因部署“萨德”导致中俄朝等国家强烈抗议，俄罗斯受美欧日制裁影响，日本与韩国关系不断恶化，中国目前也许可以从中日俄方面入手，率先形成中日俄合力的可能性比较大，条件成熟时加入朝鲜、蒙古、日本，最终促成东北亚区域合作发展。

东北亚区域合作过程中，各国由于经济发展水平差距较大，缺乏利益切入点。虽然东北亚区域合作中各国有经济互补性，但区域合作结果往往导致低收入国家不得不修改自己的贸易规则来适应高收入国，本国的幼稚产业，例如农业，无法得到真正保护，利益切入点缺乏，导致难以实现东北亚区域合作。东北亚区域各国尚未建立信任机制，信任机制是推动双边或多边经贸合作的前提，东北亚区域政治格局复杂，彼此又缺乏信任，区域经济合作缺乏稳固基础。

5.2.7　朝核问题错失东北亚区域合作发展良机

朝鲜半岛问题一直困扰着朝鲜对外发展，尤其是朝鲜的核问题，从 2003 年开始的六方会谈试图解决朝鲜核问题。朝鲜在主体思想的指引下，新领导人金正恩上台后也希望进一步改善朝鲜经济的发展，使人民过上“吃上白米，喝上肉汤”的生活。目前朝韩关系一直处于紧张氛围中，三八线一直不太平。但正是由于朝鲜特殊性，走的是社会主义道路，中国也在积极从中斡旋，希望朝鲜放弃核试验。继 2016 年之前进行 5 次核试验之后，朝鲜不顾全世界的制裁和反对，于 2017 年 9 月又先后两次进行核试验，朝鲜核试验激化半岛局势，搅乱了东北亚区域的安全格局，安全形势受到挑战，区域内的贸易合作及投资等受到影响。目前萨德反导系统和签署韩日军事情报保护协定，引发中俄朝强烈不满，导致中韩关系，中俄关系，朝韩关系等受挫。文在寅继任韩国总统后并未改变韩国加入美国“萨德”反导系统的决定，中韩关系、中俄关系、朝韩关系雪上加霜，并直接波及东北亚区域合作。朝核问题使得朝鲜与美国、朝鲜与日本之间矛盾重重，日本与韩国关系不断恶化，在东北亚区域合作过程中，不应忽视朝鲜作用，朝鲜加入有利于东北亚快速实现区域合作。中朝罗先港开发，使东北亚区域多了一条“黄金通道”，中国获得了日本海的出海口，从中使中国、日本、韩国、蒙古国等邻国受益颇多，获得经济利益。可见，中国应发挥其主导作用，引领朝鲜走进东北亚区域合作，从经济利益角度出发，获得经济快速发展的良机，最终实现东北亚区域合作。

第 6 章

新形势下东北亚区域合作面临的新挑战

在经济全球化和区域经济一体化加速发展经济大背景之下，东北亚区域合作意在双赢，利在长远。东北亚区域合作主要包括中国的东北地区、日本、蒙古国、俄罗斯的远东地区、韩国、朝鲜地区。目前东北亚区域合作在迎接机遇同时，也面临 CPTPP、中日韩、中俄、中朝、中蒙合作中的新问题。研究新形势下面临的新挑战，最终得出应对新挑战的东北亚区域合作战略选择，这对于促进东北亚区域合作的快速发展，具有重要的实践应用价值。

6.1　东北亚区域合作面临的新挑战

6.1.1　美国优先原则下，美国主导的 TPP 向日本主导 CPTPP 演变，致力于打造前所未有的高标准自由贸易区范本

跨太平洋伙伴关系协议（Trans－Pacific Partnership Agreement，TPP）的前身是跨太平洋战略经济伙伴关系协定（Trans－Pacific Strategic Economic Partnership Agreement，P4），是由新西兰、新加坡、智利和文莱四国发起。TPP 是在 APEC 进程停滞后，美国试图主导制定的新一轮贸易游戏规则的新平台。开始时期的新西兰、新加坡、智利和文莱四国在国际贸易体

系中处于无足轻重地位，2009 年 11 月美国开始主导制定 TPP，奥巴马宣布美国正式加入 TPP 谈判。日本从 2011 年 11 月决定加入 TPP 进行谈判，但到 2014 年 9 月，仍未达成协议。2013 年 9 月 10 日，韩国宣布加入 TPP 谈判，TPP 却一直未邀请中国参加。墨西哥、韩国和新西兰分别于 2012 年，2013 年和 2016 年加入 TPP 谈判。2013 年日本在美国支持下正在进行加入 TPP 谈判，其核心目的就是削减中国在亚洲影响力，阻碍东北亚区域合作的进程，阻碍中国在亚洲发展和壮大，消减中国在世界影响力。美国总统特朗普于 2017 年 1 月 23 日签署总统行政令宣布美国退出 TPP，2018 年 12 月 30 日由日本主导的“全面与进步跨太平洋伙伴关系协定”（CPT-PP）正式生效，该协定是 TPP 协定的继承与进一步发展。全面与进步跨太平洋伙伴关系协定（简 CPTPP Comprehensive Progressive Trans – Pacific Partnership），是美国退出跨太平洋伙伴关系协定后的新名字。2018 年 3 月 8 日，参与“全面与进步跨太平洋伙伴关系协定”（CPTPP）谈判的 11 国代表在智利首都圣地亚哥举行协定签字仪式。CPTPP 新架构共识将保留原 TPP 超过 95% 的项目，仅搁置 20 项条款，其中 11 项与知识产权有关。新协定在 2016 年 2 月签署的包含美国的现有协定中，以因美国要求而写入的项目为主，冻结了 20 个项目的效力。随着中国经济的快速发展，中国经济实力以及国际影响力持续上升，目前已成为世界的第二大经济体。TPP 向 CPTPP 演变无疑会影响中国与亚太地区及东北亚相关国家的政治、经济、投资和文化等方面的合作，不可避免地会影响中国对外政治关系，阻碍东北亚区域合作的发展。

（一）美国主导 TPP 遏制中国意图明显

2010 年美国做出了“重返亚太”的决策，动用自己影响力实际控制 TPP 的发展进程，由美国参与制定 TPP 遏制中国意图很明显。中国作为全球第二大经济体，随着中国经济的迅速崛起，到 2020 年前中国经济规模将有可能超过美国，美国担心中国崛起之后对美国霸权地位构成威胁，美国更担心对东北亚地区这一全球经济最有活力的地区失去规则制定权及话语权。本质上 TPP 是美国遏制中国的产物，TPP 很明显将会阻碍东北亚区域一体化的进程。近几年由于美国国内经济受金融危机影响，经济形势令人担忧，后危机时代美国希望重振国内经济形势，目前美国逐渐把“重返亚太”，强化亚太战略作为促使国内经济提振的强心剂。美国在世界范围内拥有话语权，唯独在东北亚地区，以东盟为中心、以中日韩为支撑、以双边 FTA 为具体形式的区域经济整合，一直置美国于事外。且随着中国的快速崛起，美国忧心忡忡，希望借助 TPP 来抗衡中国，阻挡东北亚一体化的进程，削弱东盟的影响，最终建立一个由美国主导的亚太自由贸易圈，在亚洲拥有实际控制力。

（二）TPP 试图建立一个不包括中国的前有未有的高标准的自由贸易范本

TPP 着重探讨新议题的规则及制度问题，十分注重关于合作与能力构建、国有企业、政府采购、电子商务、农产品市场准入、金融服务、竞争政策、投资和投资者权利保护、环境、知识产权以及投资者与国家争端解决、电信与劳工等 FTA 贸易议题。

第一，TPP 的高标准体现在 TPP 是一个“无例外”，自由化程度极高的贸易协议，美国希望打造成自由贸易范本并由美国所主导。

在普通的多边条约或协议缔结时，都有“例外”规定，但 TPP“无例外”旨在增加难度，建立高标准。这种高标准主要体现在其一，减少关税，如果 TPP 正式生效，95% 以上商品关税将毫无疑问下降到零，剩下部分允许有 7 年时间的过渡期进行过渡。其二是减少障碍，减少例如 TPP 所涉及的知识产权、原产地、服务、投资等方面的障碍规定。以原产地规则为例，如果按照 TPP 的要求，越南服装销售到美国市场，如果采用零关税，将使整个服装业得到巨大的收益，但 TPP 也规定了，权利与义务是对等的，想享受零关税必须从 TPP 内部成员国（例如美国）进口服装原料棉花等产品。这就使原本从中国进口棉花的越南转而向其他 TPP 内部成员国进口，而中国的现实情况是在高标准面前无能为力，目前中国在投资自由化，关税减让，贸易自由化等方面还存在许多问题，需要长时间调整和完善。

第二，TPP 协议高标准还体现在美国把在北美实践了将近 20 年的规则和制度复制到了 TPP 协议中。

美国将其最擅长的投资规则以及投资者与国家的争端解决模式牢牢套用在 TPP 协议中。根据高标准的协议规则和制度，一旦发生纠纷，投资者可以在征收、投资待遇等问题上将东道国政府送上国际法庭，由此可见 TPP 标准之高。

第三，美国希望利用高标准的TPP协议，在高低端制造上压制中国。

目前美国在低制造上，主要利用马来西亚、菲律宾、越南等国劳动力成本较低的优势，压低中国劳动力需求及劳动收入。如果TPP最终达成协议，按照美国的意愿加入劳工与环保议题，毫无疑问将会给中国带来巨大的贸易歧视与贸易转移效应，中国将处于极其不利的境地，陷入被动局面。与此同时利用TPP，在高端制造业上，美国与日韩结盟，借日韩之手压制中国产业附加值的提高，阻挠中国产业升级的步伐，进一步遏制中国增长的势头。与此同时美国联合加拿大、澳大利亚等国遏制中国，这些国家拥有金属矿产资源，这些资源是目前中国经济发展中所需要的极为重要且十分稀缺的资源。

第四，美国原来希望借助TPP，将高标准的贸易区范本影响扩大与RCEP抗衡。

美国将会借助TPP，将高标准的贸易区范本影响扩大，在世界范围产生影响，由东盟所主导的RCEP将处于不利局面，东北亚区域一体化的进程将受到严重的影响，中国的影响力将消失大部分，中国将被迫接受另一个相当于第二次加入世贸组织的艰苦过程，可以预见未来中国加入TPP将困难重重，且将经历时间较长的谈判，最终被迫妥协且利益受损，而且目前美国在制订完规则前并没有邀请中国参加，抗衡中国的意图很明显。

面对美国主导的TPP为遏制中国致力于打造前所未有的高标准自由贸易区范本，中国应当有所担当，在极力促进东北亚区域合作的同时，未来中国应努力与TPP协议接轨，未雨绸缪提高大局意识，加快提高劳工与环境标准、调整在亚太地区的自由贸易区战略。

（三）出于美国优先的考虑，TPP向CPTPP演变

为了美国利益，坚持美国优先的原则，特朗普退出TPP，将TPP改名CPTPP，并选择将“全面和进展”包括在内，暗示了新版本的CPTPP将不仅仅是一份贸易协定，而将涉及投资等内容。CPTPP将不再仅限于市场、贸易等问题，还将包含投资内容，并在整体上更注重全面平衡和完整性，同时确保所有参与者的商业利益和其他利益，目前原协定中有20项内容遭到冻结，其中11项同知识产权条款有关，不过11国已经在重要的内容方面达成了共识。CPTPP与TPP在市场准入、贸易便利化、电子商务和服务贸易等方面均无差异，最大区别在于新协定冻结了旧协定中关于知识产权

等内容的 20 项条款。虽然 CPTPP 从框架上看依然是迄今为止最高水平的经贸自由机制，但是搁置了 20 项条款，等于放弃了原来 TPP5% 的项目，CPTPP 不仅缩水而且不那么全面了。CPTPP 的 11 国覆盖人口近 5 亿的市场，GDP 总量约占全球 GDP 总额的 13.5%。

6.1.2　中日韩自由贸易区尚未建立，中韩日形成“东北亚困局”，美国因素不可忽视

中日韩自由贸易区是一个由人口超过 16 亿的大市场构成的三国自由贸易区。自由贸易区内关税和其他贸易限制将被取消，商品等物资流动更加顺畅，区内厂商往往可以降低生产成本，获得更大市场和收益，消费者从中获益，中日韩三国的整体经济福利都会有所增加。

中日韩三国经贸往来源远流长，特别进入 21 世纪以来，经济全球化和区域经济一体化的进程不断加速，逐渐成为世界经济发展的潮流和趋势。中日韩自由贸易区这一设想在 2002 年在中日韩三国领导人峰会上正式提出。2012 年 11 月 20 日，在柬埔寨金边召开的东亚领导人系列会议期间，中日韩三国经贸部长举行会晤，宣布启动中日韩自贸区谈判。2013 年 3 月，中日韩自贸区第一轮谈判在韩国首尔举行。2017 年 5 月第七次中日韩领导人会议发表联合宣言，重申将进一步加速中日韩自贸区谈判，力争达成全面、高水平、互惠且具有自身价值的自贸协定，至今仍未达成框架协议。

（一）中日韩存在分歧，形成“东北亚困局”

中日由于钓鱼岛问题，韩日由于独岛（日本称竹岛）、慰安妇问题及日本拒不承认历史上侵略问题等，使得中日，韩日之间渐行渐远，日本与中韩存在很大的分歧。同时由于中日韩三国经济利益诉求不同，加上政治上的严重分歧，终形成今天的“东北亚困局”。但是令人欣慰的是中韩 FTA 谈判取得实质性进展，中韩自贸区谈判于 2012 年启动，2014 年 11 月，双方达成实质性谈判。中韩自贸区能成功建立，将使韩国汽车、石化、机械、电气电子、钢铁产业从中韩 FTA 中获益，而中国的丰裕的劳动力资源优势及中国巨大的消费市场也会从中韩自贸区获益颇丰，中韩希望借由中韩 FTA 的成立，可以破解“东北亚困局”。

（二）中日韩自由贸易区建设在曲折中停滞

东北亚区域经济合作由六国组成，由于包括俄罗斯的远东地区，经济不太发达，加上蒙古，朝鲜经济总量比较小，因此中日韩是东北亚区域合作最重要成员，中日韩自贸区能否建立，将对东北亚区域合作进程产生深远影响。中日韩自由贸易区最早是2002年在中日韩三国领导人峰会上首次提出，之后发展较缓慢，直到2012年11月中日韩自贸区谈判才正式启动。但自启动之后一直不见起色，中日韩自贸区发展在曲折中停滞，如果中日韩三国自贸区能建成，将会成为继北美自由贸易协定，欧盟之后全球的第三大地区市场，影响将是十分巨大的。2013年中日韩之间贸易总额已经达到6814亿美元，中国是日本和韩国的第一大出口市场，中国对日本及韩国出口占到中国出口总值的11.7%。但目前中日韩自由贸易区尚未建立，分歧不断，与日本的FTA谈判基本处于停滞状态，十分不利于东北亚区域合作顺利开展。

（三）2018年中日韩自贸区进程提速

全球保护主义、单边主义抬头，经济全球化和自由贸易体制受到冲击，全球风险加剧，中日韩自贸区建设也进入提速期。建立中日韩自贸区将利用三国间的产业互补性，资源互补性实现资源高效合理配置，有利于扩大市场规模，最终实现三国经济的快速融合与发展，促进东北亚区域合作尽快实现。

中日韩三国分别是世界第二、第三、第十一大经济体，三国的国内生产总值和对外贸易总额合计占世界五分之一以上，2018年中日韩经济总量达20.95万亿美元，超过欧盟。中国是日本、韩国最大贸易伙伴，日韩分别是中国第二和第三大贸易伙伴国、第一和第二大投资来源国。东北亚区域合作中日韩产业链可以实现互补及融合。2018年12月中日韩自贸区谈判提速已经具备基本条件，三方将在RCEP基础上，探讨中日韩自贸区进一步提高贸易投资自由化水平的方案。下一轮谈判就货物贸易、服务贸易、投资等议题展开实质性磋商。中日韩未来也可尽快在医疗健康、文化娱乐、数字经济、金融保险等重点现代服务业领域尽快实施东北亚区域经济合作。

（四）2018年日本与中国关系开始缓和

中国与日本在东北亚区域合作中一直是主角，可以加速东北亚区域合作的进程。目前南海成为中日海权矛盾交织之地，因其重要的地理位置和战略价值成为中国海权发展重要区域的同时，南海亦将越来越成为中日海权矛盾交织的重要场域。但目前日本政府近期多次在对华关系上展现出积极姿态，对“一带一路”倡议的态度开始趋向积极。两国还就在第三国展开合作等事宜达成共识。“一带一路”倡议在东北亚区域合作中已为中日深化互利合作提供了新试验田。与此同时，在经济情势向好的同时，两国政治关系也出现了积极改善的势头，尤其是最高领导层在国际场合举行首脑会谈的氛围日渐融洽，中断多年的最高领导层互访也已重启。如继 2018 年 5 月李克强总理正式访日后，中日关系出现缓和。日本开始重视中国及中国的消费市场，中国的消费市场释放出的无穷商机，对振兴日本经济大有好处。未来中日应深化互利合作，积极探索中国及日本自贸区的签订，共同促进东北亚区域合作快速发展。

（五）日本与韩国贸易摩擦升级

日本与韩国贸易摩擦升级，日本与韩国的关系目前正由“政冷经热”向“政经都冷”转变，日本在 2013 对中国出口减少了 10%，对韩国出国减少了 8%。与此相对应，日本从中国进口减少了 4%，从韩国进口减少了 11%。日本与中韩相邻，过去双方在双边经贸上发展成果较为显著。日本与中韩在政治上分歧较大，但在经济领域的双边贸易往来还是比较频繁的。但随着历史、领土、主权的纷争，使得日本与韩国的关系处于“冰川期”。2019 年 7 月日本对韩国进行了半导体材料的出口管控，想要限制和制裁韩国的半导体行业发展。半导体行业是韩国的支柱型产业，2018 年韩国的经济增长率为 2.7%，如果去除掉半导体增长所带来的效益，那么韩国的经济增长则只有 1.4%，可见韩国对半导体行业的依赖之重。2019 年两国围绕着历史和贸易问题的争端持续，韩国几个城市已经取消了与日本市政当局的交流计划，其中包括韩国第二大城市釜山。随着韩国“拒绝赴日旅游运动”的扩散，韩国赴日游客数骤减。韩国大韩航空将于 9 月 3 日起暂停其在韩国釜山和日本札幌之间的航班。另外，包括韩亚航空、釜山航空、德威航空在内的多家韩国航空公司也以供大于求等原因，减少了赴日航班。未来东北亚区域合作困难重重，目前对于日本与韩国关系所处的情况分析，很难此时将日本、韩国纳入中日韩自贸区谈判，对东北亚区域合作能否顺利进行提出了新挑战。

（六）美国“亚太再平衡”战略干扰日本加入中日韩自由贸易区

美国为实现自己的“重返亚洲”及“亚太再平衡”战略，主导推动TPP发展，意图参与发展亚洲市场，并掌握贸易规则的制定权及话语权。事实上，日本于2012年时也有意加入中日韩自由贸易区建立，但随着历史、领土、主权等一系列问题的出现，及美国希望用TPP遏制中国的意图，日本出于政治上考量，决定加入TPP进行谈判。但由于日本在农业及汽车等领域的开放问题与美国存在严重分歧，TPP谈判也一处于胶着状态。作为世界上第三大经济体的日本加入TPP谈判，将使美日经济总量占到TPP总经济量的70%，因此美国采用各种政策诱导日本加入，干扰日本加入中日韩自由贸易区，东北亚区域合作正面临艰巨挑战。美国总统特朗普于2017年1月23日签署总统行政令宣布美国退出TPP，2018年12月30日由日本主导的“全面与进步跨太平洋伙伴关系协定”（CPTPP）正式生效，该协定是TPP协定的继承与进一步发展。全面与进步跨太平洋伙伴关系协定（Comprehensive Progressive Trans - Pacific Partnership，简称CPTPP），是美国退出跨太平洋伙伴关系协定后的新名字2018年3月8日，参与“全面与进步跨太平洋伙伴关系协定”（CPTPP）谈判的11国代表在智利首都圣地亚哥举行协定签字仪式。CPTPP新架构共识将保留原TPP超过95%的项目，仅搁置20项条款，其中11项与知识产权有关。新协定在2016年2月签署的包含美国的现有协定中，以因美国要求而写入的项目为主，冻结了20个项目的效力。随着中国经济的快速发展，中国经济实力以及国际影响力持续上升，目前已成为世界的第二大经济体。TPP向CPTPP演变无疑会影响中国与亚太地区及东北亚相关国家的政治、经济、投资和文化等方面的合作，不可避免地会对中国对外政治关系造成一定的影响，东北亚区域合作困难重重。

（七）“萨德”危机对中韩关系产生深远影响

“萨德”入韩标志着韩国向美国靠拢，在安全上做出损害中国核心利益的拙劣选择，中韩关系陷入困境，进而影响到中韩东北亚区域合作。受“萨德”危机影响，韩国部分产业对华业务骤降，蒙受经济损失。2017年3月，中国游客访韩人数同比骤减40%，降至36.1万人次。2017年中国对韩直接投资较上年大幅缩减60.5%，仅达到8.09亿美元。自从韩国宣布部署“萨德”以来，其化妆品、服装、生活用品等消费品在中国市场受欢迎程度较之从前出现大幅下降。后“萨德”时代中韩经贸关系复苏，2017 年文在寅总统以访华为契机，两国关系重回“轨道”，双边经贸合作开始复苏。韩国政府也表达了“新北方政策”“新南方政策”与中国“一带一路”倡议对接的意愿，东北亚区域合作进入可期阶段。

未来随着朝鲜半岛局势出现缓和，韩国与中国在东北亚区域的合作将日益频繁。而对于中国而言，韩国作为东北亚区域中的经济强国，有助于提升东北亚区域经济的发展。后“萨德”时代，中韩对于通过经贸合作提升两国战略合作回归到“互利共赢”时代，这对于中韩加速推动东北亚区域合作结构升级，并探索将东北亚区域合作范围拓宽至第三方，乃至共同推动与朝鲜、俄罗斯的多边合作具有积极意义，东北亚区域合作进入未来可期阶段。

6.1.3　俄罗斯更关注于“欧亚联盟”战略框架，且中俄两国产业链衔接不顺畅

俄罗斯总统普京于 2011 年 10 月倡议在俄、白、哈三国关税同盟基础上组建“欧亚联盟”，以有效连接欧洲和亚太地区，最终目的是促进区域经济一体化的同时，建立政治和安全战略联盟，使俄罗斯成为真正的欧洲大国。因此俄罗斯关注的焦点一直是其欧洲主要地区战略及经济发展，对于俄罗斯远东地区近几年才开始慢慢认识到其发展的意义，开始关注俄罗斯远东地区经济发展。因此对于东北亚区域合作，俄罗斯关注程度并不高。直到最近，由于受西方国家制裁，俄罗斯才把目光从欧洲移到俄罗斯远东地区。

（一）俄罗斯更乐于在“欧亚联盟”战略框架内进行磋商和谈判，以发挥自己领头羊作用

俄罗斯在亚洲区域发展中，更注重的是安全合作而不是经济合作。中俄目前都是上海合作组织（SCO）成员国，SCO 目前较关注的还是局部经济领域的合作，但对于区域一体，投资便利化，减少关税和非关税壁垒等方面还需要进一步的发展。目前俄罗斯与中国是 SCO 内举足轻重的两个大国，两国正在进行利益博弈，从本质上来说俄罗斯乐于在 SCO 内进行合作加强与周边国家安全联系，达到防御外侵，稳定国内经济的目的，俄罗斯

对于其远东地区与东北亚区域合作才开始慢慢关注。对于东北亚区域合作建立而言，俄罗斯更乐于在“欧亚联盟”战略框架内进行磋商和谈判，以发挥自己的主导权，发挥领头羊作用，掌握强有力的规则制定权和经济主导权。而对于另一个地区大国中国，则更乐于在东北亚区域合作中发挥经济合作主导权，鼓励各个成员国开展范围比较广泛的经济合作。2014 年 9 月底中国外汇储备余额 3.89 万亿美元，约占世界 1/3，李克强总理也在公开场合上谈到，过多的外汇储备将成为中国的负担。中国希望未来国家和企业能够加大对外投资的步伐，尽快达成东北亚区域合作，形成对俄、日、韩、朝及蒙全面投资合作，共同促进东北亚区域合作的全面发展。

（二）中俄全面的战略伙伴关系受美国“重返亚太”战略影响

中俄两国是全面战略协作伙伴关系，中俄两国都受到美国“重返亚太”战略的影响，美国主导 TPP 对中俄影响也很大。目前美国、欧盟及日本对俄罗斯的制裁，两国在共同面临新挑战同时，也开创了新机遇，大大出乎美国的意料，两国为应对不利影响，开始“抱团取暖”。例如 2014 年李克强总理与俄罗斯签订协议，北京至莫斯科将建 7000 公里高铁，投资达 1.5 万亿元，此项投资将使北京通过铁路前往莫斯科的时间由 6 天缩短至 2 天，极大的提高运行效率。毫无疑问此项投资也将带动铁路、高铁上下游产业的发展，获益的产业将包括钢铁、能源、电子控制等相衔接的产业链。2014 年中俄两国卫星导航系统合作也开始慢慢启动。中俄两国的卫星定位系统即中国的“北斗”与俄罗斯的“格洛纳斯”合作，此项合作将具有战略安全合作意义，可以联手抑制美国的 GPS 系统，有利于提高两国在东北亚及世界导航系统的整合升级，改变导航系统的世界格局。

（三）“中国威胁论”存在，中俄两国产业链的衔接不顺畅

俄罗斯远东地区经济发展较为缓慢，其与中国相邻的边境城市如黑河、绥芬河等相比，发展较为落后。目前在俄罗斯远东第三大城市布拉戈维申斯克，中国居民占当地人口的 1/3，当地的基础设施建设，商业住宅，经营商户有许多都是中国人。但俄罗斯远东地区居民受国际上“中国威胁论”影响较大，再加上中国个别商人信誉度低，销售低劣产品，严重影响了中国人在俄罗斯当地居民心中的形象，且随着中国人数增加，俄罗斯担心中国日益强大会侵占其领土及城市，因此始终在发展经贸关系时心存戒心，在经贸活动上设立诸多限制措施，阻碍了两国合作进程。

中俄之间在木材深加工、大飞机制造、农业与食品等领域急需产业链的衔接。俄罗斯天然森林资源丰富，但在木材深加工领域缺少专业人员及劳动力，与中国合作进行木材深加工显然是明智之举，但目前此产业链的连接还是不顺畅。中俄之间还可以进行农业与食品工业跨境合作，可以在俄罗斯利用其富有的土地资源生产粮食，农产品可以在两国进行销售。与此同时俄罗斯可以考虑在中国设立农业食品深加工合作基地，具体进行农业食品的深加工，包装，检验检疫等合作，以优惠税率共同销往两国，虽然中国个别企业开始与俄罗斯进行合作，但还是没有形成规模，产业链的连接仍不顺畅。

（四）美国、欧盟制裁俄罗斯，中俄合作前景广阔

在欧盟、美国制裁不断升级情况下，美国和俄罗斯处于历史的艰难时期，目前俄罗斯经济增长缓慢，2018 年一季度同比增长 1.3%，二季度增长回升至 1.9%，三季度又下降至 1.3%。俄罗斯有专家分析称，俄罗斯要摆脱经济危机至少需要 10 ~ 15 年。

受中美贸易战和清理国内债务等因素叠加效应拖累，中国经济增长形势不容乐观。2018 年经济增长 6.5%，为近 10 年来最低。中国也希望同俄罗斯在东北亚区域实现共赢合作。中国在俄罗斯的外国直接投资中的比重从 2014 年的 2.4% 增加至 2018 年的 3.1 %。2018 年的中俄贸易额首次超过 1000 亿美元，中俄农业合作取得重大进展。与此同时总规模为 1000 亿元人民币的中俄地区合作发展投资基金正式成立，进一步促进两国重大项目快速实施。中国和俄罗斯两国地方政府、企业、人员也积极参与双边经贸合作，使得两国技术、资金和人才实现了高效流通，中俄合作前景十分光明，可以为未来东北亚区域合作发展提供良好借鉴。

6.1.4　中朝缺乏政治互信，对中国既依赖又警惕，经贸领域合作层次不高

东北亚区域合作中，朝鲜作为其中一个成员国，由于其经济总量比较小，因此在东北亚区域合作中并不具有举足轻重的地位。由于过去中国对朝鲜的管控能力比较强，更易于说服朝鲜加入由中国主导的东北亚区域合作，但目前中朝关系出现了一些新局面，东北区域合作面临前所未有的新

挑战。

（一）内政不透明，缺乏政治互信，对中国既依赖又警惕

朝鲜的政治体系是先军政治，自2011年金正恩正式走上朝鲜政治舞台开始，朝鲜的政治格局变数比较大，朝鲜与中国关系仍然不稳定，尤其是面临复杂多变的政治环境，朝鲜一直把美韩同盟视为朝鲜最大的安全隐患，因此一直不放弃核武器研制。最近2014年中国与韩国自由贸易区谈判完结，使得朝鲜对中国更为防备，朝鲜面对中国时始终缺乏政治互信，对中国的态度是既依赖又警惕。因此由中国主导东北亚区域合作，以利益说服朝鲜的加入，还是有一定难度的，面临一些新挑战。

（二）中朝经贸合作层次不高，朝鲜急于摆脱对中国过高的单向依存度

中国与朝鲜的经济贸易一直是在波折中前行，从2000年开始，中国对朝鲜不再只进行单方面援助，开始与朝鲜进行经贸合作，朝鲜对中国贸易依存度从2000年的25%增加到了2009年的78.5%。2012年，朝鲜吸引外资8000万美元，中朝双边贸易额60.34亿美元，同比增长7%。其中，中方对朝出口35.33亿美元，同比增长11.6%，中方自朝进口25.01亿美元，增长1%。目前虽然朝鲜已经先行开放了包括罗先、黄金坪、威化岛在内的经济开放区，但中朝两国经贸关系仍处于较低层次上。朝鲜一直实行的是计划经济，且闭关锁国，政治一直凌驾于经济之上，经济制度无法与国际制度接轨，存在一系列腐败、单方面撕毁合同、随时更改合同、不能履约等问题。正是由于朝鲜存在上述问题，再加上朝鲜的闭关锁国政策，对外经贸体制的不健全，对外经贸数据的不透明，中国企业无法准确获得所需数据，使得中国无法与朝鲜进行大规模高层次经贸领域合作，合作也仅限于低层次合作。中朝贸易结构仍然比较单一，主要集中在初级产品及粗加工产品，深层次的战略合作还没有展开，朝鲜对中国单方面依存度过高。为了摆脱这种状况，朝鲜与日本、东南亚、欧盟也有过一定接触，希望未来能与上述国家合作。而对于中国来说，朝鲜是必须争取的东北亚合作伙伴。中国商务部2013年公布的172家在朝投资的中国企业中，其中有59家是在辽宁省本地注册，另外的60家是在吉林省注册，可见中国应借东北振兴契机，加强对朝鲜投资规模，利用朝鲜此时的心态，说服朝鲜加入东北亚区域合作，率先发展与中俄朝自由贸易区建设谈判，最终为朝鲜

加入东北亚区域合作做好准备工作。

（三）中朝关系引领新方向

2017 年由于朝鲜半岛对峙局势紧张，中国与朝鲜的经贸合作暂时处于停滞状态。随着金正恩的三次访华结束，2019 年 6 月中共中央总书记、国家主席习近平对朝鲜进行国事访问。这是中国国家主席时隔 14 年再次访问朝鲜，2019 年正值中朝建交 70 周年，两国关系站在一个新的更高起点上，面临新的发展机遇，为东北亚区域合作提供了有力的支撑。习近平总书记访朝期间，双方将就半岛形势进一步交换意见，推动半岛问题政治解决进程取得新进展。2018 年以来，在中朝及有关方共同努力下，朝鲜半岛形势发生积极变化，中方支持朝方继续坚持半岛无核化方向，支持北南持续改善关系，支持朝美举行首脑会晤并取得成果，支持有关方通过对话解决各自合理关切。此次中朝会晤，为东北亚区域合作提供了良好契机。

6.1.5　蒙古国经济上依赖中国，政治上对中国保持较强戒心

2012 年蒙古国经济增长率为 12.4%，2013 年经济增长率为 11.7%，但是 2014 年上半年蒙古国经济增率仅为 5.3%，2018 年经济增长 6.9%，2019 年第一季度经济增长 8.6%。2018 年 12 月蒙古国全国通胀率为 8.1%，乌兰巴托市通胀率为 9.7%。蒙古经济刚刚出现好转，2019 年前 4 个月，蒙古国对外贸易总额达到 43 亿美元。其中，出口额 25 亿美元，进口额 18 亿美元。蒙古国为了大力发展经济，2014 年希望能依赖中国与俄罗斯，即“向南看”来实现经济的快速恢复。2019 年中蒙双方进一步推动中方“一带一路”倡议同蒙古“发展之路”倡议对接，在东北亚区域合作两国经济利益互补基础上可以进一步加深合作。但是由于历史上问题及现有与中国合作过程中遇到的新问题，蒙古国政治戒心仍然比较重，双方敏感性问题仍然存在。对于东北亚区域合作中来说，应充分考虑到此种挑战。

（一）蒙古国希望摆脱经济对华严重依赖，政治戒心较强，双方敏感性问题仍然存在

蒙古国由于地缘优势与中国毗邻，一心想搭乘中国经济增长快车。中蒙建立贸易关系是在 1951 年，2002 年中蒙双边贸易额为 3.24 亿美元，一

直到 2013 年，中蒙双边贸达到了 60 亿美元，出现了双边贸易额 10 年增长 20 倍的不俗成绩。2014 年上半年蒙古国 90% 出口输入中国，蒙古国对中国经济上依赖性较强。2019 年第一季度经济增长 8.6%，2018 年对蒙出口 16.5 亿美元，自蒙进口 63.4 亿美元。2013 年中国对蒙出口 24.5 亿美元，自蒙进口 35.06 亿美元，对蒙直接投资 3.8879 亿美元。2016 年对蒙出口 9.88 亿美元，自蒙进口 36.19 亿美元，对蒙直接投资 0.7912 亿美元。2017 年对蒙出口 12.48 亿美元，自蒙进口 51.18 亿美元，对蒙直接投资 22.9298 亿美元。2009 年中国实际利用蒙古外商投资金额 231 万美元，2010 年为 325 万美元，2013 年为 207 万美元，2017 年为 308 万美元。中国已连续十多年成为蒙古最大的贸易伙伴和最主要的投资来源国。虽然在经济上严重依赖中国，但蒙古国对中国政治戒心却很重，敏感性问题仍然存在。主要体现在历史上蒙古国曾是中国的一部分，蒙古国人民对中国人民极其不信任，受美国文化根深蒂固影响较深，甚至对中国有仇视心理。蒙古国也力推政治上多支点外交策略，希望获得日本与美国的保护及支持，正是由于这种矛盾的心理，蒙古国对中国始终心存防范。因此在由中国主导东北亚区域合作过程中极易受到美国及日本的影响，给蒙古加入东北亚区域合作增加难度。

（二）蒙古国经济脆弱，投资环境差，基础设施不完善

2013 年蒙古国人均 GDP 为 4477.64 美元，世界排名第 99 位。2018 年蒙古国 GDP 同比实际增长了 6.9%（名义增速是 15.3%），GDP 总量约为 32.17 万亿图格里克，按照全年与美元的平均汇率折算约为 130.1 亿美元，折合人民币约为 860.3 亿元，人均 GDP 为 4103 美元。

蒙古国经济增长较为脆弱，主要依靠矿产品的出口创汇，2014 年由于国际矿产品的价格较低，因此蒙古国的财政一直处于赤字状态，因此 2014 年与中国进行了多项合作，力图促进蒙古国经济增长。2014 年 8 月，国家主席习近平在蒙古国大呼拉尔发表演讲时，明确提出要在中国二连浩特和蒙古国扎门乌德等地建立跨境经济合作区。2016 年 5 月，中蒙两国在蒙古国乌兰巴托市正式签署《二连浩特——扎门乌德中蒙跨境经济合作区共同总体方案》。2017 年 9 月，中蒙跨境经济合作区（中方一侧）基础设施建设项目签署全面战略合作协议，中蒙跨境经济合作区进入全面施工建设阶段。2019 年 6 月 4 日，中国与蒙古国正式签署《中华人民共和国政府和蒙

古国政府关于建设中国蒙古二连浩特——扎门乌德经济合作区的协议》。中蒙之间以资源产品为主的边境地区贸易合作呈现出良好发展势头。蒙古国本质上对中国是又爱又恨，由于蒙古投资环境差，基础设施不完善，法律制度不健全，使得中国企业到蒙古国投资带有很大的不确定性。与此同时蒙古国制度也无法与国际规则相吻合，政策变动较为频繁且变化较大，使得中国企业只愿意投资于小规模商业形式，技术含量较低领域，例如零售，餐饮等领域。蒙古国目前有近 324 万人口，一半左右生活在首都乌兰巴托，对于非首都地区农牧业保存较好，保存较好也意味着基础设施水平较差，迫切需要提高基础设施水平，带动经济的快速增长。为了扭转经济上的不振，蒙古国迫切希望加入中国丝绸之路的建设。2014 年中国国家主席习近平访问蒙古国，双方对两国在矿产资源开发、基础设施建设、金融等领域进行广泛合作。2019 年中蒙正在研究自由贸易区，未来以中国为主导的东北亚区域合作，可以邀请蒙古国参加，先建立中俄自由贸易区，然后中俄蒙自由贸易区建立，最后带动东北亚区域合作。

6.2　东北亚区域合作面临的国际其他区域组织新形势

东南亚国家联盟（Association of Southeast Asian Nations），简称东盟（ASEAN）。东盟的前身是由马来西亚、菲律宾和泰国于 1961 年曼谷成立的东南亚联盟。目前东南亚国家联盟成员有 10 个国家，包括印度尼西亚、马来西亚、菲律宾、新加坡、泰国、文莱、越南、老挝、缅甸、柬埔寨共同签署《中华人民共和国政府和东南亚国家联盟成员国政府关于建立中国——东盟中心的谅解备忘录》。缔约各方据此建立一个信息和活动中心。东盟中心是一个政府间国际组织，旨在促进中国和东盟在贸易、投资、旅游、教育和文化领域的合作。中心总部设在北京，今后将不断拓展，并在东盟各成员国和中国的其他地区设立分中心。2010 年 10 月，温家宝总理同东盟国家领导人共同启动了中心官方网站，并宣布 2011 年建成实体中心。根据成员国所达成的共识，在各方的共同努力下，中心已于 2011 年

11月18日在中国——东盟领导人会议上正式揭牌成立。2018年中国——东盟自贸协定“升级版”正式全面生效，为中国——东盟经贸合作及东北亚区域合作提供了强大助力。

6.2.1 东盟中心地位不稳

东盟总面积约444万平方公里，人口5.91亿。2013年中国与东盟进出口总额为4436.1亿美元，增速居中国主要贸易伙伴前列。中国与东盟双向投资额累计达1147.8亿美元。东盟国家来华累计实际投资854.4亿美元，占中国吸引外资的6%，其中2013年新增直接投资83.5亿美元，增长18%。东盟目前是世界第五大经济体，2018年东盟国内生产总值为2.9万亿美元，是世界第三大市场，总人口超过6.49亿。在2007—2018年期间，东盟贸易总额几乎翻了一番，达到2.77万亿美元，其中区域内贸易占比最高，为22.9%。2018年，东盟经济体吸收了1512亿美元的外商直接投资（FDI）资金，其中区域内外商直接投资资金占比最高，为14.8%。按照预期每年5.5%的增长率，东盟有望超过日本，在2025年前成为世界第四大经济体，仅次于中国、印度和美国。这一发展动力来自东盟市场的活力不断增强、东盟中产阶级迅速崛起以及雄厚的劳动力资源（位居世界第三）。这些因素为东盟投资与贸易活动带来机会。

目前在全球经济增长态势放缓前提下，东盟在世界和区域经济中的地位正得到提升，东南亚已成为世界经济增长的一个亮点地区。《东南亚地区发展报告（2013—2014）》指出，“东盟十国是世界上人口第三大的国家或地区，是世界第五大经济体、是世界第四大进出口贸易地区，是发展中国家吸收外国直接投资（FDI）主要地区之一”①。

（一）最初东盟中心地位受美国亚太新政策威胁

目前东盟中心地位正受到来自美国亚太新策略所带来的竞争性与不确定性影响，未来可能存在以东盟居于中心地位的RCEP与美国主导制定TPP两个制度框架并存的情况出现。最终两个制度框架是并存、走向合并，还是一方融入另一方，走向亚太自贸区（FTAAP），很大程度上取决于东

① 王勤：2014东南亚蓝皮书——《东南亚地区发展报告（2013—2014）》，社会科学文献出版社2014年4月1日。

盟中心地位能否重构，目前东盟中心地位的重构计划中国是积极的支持者。东盟实现 RCEP 目标步履维艰，通过以东盟为中心 RCEP 希望走出目前的困境，避开中日在东亚合作中的竞争，开创以东盟为中心的新格局。但是东盟在布局过程中明显受到美国重返亚洲政策的威胁，RCEP 与 TPP 明显是“亚洲版”与“美国版”亚太地区多边自由贸易规则的角逐。

（二）俄罗斯升级与东盟关系，美国与东盟渐行渐远

2018 年 11 月，东盟峰会在新加坡进行，特朗普的缺席表明美国自动放弃深化合作的机会，而俄罗斯总统普京对待东盟则是不断重视，在 2015 年由外长变成总理级别之后，俄罗斯与东盟的关系升级为战略伙伴关系，这也标志着俄罗斯向东看战略的胜利，随着俄罗斯升级与东盟合作，美国与东盟却是渐行渐远。

实际上美国比俄罗斯更早提出了重返亚太的战略，不过特朗普并没有在意时间上的优势，当他上台之后对外策略变得更加现实，对待东南亚各国也是主要考虑美国优先，这让包括菲律宾在内的很多国家感觉到被欺骗，当杜特尔特上台之后更是让菲律宾远离美国。

东南亚地区虽然没有强国，但是因为地理位置的问题一直受到各大国的关注，而现在美国因为特朗普的行为正在逐渐失去这个地方，在俄罗斯重视的情况下，前盟友纷纷远离的情况下，美国想要重返东南亚不容易了。

（三）东盟各国经济发展水平差距较大，东盟一体化进程带有不确定性

东盟各成员国经济发展水平的差距还是比较大的，以 2013 年东盟成员国最发达的国家新加坡为例，其人均 GDP 为 49271 美元，在全世界排名第 13 名，中国人均 GDP 为 6747 美元，排名第 81 名，越南人均 GDP 为 1374 美元，排名第 139，东盟区域内经济发展程度最低的缅甸人均 GDP 仅 832 美元，排名第 154，经济发展程度最高的新加坡人均 GDP 是缅甸 59 倍，且世界排名高出缅甸 141 名。2017 年泰国、菲律宾、马来西亚和新加坡四国为东盟的第二集团。经济总量分别为 2.95 万亿、2.62 万亿、2.09 万亿和 2.06 万亿元，四国人口分别是 6886 万、1.03 亿、3120 万、560 万。东盟中越南经济总量单独在一个层级，2017 年经济总量约为 1.459 万亿元，人口 9270 万。东盟的缅甸 2017 年 GDP 约为 0.4524 万亿元，缅甸人口是

5288 万。文莱，是东南亚的富裕国家之一（另一个是新加坡）人口仅为42 万，经济总量是 808 亿，人均 GDP 接近 20 万元。可见东盟区内成员国经济发展水平差距较大，且各成员国在一些重大问题上的立场明显各自为战，互不妥协，有时还走向对立。东盟一体化目标是到 2015 年建成包括东盟经济共同体、东盟政治安全共同体、东盟社会文化共同体，但按目前的发展趋势，没有完成这个既定的目标，可见实现东盟一体化的进程带有明显的不确定性，发展前景不容乐观。

（四）东盟与美国中心地位之争

在新亚太地区格局的变动下，以东盟为中心地位的 RCEP，将有利于维护东盟的中心地位。但现实的情况是，受美国 TPP 的影响，东盟内部目前已被分裂成 TPP 成员国及 TPP 非成员国。中国积极支持以东盟为中心的 RCEP 的开展，各国也都热烈回应，一个全新的合作进程即将推进运行。但在进程中也应关注到东盟为中心的 RCEP 希望整合五个双边 FTA 来借此推动区域一体化的深化，毫无疑问这一目标想实现并不容易，面临诸多困难。中国也希望借助以东盟为中心的 RCEP 帮助钳制以美国为中心的 TPP。目前中国积极支持以东盟为中心的 RCEP 发展并在实际行动给予积极支持。2014 年 4 月在泰国帕塔亚举行的第二十次中国——东盟高级别磋商会，重点讨论了中国与东盟在经济贸易、基础设施建设、海上合作、文化交流等众多领域的务实合作。2018 年 11 月，在新加坡召开的第 21 次中国——东盟领导人会议通过了《中国——东盟战略伙伴关 2030 年愿景》，为双方关系长远发展描绘了宏伟蓝图，推动双方打造中国——东盟自贸区升级版，致力于实现在 2020 年将双边贸易额提升至 1 万亿美元的目标，这些新合作政策都为中国与东盟未来发展指明了方向，也是中国大力支持东盟的强有力证明。

正是由于东盟中心地位受到挑战，中国大力支持东盟同时，加快促进东北亚区域合作有利于六国的发展。

（五）中国——东盟自贸区升级继续发力

目前中国连续九年成为东盟最大贸易伙伴，东盟连续七年成为中国第三大贸易伙伴。根据中方统计，2017 年中国——东盟双向贸易额达 5148 亿美元，占中国外贸比重进一步提升。2018 年前 11 个月，双方贸易额达 5398.3 亿美元，同比增长 16.6%。在投资领域，中国和东盟互为重要外资来源地。2018 年是中国——东盟建立战略伙伴关系 15 周年，也是中国——东盟创新年。2018 年 11 月，在新加坡召开的第 21 次中国——东盟领导人会议通过了《中国——东盟战略伙伴关系 2030 年愿景》，为双方关系长远发展描绘了宏伟蓝图。2019 年中国——东盟自贸区升级《议定书》涵盖货物贸易、服务贸易、投资、经济技术合作等领域，是对原有中国——东盟自贸区各种协定的丰富、完善、补充和提升，体现了双方深化和拓展经贸合作的共同愿望。升级《议定书》的达成和签署，将为双方经济发展提供新的助力，加快建设更为紧密的中国——东盟命运共同体，推动实现 2020 年双边贸易额达到 1 万亿美元的目标，并促进《区域全面经济伙伴关系协定》谈判和东北亚自由贸易区的建设进程。

6.2.2　APEC 面临“意大利面条碗”效应，存在被架空，被分裂的危险

亚洲太平洋经济合作组织（英文名称 Asia - Pacific Economic Cooperation，英文缩写 APEC），简称亚太经合组织，是亚太地区重要的经济合作论坛，也是亚太地区最高级别的政府间经济合作机制。其官方顾问机构是环太平洋大学联盟。1989 年 11 月 5 日至 7 日，举行亚太经济合作会议首届部长级会议，标志着亚太经济合作组织的成立。1993 年 6 月改名为亚太经济合作组织。亚太经合组织共有 21 个成员。2001 年 10 月，APEC 会议在中国上海举办，这是 APEC 会议首次在中国举行。2014 年，APEC 会议时隔 13 年再次来到中国。截至 2014 年 9 月，亚太经合组织共有 21 个正式成员和三个观察员 。2018 年 11 月 12 日至 18 日，亚太经济合作组织第二十六次领导人非正式会议在巴布亚新几内亚首都莫尔兹比港举行。亚太经合组织总人口达 26 亿，约占世界人口的 40%，国内生产总值之和超过 19 万亿美元，约占世界的 56%，贸易额约占世界总量的 48%。这一组织在全球经济活动中具有举足轻重的地位。亚太经合组织在推动区域和全球范围的贸易投资自由化和便利化、开展经济技术合作方面不断取得进展为加强区域经济合作、促进亚太地区经济发展和共同繁荣做出了突出贡献。2019 年第 34 届东盟峰会框架下，关于《区域全面经济伙伴关系协定》（RCEP）的东盟经济部长特别会议在泰国曼谷举行，就 RCEP 谈判进度以及推动各

国在2019年完成RCEP谈判展开讨论。

（一）APEC陷入困境，成员国将注意力转移到签订双边或多边自由贸易协定

目前亚太经合组织（APEC）在经济全球化的背景下已经失去了往日的活力，且APEC框架下制定的以贸易投资自由化为主的《茂物目标》已大大落后于日益发展变化的亚太新格局，APEC陷入困境和停滞之中，提前自由化的失败以及对金融危机表现出的无能为力，使成员国感到忧心忡忡，加上本身APEC约束力不强，成员国为阻止被其他国家边缘化，加快各自国家贸易发展进程，许多成员已经开始将合作的框架从APEC层次转移到次区域合作安排，于是出现许多成员国签订双边或多边自由贸易协定。APEC工作重点也陷入困境，发展中的国家渴望将经济技术合作作为亚太经合组织活动的一个中心但菲律宾会议虽然通过了《亚太经合组织加强经济合作和发展框架宣言》发达工业化国家却依然把力量集中在贸易投资自由化方面。在这一点上发达国家和发展中国家矛盾明显。

（二）APEC内部出现了众多FTAs和RTAs，形成“意大利面条碗”效应

APEC内部出现了众多FTAs和RTAs，形成典型的“意大利面条碗”效应。“意大利面条碗”效应（Spaghetti bowl phenomenon）最早出现在巴格沃蒂（Bhagwati）《美国贸易政策》（U. S. Trade Policy）（1995年）一书中。主要是指在APEC中存在纵横交错多重的FTAs和RTAs，由于不同的优惠待遇、原产地规则、关税减让时间表、市场准入范围等形成相互交织，错综复杂规定，这些错综复杂规定就像是碗里的意大利面条一样，相互交织，互相交缠，贸易专家们把这种情况称为“意大利面条碗”效应。毫无疑问这种“意大利面条碗”效应会使贸易成本增加，贸易效率下降，毫无疑问会对区域FDI产生扭曲效应。目前必须重视这种效应的存在，否则可能会减缓APEC发展进程。亚太经合组织已有21个正式成员还有多个国家和地区要求加入亚太经合组织。从客观上分析成员越多越难形成集体行动计划越难达成共识将使自由化过程放慢。在接收新成员问题上关税低的成员与关税高的成员持不同意见。

（三）APEC地位受到挑战，面临被架空，被分裂的危险

曾经辉煌的APEC地位日益受到挑战，在2009年APEC新加坡会议

上，美国公开在 APEC 会议上鼓动建立“跨太平洋经济战略伙伴关系”计划（TPP）。TPP 与 APEC 最大区别在于，TPP 具有消除关税、减少其他贸易壁垒、减少海关手续，原产地规则、知识产权保护、劳工标准、国有企业、环境保护等条款。TPP 还特别加入行业协议、有关服务、牛肉便利化规则，这些措施与 APEC 相比较，明显提升了一大步。可以预测 AREC 正面临被架空，被分裂的危险，在 2012 年俄罗斯组织的 APEC 峰会上，美国故意未参加此次峰会，借机削弱 APEC 的影响，架空 APEC。目前美国希望借助 TPP 重返亚洲，将 APEC 的一些重要成员汇集在自由贸易区（FTA）的旗帜下，用美国可以控制的，借助已在北美自由贸易区运行 20 多年，美国已熟练掌握的贸易规则，直接复制到东亚领域，利用更高标准的 TPP 排斥以中国为主“较低水平”的自由贸易区谈判和协议。APEC 内部 21 个成员国中有 12 个国家正在参与 TPP 的谈判，从实质上严重削弱了 APEC 在东亚的影响力。令人惊奇的是美国总统特朗普于 2017 年 1 月 23 日签署总统行政令宣布美国退出 TPP，2018 年 12 月 30 日由日本主导的“全面与进步跨太平洋伙伴关系协定”（CPTPP）正式生效，该协定是 TPP 协定的继承与进一步发展。无论是 TPP，还是 CPTPP，美国最终目标是架空并取代 APEC，东亚国家面临被分裂的危险，APEC 最终是否会名存实亡，也许东亚多年来苦心建构的东亚区域合作架构将会解体，这些都值得引起我们警觉。

正是由于 APEC 面临“意大利面条碗”效应，存在被架空，被分裂的危险，中国在认清情势的前提下，应加快推进东北亚区域合作，首先建立中日韩自贸区，最终实现六国东北亚区域合作。

6.2.3 东盟 RCEP 区域经济主导权被削弱

区域全面经济伙伴关系（Regional Comprehensive Economic Partnership），简称 RCEP。这一经济伙伴关系的主体包括两部分 16 个国家，发起者是东盟十国，邀请区域内的六个国家，包括中国、澳大利亚、印度、韩国、日本、新西兰，通过自由贸易协定，目标是要建立统一的市场。这个正在建立的 RCEP，将涵盖世界一半以上的人口，创造的 GDP 总和超过全球总量的 1/3，同时也是世界上所有现存的自贸区中也是最大的。RCEP 的主要成员国计划包括与东盟已经签署自由贸易协定的国家，即中国、日本、韩国、澳大利亚、新西兰、印度。东盟10国与这6个国家分别签署了5份自由协定，其中澳大利亚和新西兰是共同与东盟签署的一份自贸协定。组建RCEP目前计划是这16个国家，东亚峰会另外两个成员国（美国、俄罗斯）因没有与东盟建立自由贸易关系，所以不在RCEP成员国计划范围之内。东盟计划待16个国家将RCEP建到一定程度后，再商谈美国、俄罗斯加入事宜。

RCEP的目标是消除内部贸易壁垒、创造和完善自由的投资环境、扩大服务贸易，还将涉及知识产权保护、竞争政策等多领域，自由化程度将高于目前东盟与这6个国家已经达成的自贸协议。RCEP拥有占世界总人口约一半的人口，生产总值占全球年生产总值的1/3。

RCEP是应对经济全球化和区域经济一体化的发展而提出的。由于推动全球自由贸易的WTO谈判受阻，面对经济全球化中的一些负面影响，要想在当前世界经济中立于不败之地并有新发展，就必须加强区域经济一体化，为此，部分国家之间实施“零”关税，相互开放市场，密切合作关系，来寻求合作发展。这是东盟提出建RCEP的相关形势。

2011年2月26日，在内比都举行的第十八次东盟经济部长会议上，部长们优先讨论了如何与其经济伙伴国共同达成一个综合性的自由贸易协议。会议结果是产生了组建区域全面经济伙伴关系（RCEP）的草案。在2011年东盟峰会上东盟十国领导人正式批准了RCEP。2012年8月底召开的东盟十国、中国、日本、韩国、印度、澳大利亚和新西兰的经济部长会议原则上同意组建RCEP。东盟秘书长素林形容这项决议是“一项重大成就”。尽管由于领土问题和在贸易自由化原则上的分歧，RCEP内各方步调未必能完全协调一致，但尽早达成自由贸易协定、增加经济活力已成 为各方共识。自从2013年5月启动以来，经历5年谈判，2018年囊括东盟十国和中日韩印澳新共十六国的区域全面经济伙伴关系（RCEP）谈判希望取得突破性进展。RCEP谈判正在以关税削减、知识产权保护及电子商务（EC）的规则等约20个领域为对象展开讨论，此前已在政府采购等5个领域达成协议。而全球贸易的发展，正期待RCEP谈判早日完成。

（一）RCEP力图巩固东盟主导权，减缓TPP及CPTPP对东盟经济主

导权的冲击

RCEP 是东盟力主的东亚地区的区域合作形式，虽然目前还处于“符号”阶段，但毫无疑问已引起世界各国的广泛关注。东盟希望 RCEP 可以提升其成员国的凝聚力，简化规则，改变近年来由美国主导的 TPP 及中日韩计划建立自由贸易区而使东盟内部出现的日益分化的现象。TPP 作为美国重返亚太战略的重要工具，美国希望通过由其主导的 TPP 削弱东盟对 RCEP 的主导权，也希望通过 TPP 排除中国，打压中国，最终导致亚太地区合作进程缓慢，成功打乱东北亚区域一体化的进程。中国目前意在放眼全球，与世界主要贸易国继续努力，推动多边贸易自由化的发展，支持 RCEP，减缓 TPP 对东盟经济主导权的冲击。美国总统特朗普于 2017 年 1 月 23 日签署总统行政令宣布美国退出 TPP，2018 年 12 月 30 日由日本主导的“全面与进步跨太平洋伙伴关系协定”（CPTPP）正式生效，该协定是 TPP 协定的继承与进一步发展。无论是 TPP，还是 CPTPP，通过 RCEP 可以进一步密切东盟经济关系和提升凝聚力，东盟各国只有深化政治互信和加强经贸往来，才可以进一步巩固东盟的主导权，减缓 TPP 及 CPTPP 对东盟经济主导权的冲击，这一主导作用关系到东盟的发展和稳定，关系到东盟国际地位的提升和在国际事务中发挥更大的作用。

根据联合国贸发会议数据，从中国正式成为世贸组织成员的 2002 年到习近平主席提出“一带一路”倡议的 2013 年，全球货物贸易总出口从 64997. 86 亿美元上升至 189543. 45 亿美元，增长 192%。2016 年全球货物贸易出口总额只有 160296. 92 亿美元，2017 年反弹至 177308. 80 亿美元，但没有恢复到 2011—2014 年每年超过 18 万亿美元的水平。亚洲开发银行发布的《亚洲发展展望 2013》也预测如果 RCEP 谈判达成，2025 年 RCEP 将为全球创造 6440 亿美元收入，相当于全球国内生产总值（GDP）总和的 0. 6%。

（二）中国积极参与中国——东盟 RCEP，希望获得先期话语权和主动权

在目前，美国排除中国建立 TPP 及由日本主导的 CPTPP，中国应积极参与中国 - 东盟 RCEP 组建，努力掌握地区贸易规则制定权，获得先期话语权，并为未来可能加入 TPP 而创造更好条件。

其一，目前可以尝试着成立专门负责 RCEP 机构，凝聚各个领域的专

家，专家学者对中国加入 RCEP 各个环节进行研究讨论，未来负责 RCEP 自由贸易谈判，力争 2019 年完成 RCEP 谈判。

其二，准备好扩大对外开放的力度，接受国际经贸主流规则。中国应以改革与发展的眼光看 RCEP，利用 RCEP 规则让中国企业扩大海外市场，进行国外投资创造有利条件。在 RCEP 谈判具体议题上，应坚持开放的理念，接受国际经贸主流规则，因为它几乎必将会演变为日后通行的国际经贸投资新规则，中国为了更好地适应未来的高标准，可以尝试在 RCEP 中慢慢接受高标准，带动其他谈判伙伴国争取达成较高标准的 RCEP 协定。

（三）RCEP 注重南南合作，相比 TPP 北北合作协议更易达成

RCEP 和 TPP 是分别以南南合作和北北合作为主导的跨太平洋合作方式。谁走得更快，谁有可能主导未来的世界贸易秩序。RCEP 最终建立一个覆盖大约 30 亿人口、区内经济总量接近 20 万亿美元的全球规模最大、贸易自由度较高的自贸区。整合和优化东盟与中、日、韩等 6 国已签署的自由贸易协定，改变规则过多、操作易乱的现状，以建成一个高质量的自贸区。虽然 TPP 与 RCEP 各具发展，TPP 由美国所主导，RCEP 则在东盟主导下与 TPP 在多领域有竞争也有合作，而非完全对立的关系。TPP 与 RCEP 都致力于贸易自由化，减少关税壁垒，在所加入的成员国范围体系、合作机制等方面存在很大的相通性，但在谈判议题、弹性条款方面又有许多不同的地方。RCEP 谈判是要系统整合以东盟为中心的各个自由贸易协定，提高效率，并实现更大范围的贸易自由化和经济一体化。

TPP 从其成立之日起就被界定为“适应 21 世纪的高质量的自贸区协定”。其标准较高，相比于 RCEP 而言，TPP 达成的难度较高，对区内经济体也带有政治歧视色彩。例如 TPP 在农业贸易上采取高标准，而新兴经济体则很难满足。与 TPP 相比，RCEP 建立时间较晚，由于其更具有经济活力。目前 RCEP 在新兴经济体居多的亚洲将更受欢迎，主要由于 RCEP 各成员国的经济互补性较强。很明显，在 RCEP 框架内即有发达国又有发展中国家，各个成员国生产分工呈阶梯发展态势，具有很强的互补性。各个成员国在 RCEP 内可以找到适合本国的发展所需的各项条件及物资。例如，中国，印度这样的人口大国，主要供应强大的消费市场，廉价的劳动力，澳大利亚主要靠供应生产所需原材料，韩国主要依靠电子技术产品，汽车等，新加坡主要靠提供区内航运物流、金融服务等。可见在 RCEP 的框架

内，各个成员国都会找到自己的位置，从中得到真正的实惠。目前在商品、服务贸易及投资方面，RCEP 协议的落实将使原产地规则更加合理和灵活，外资和技术可以更自由地流动。中国——东盟所主导的 RCEP 在亚洲国家人气较高，南南合作的范围及空间较大，更加关注新兴经济体经济增长潜力，更易于被亚洲国家所接受，可以预见未来 RCEP 将在亚洲贸易中将发挥主导作用。

面对东盟 RCEP 区域经济主导权被削弱，中国在大力支持 RCEP 发展的同时，也应关注 TPP 及 CPTPP 的发展动向。在新挑战面前，东北亚区域合作可以采用渐近梯度路径创新，先是产学研合作，接着走向官产学研金，最终走向中央政府合作。

6.2.4　SCO 更关注国家安全，忽视经济领域合作

上海合作组织（The Shanghai Cooperation Organization），简称上合组织（SCO），前身是“上海五国”会晤机制。2001 年 6 月，上海合作组织正式成立，其成员国包括中国、俄罗斯、哈萨克斯坦、吉尔吉斯斯坦、塔吉克斯坦及后加入的乌兹别克斯坦。上海合作组织成员国元首理事会第十五次会议 2015 年 7 月 10 日在俄罗斯乌法举行，乌法峰会通过关于启动接收印度共和国、巴基斯坦伊斯兰共和国加入上合组织程序的决议，上合组织扩员的大门正式打开。2017 年 6 月 1 日，印度和巴基斯坦在阿斯塔纳上合组织峰会上成为正式成员。这是上合组织 2001 年成立以来首次扩大。目前，上海合作组织已成为人口最多、地域最广、潜力巨大的跨区域多边综合性组织，为维护地区安全稳定、促进共同发展繁荣做出了重要贡献。上海合作组织的宗旨是：加强成员国之间的互相信任与睦邻友好。鼓励成员国在政治、经济、科技、文化、教育、能源、交通、环保和其他领域的有效合作。联合致力于维护和保障地区的和平、安全与稳定。建立民主、公正、合理的国际政治经济新秩序。2018 年 6 月 9 日至 10 日，上海合作组织青岛峰会在山东省青岛市举办。会上签署了《上海合作组织成员国元首理事会青岛宣言》及一系列决议，该次会议是印度和巴基斯坦正式加入后首次峰会。

（一）SCO 安全领域合作大大超过经济领域合作进程

上海合作组织最为关心的是维护地区安全稳定，促进 SCO 成员国共同

发展繁荣，到 2014 年成立 13 年来，SCO 在维护地区安全方面发挥了重要作用，保持了地区健康、稳定、良好的发展势头，成为具有良好发展势头重要的合作组织。SCO 严厉打击“三股势力”、贩毒等跨国有组织犯罪，成功举行 SCO 成员国联合军事演习，经过 SCO 成员国的共同努力，很好地维护了地区的和平稳定与发展。上海合作组织也深化了经济合作，扩大地区互联互通，推进区域贸易投资便利化。加强人文、科技、旅游、卫生领域合作，巩固睦邻友好合作关系。同有关国家、国际和地区组织开展对话和合作，共同维护地区和世界安全稳定。

SCO 比较注重安全领域的合作，各个成员国都有一致的共同目标，既禁毒、反恐、打击“三股势力”，且合作进展令人惊喜。反观 SCO 在经济领域合作，各个成员国在“平等、协商、一致”原则下，由于成员国利益结构复杂，特别是中国与俄罗斯国家的意见不一致，而且成员国内部各个国家之间存在着利益博弈，一些经济问题易遭遇“一票否决”，经济合作到目前为止未取得重要实质性进展。尽管上海合作组织一再宣称他不针对任何第三国，但由于其影响力不断扩大，并成为一个重要的地区性的国际组织，北约和美国等西方发达国家仍然对其提防，并认为是与北约的对抗，在上海合作组织举行反恐演习时，经常同期在亚太地区举行军事演习，以示对抗。

（二）中俄两国的利益博弈

SCO 目前较关注的还是局部经济领域的合作，但对于区域一体，投资便利化，减少关税和非关税壁垒等方面还需要进一步的发展。目前俄罗斯与中国是 SCO 内举足轻重的两个大国，两国正在进行利益博弈，从本质上来说俄罗斯乐于在 SCO 进行合作加强与周边国家安全联系，达到防御外侵，稳定国内经济的目的。对于区域一体化建设而言，俄罗斯更乐于在“欧亚联盟”战略框架内进行磋商和谈判，以发挥自己的主导权，发挥领头羊作用，掌握着强有力的规则制定权和经济主导权。而对于另一个地区大国中国，则更乐于在 SCO 框架下发挥经济合作发言权及主导权，鼓励各个成员国开展范围比较广泛的经济合作。2014 年 3 月底中国外汇储备余额 3.95 万亿美元，占世界 1/3，李克强总理也在公开场合上表示，过多的外汇储备将成为中国的负担。2019 年 6 月末，中国外汇储备规模为 31192 亿美元，较 5 月末上升 182 亿美元，升幅为 0.6%。中国希望未来国家和企业能够加大对外投资的步伐，利用 SCO 框架与俄罗斯，哈萨克斯坦等国开展直接投资，技术合作，利用国外先进的技术，利用技术外溢特点，加快产业结构升级。特别是与俄罗斯的能源战略合作，在能源进口及能源输送上进行经济合作，发挥应有的作用，充分利用 SCO 已有的金融、投资、贸易，能源等合作机制更好地为中国服务。目前中国对 SCO 国家的贸易在中国总体外贸占比不高，中国的市场互补优势、人文优势和区位优势都没有得到充分发挥。

（三）SCO 经济合作弱化只能转向具体合作项目

SCO 经济功能早就有涉猎，但到目前所达成结果却并不令人满意。2001 年上合组织成立之初，当时高层已经高瞻远瞩地预见到未来应增强 SCO 成员国间经济合作深度和广度。但在 2003 年签署了《上合组织成员国多边经贸合作纲要》，但却面临着难以落实的窘境，最终实际意义不大。2004 年、2005 年相继出台了经贸发展的计划纲要，从本意上来说 SCO 希望在经济合作领域有所突破，但是在最根本的减少关税及贸易壁垒等方面却没有实质进展，经济合作功能略显单薄。在各国进行利益博弈的过程中，最终各国只能放弃区域一体化转而走向更易于达成的具体项目合作。各国在尝试了区域一体化、经贸合作的失败后，SCO 制度化的经济合作在目前还是陷入了制度性停滞阶段。有鉴于此，目前 SCO 已经转向多边经济合作及具体合作项目，并已经取了一些成就。

目前多边经贸中国对俄出口以机电产品、家用电器、高新技术产品、衣服、鞋帽、玩具、工艺产品等之主，中国从俄进口则包括能源、军工产品、木材深加工等产品。中国对哈萨克斯坦出口以电子和机械类等附加值高的商品为主，进口商品高度集中在能源类商品，与吉尔吉斯斯坦进口以原材料产品为主。中国从塔吉克斯坦进口商品以非贵重金属、矿产品为主，对塔吉克斯坦出口的商品以机械设备、非贵重金属、交通工具、矿产品为主。2012 年中国对乌兹别克斯坦进口以无机化学、贵金属和矿物燃料、矿物油及沥青为主。可见多边经贸一直在 SCO 各个国家开展，并取得了一些不错的成绩，但制度性的经济合作功能还是较弱，没有真正发挥其特有的功效。

面对 SCO 注重国家安全，未充分发挥经济合作潜力，东北亚区域合作应重点关注经济合作领域，充分发挥经济合作潜力，推动文化教育合作，最终走向东北亚区域制度协调合作。

东北亚六国也逐步意识到目前面临新挑战，也面临风云莫测的国际新形势，只有充分认识东北亚区域合作的重要性，加快东北亚区域合作，在合作中扬长避短，才能提高各国经济增长力。只有不断深化东北亚区域合作，才能实现各国互利共赢、提高成员国的国际地位及国际竞争力，增加其在国际事务中的筹码及话语权。可见东北亚区域合作意在共赢，利在长远。

第 7 章

中国参与东北亚区域合作的博弈分析

东北亚区域合作涉及中国、日本、韩国、俄罗斯、蒙古、朝鲜六个国家，由于各个国家利益不同，往往会出于自身国家利益的考虑，追求本国利益的最大化，“理性”搭乘其他国家的“便车”，积极逃避责任，延缓了合作的进程。所以东北亚洲区域合作实质上就是中国同各个国家利益主体不断进行利益调整的多重博弈过程。下面就东北亚区域合作中国同周边各国可能出现的各种博弈情况进行分析，将有助于中国选择合适战略选择提供依据和参考。

7.1　东北亚区域合作的各国利益与动力分析

7.1.1　各国参与东北亚区域合作经济利益分析

中国通过东北亚各国的区域合作，中国可以利用日韩先进的技术，强大的资金优势，俄罗斯能源优势，蒙古国及朝鲜的矿产资源优势加快中国经济的增长。区域合作也可以通过尽快实现中日韩自由贸易区，通过自由贸易区，可以进行环保领域、技术领域、农产品领域、纺织品领域，劳务输出领域的合作与共同发展。

随着东北亚区域经济的快速发展，其合作潜力与日俱增，日本也希望能利用东北亚各国的消费市场来吸收日本产品出口，加快日本的经济发展。在东北亚区域合作进程中还希望谋求大国主导地位，在与东北亚各国合作谈判中不错失良机，并可以作为砝码在与美国主导的 TPP 谈判中获得主动权和话语权。

韩国在东北亚区域合作中一直保持极大的兴趣，究其原因，除了经济发展的需要，主要不想错失在东北亚区域合作良机，达到遏制朝鲜的目的。通过东北亚区域合作减免关税、消除贸易壁垒、取消非关税壁垒等形式，促进韩国的经济快速发展。

俄罗斯在东北亚区域合作中一直处于与日本、中国争夺“领头羊”地位，其战略中心一直希望建立“欧亚联盟”战略，在东北亚区域合作中希望能够扮演主角。但随着俄罗斯出兵乌克兰，欧盟对俄罗斯实施制裁开始后，未来可以预见，俄罗斯将会更加关注与东北亚各国合作的力度。尤其是 2014 年与中国签订的 4000 亿美元的天然气大单，令欧盟及美国感到震惊。2018 年俄罗斯和中国之间的贸易额为 1082.84 亿美元，同比增长 24.5%。2018 年中国在俄罗斯对外贸易总额中所占的份额从 14.9% 增长至 15.7%。俄罗斯对中国的出口额为 560.66 亿美元，同比增长 44.1%。俄罗斯从中国的进口额为 522.18 亿美元，同比增长 8.7%，通过与东北亚各国的合作可以充分发挥其能源优势，快速提振俄罗斯本国经济的发展，使俄罗斯能源产品的出口不受制于西方国家。由于欧盟的制裁，目前俄罗斯决定从中国进口水果及蔬菜。

朝鲜与蒙古国由于其自身经济较弱，在东北亚区域合作中话语权较少。因此对于两国来说在区域合作中处于产业链的下游，更愿意参与到东北亚区域合作中来，承接东北亚国家加工贸易，接受投资深加工，开采资源等合作，以达到促进本国经济发展的目的，解决人民生活的基本需求，快速走上富强的道路。

7.1.2 东北亚区域合作动力分析

除了经济利益的考虑外，东北亚各国还有动力的因素驱动各个国家更乐于促成东北亚区域合作的出现。

中国参与东北亚区域合作主要动力在于希望参与和领导东北亚区域

合作。努力并延长中国经济发展的战略机遇期，注重与周边东北亚各国的合作，形成以中国为核心的区域新秩序。增加中国在东北亚地区的硬实力、影响力、和吸引力，加快推进 RCEP（区域全面经济伙伴关系协定），冲破美国所主导的 TPP（跨太平洋伙伴关系）。乌克兰事件后，俄罗斯受到西方国家的制裁，尤其是欧洲对于俄罗斯能源的需求，俄罗斯为了本国的经济发展及增长，解决国内各种矛盾，迫切需要中国的支持，而且对于远东地区的开发与合作、能源的利用更乐于与中国区域合作。因此在新的形势下，东北亚区域合作势在必行，俄罗斯会乐于参与合作，但可以预见俄罗斯不会放弃与中国的“领头羊”地位之争。由于目前的钓鱼岛主权之争，中日两国陷入空前的焦灼状态。东北亚区域合作日本乐于参与，究其原因在于，日本经历“失去的十年”之痛，日本经济一直不振，日本不想放弃任何发展经济的良机。日本在与美国主导的 TPP 谈判过程中也想拥有一定的话语权，因此更乐于参与东北亚区域合作，以利于日本现阶段所主导的 CPTPP 顺利进行并实现日美政治意图。与此同时，日本也考虑到韩国、俄罗斯在东北亚区域合作所扮演的角色，为了对抗韩国、俄罗斯，不能韩国、俄罗斯在东北亚区域合作中占有太多优势，因此日本参与东北亚区域合作成为其必然的选择。但由于目前安倍政府的所作所为，中国及韩国人民的抵抗，日本参与东北亚区域合作还尚需时日。韩国从总体上来说，乐于参与东北亚区域合作，一方面想克制朝鲜及日本，一方面也是本国经济发展的必然选择。目前中韩建立自由贸易区，在此项协议中韩国受益匪浅，其优势资源得到充分利用，将这个世界经济最活跃中韩地区形成一个具有巨大潜力的统一市场，也为中韩两国带来互利及双赢的局面。朝鲜为摆脱核试验带来的制裁及经济封锁，更乐于参与东北亚区域合作，在区域合作中虽然处于下游地位，但却可以快速发展国内经济，增强军事实力，更好地对抗韩美。蒙古国资源具有很大的优势，但由于缺少技术及资金，经济发展速度 2013 年达到 11.7%，虽然速度较快，但经济总量水平仍然较低，2017 年蒙古 GDP 增长降至 5.1%，2018 年经济增长稍稍恢复到 6.9%，人民生活水平仍然不高。因此，蒙古国也乐于参与东北亚区域合作，不放过任何发展经济的良机，改善人民生活水平。

7.2 东北亚区域合作的博弈分析

东北亚区域合作涉及中国、日本、韩国、俄罗斯、蒙古、朝鲜六个国家。由于各个国家利益不同，往往会出于自身国家利益的考虑，追求本国利益的最大化，“理性”搭乘其他国家的“便车”，积极逃避责任，延缓了合作的进程。所以东北亚洲区域合作实质上就是中国同各个国家利益主体不断进行利益调整的多重博弈过程。下面就东北亚区域合作中国同周边各国可能出现的各种博弈情况进行分析，将有助于为中国选择合适战略提供依据和参考，最终促成东北亚区域合作的实现。

博弈根据是否可以达成具有约束力的协议分为合作博弈和非合作博弈。下面就从合作博弈和非合作博弈两方面对目前东北亚区域合作中存在的现实情况进行博弈分析。

7.2.1 非合作博弈分析——中日之间应走出“囚徒困境”

中国及日本目前就可以看作非合作博弈。2012 年双方贸易额为 3294.5 亿美元。日本是中国第五大贸易伙伴，第五大出口目的地和第三大进口来源地。2018 年日本与中国双边货物进出口额为 3175.3 亿美元，增长 6.8%。截至 2018 年 12 月，中国是日本第一大出口贸易伙伴和第一大进口贸易伙伴。东北亚国家中，日本是经济实力最强的国家，在贸易方面日本与欧盟及美国贸易量比较大。且现实情况是本身对中国市场依赖并不大，中国对日本市场的依赖程度也不大。2018 年中日关系开始缓和，中日之间博弈处于非合作博弈现状下。

囚徒困境是博弈论的“非零和博弈”中具代表性的例子，东北亚区域合作如果采用非合作形式，将会使东北亚区域各国最佳选择并非东北亚区域团体最佳选择，即个人理性有时能导致集体的非理性——聪明反而作茧自缚。虽然困境本身只属模型性质，但现实中的东北亚区域经济合作等方面，可以用此模型来进行适当的解析。本书用“囚徒困境”（The prisoners'

Dilemma）来说明中国与日本进行区域合作博弈分析。

（一）中日“囚徒困境”博弈基本界定

结合东北亚区域合作的实际情况，中日之间“囚徒困境”博弈情况做如下的定义。

（1）博弈前提：假定东北亚区域合作中的中国及日本都是利己的理性人，中国及日本都在努力寻求本国的最大利益。与此同时此博弈还假定没有任何其他力量可以干预中国及日本的决策，中国及日本可完全按照自己意愿选择策略，进行博弈。

（2）参与者：中国定义为 1，日本定义为 2，$N = \{1, 2\}$

（3）策略空间：$\mathbf{S}_i = \{P, NP\}$，$i \in N$　　其中：P 表示合作；NP 表示不合作。

（4）偏好和收益函数：中国和日本为理性人，即中国和日本及会按照各自效用的最大化来进行决策。假设此区域是封闭的，即在博弈过程中每个局中人所处的政策环境是确定的。

表 7－1　　中国与日本“囚徒困境”博弈

日本　2

		NP（不合作）	P（合作）
中国 1	NP（不合作）	－8，－8	0，－10
	P（合作）	－10，0	－1，－1

（二）中日“囚徒困境”博弈分析

在东北亚区域合作中国及日本就陷入了“囚徒困境”，对日本来说，尽管他不知道中国的选择的策略是什么，但他知道无论中国做出的选择如何，日本都会选择 NP（不合作），而对于中国来说，其最好的策略也是选择 NP（不合作），结果是中日得到的收益是（－8，－8）。如果中日都选择 P（合作），中日都会有（－1，－1）。很明显，在博弈时中日在“囚徒困境”策略选择上（P，P）即（合作，合作）是中日的帕累托最优，很明显如不选择此项组合的任何其他行动选择组合都至少会使一个人的境况变差。“合作”是中日此博弈中的占优战略，而（P，P）即（合作，合作）是一个占优战略均衡。但在现实中由于信息不对称，意识形态，历史等因素的存在，使得中国与日本选择双方不合作（NP，NP）。事实上只有合作才能达到双方的最大收益，因此中国与日本区域合作应尽快走出囚徒困境。

囚徒困境的核心问题在于，一方担心对方会出卖自己，不跟自己合作，便会为了维护自己的利益而先采取有利于自己的措施。产生这种现象的根源在于两方当事人事先不通气，信息不对称，互相不知道对方会做出什么选择，完全在猜测中进行决策，自然也就缺乏对对方准确的判断。

（三）中日“囚徒困境”的破解

1. 中日通过事先沟通信息，达到培养相互信任的目的

在“囚徒困境”中，如果能事先进行信息交流，那么两个囚徒将破解“困境”。

表 7－2　　事先进行信息交流的“囚徒困境”博弈

日本　2

中国 1		*NP*（不合作）坦白	*P*（合作）不坦白
	NP（不合作）坦白	－8，－8	－10，－10
	P（合作）不坦白	－10，10	－1，－1

在东北亚区域合作中，中日面临合作的“囚徒困境”，如果中日能避开这种信息的沟通不畅，事先进行信息交流，就可以很好合作，收到意想不到的效果，破解“囚徒困境”。2014 年 11 月在北京举行的 APEC 会议上，中国提出未来设立亚太自贸区（FTAAP）线路图，中韩达成自贸区实质性谈判，中日成就“破冰之旅”，11 月 7 日宣布两国就改善关系达成四点共识，日方承认与中国在钓鱼岛等问题存在“不同主张”，如果两国关系能持续向好的方面发展，在东北亚区域合作新框架内，中日之间可以通过东北亚区域合作事先谈判，对话机制，磋商机制等措施，完全走出“囚徒困境”，实现东北亚区域合作的共赢。

2. 中日形成长期稳定的合作关系，提高合作收益，增加不合作的成本

破解“囚徒困境”博弈，还可以采用“重复囚徒困境”博弈中的“一报还一报”策略，“一报还一报”策略主要在第一步首先采用合作，以后的步骤中采用重复对方上一步选择的策略，很明显其策略是要求双方进行合作的策略。采用“一报还一报”可以增加不合作的成本（背叛的成本），提高合作收益，最终破解“囚徒困境”。

3. 中日应设计合理的利益分配机制，签订有约束力的合同

中日自由贸易区谈判由于政治上的主张不同加之受西方国家的影响，目前双方谈判处于搁浅状态。但中国与其他国家的自由贸易区谈判却取得不错成果。截至 2014 年，中国已签署自贸协定 12 个，仍在谈包括日本在内 6 个。2014 年 11 月，中国与韩国、澳大利亚也已达成自贸区实质性谈判。2018 年中国与 16 个国家签署了自贸协定，未来中日之间也可以采取的策略是，首先采用政冷经热的方式，与日本加强经贸往来，通过谈判，合理的利益分配机制，签订合同，可以对中日博弈双方进行规范，达成自贸区谈判，最终促成东北亚区域合作发展。

7.2.2　合作博弈分析——中韩、中俄走向共赢“猎鹿博弈”，中朝、中蒙避免“智猪博弈”

在东北亚区域合作中，目前合作博弈出现的情况所占比重较大。目前在东北亚区域合作中中韩达成自贸区实质性谈判，中俄关系不断升温，东北亚区域合作可以有力保障参与东北亚区域合作的国家能够通过协商、谈判、联合选择行动、共同分享利益，从而顺利实现东北亚区域合作。合作博弈强调的团体理性（collective rationality），东北亚区域合作博弈，应着重研究合作博弈时利益分配问题。东北亚区域合作各国可以通过妥协、讨价还价等措施最终实现东北亚区域合作。合作博弈强调“合则双赢”，因此在东北区域合作中强调参与东北亚区域合作的各国应与对手共赢，应考虑到东北亚区域合作其他国家的利益问题。

（一）中韩博弈走向共赢的“猎鹿博弈”

中韩两国由于各自经济发展水平不同，双方在贸易结构，资源禀赋，技术水平等存在差异，且双方处于产业链不同层次。中韩自贸区建立将给两国带来较大的收益结果，最重要的是两国合作意愿比较强。在世界经济体开始关注自由贸易区建设的今天，两国也希望能紧跟时代步伐，开拓新东北亚区域内的贸易空间，降低其他区域体贸易转移效应对本国经济的影响，在合作基础上进行利益分配，实现由合作走向共赢是两国共同的愿望。2014 年第一季度，中韩两国贸易额达到了 676.3 亿美元，同比增长 6.8%。中国是韩国最大的贸易伙伴、第三大出口对象国和第二大进口来

源国，中国向韩国出口的商品主要包括石油制品、汽车、石化产品、机械、无线通信器材、半导体等；自韩国进口的商品包括无线通信器材、机械、钢铁产品、精密化学制品、纤维制品、液晶显示器等。韩国一直处于产业链的上层，而中国则处于下层，韩国可以利用其资金、技术优势等与中国的劳动资源，农业资源等形成互补，可见中韩两国经济互补性很强。中韩两国在东北亚区域合作中地理相近、发展贸易具有天然优势，2014 年中韩两国自贸区实质性谈判达成。2018 年，中韩贸易额 3134.3 亿美元，比上年增长 11.8%。其中，中国对韩出口 1087.9 亿美元，自韩进口 2046.4 亿美元，分别比上年增长 5.9% 和 15.3%。2018 年，韩国对中国投资 1882 个项目，比上年增长 15.7%，中国实际使用韩国资金 46.7 亿美元，比上年增长 27.1%。韩国是中国第二大外资来源国，中国是韩国第二大投资对象国。中韩两国的谈判博弈的战略选择，比较符合“猎鹿博弈”的基本特征。

猎鹿博弈虽然本身只属模型性质，但现实中的东北亚区域合作各国博弈中，也会出现类似情况。本书用“猎鹿博弈”（Stag Hunt Model）来说明中国与韩国进行东北亚区域经济合作博弈情况，下面做一些基本界定。

（1）博弈前提：对中韩国合作来说，合作的整体收益大于中国或者韩国不合作收益之和。中韩合作具有帕累托改进性质的分配规则，即中国及韩国可以得到比不合作时多得多的收益。中韩内部信息可以相互交换，两国的协议必须强制执行。且中韩两国的能力和贡献差不多，所以双方均分收益。

（2）参与者：中国定义为 1，韩国定义为 2，$N=\{1,2\}$

（3）策略空间：$S_i=\{P,NP\}$，$i\in N$　　其中：P 表示参与合作；NP 表示不参与合作。

（4）偏好和收益函数：中国和韩国为理性人，即中国和韩国会按照各自效用的最大化来进行决策。

虽然上述定义比较严格，但却可以很好地反映中韩之间的博弈现状。

表 7－3　　中国与韩国“猎鹿博弈”

		韩国	
		NP（不参与合作）	*P*（参与合作）
中国	*NP*（不参与合作）	4，4	4，0
	P（参与合作）	0，4	10，10

在这个矩阵图中，每一个格子都代表一种博弈的结果。具体说来，在左上角的格子表示，中国和韩国各自发展经济，结果是中国和韩国各自发展得到 4 个单位的收益；在右下角，中国和韩国合作发展经济，结果可以获得 10 个单位的经济利益。

显然，合作参与东北亚区域发展的好处比各自发展的好处要大得多，但是要求每个国家的能力和贡献最好相等或相差不多。如果一个国家的能力强、贡献大，那么这个国家就会要求得到较大份额的经济利益，这可能会让周边其他国家觉得利益受损而不愿意合作。实际上在现实生活中“合则双赢”的道理在东北亚区域合作中能够得到充分的体现，但在东北亚区域实际难以达成合作的原因就在于双方地位的不对等。东北亚区域合作要求博弈双方学会与对手共赢，充分照顾到东北亚区域中其他国家合作者的利益。

东北亚区域合作在猎鹿博弈中，根据纳什均衡的原理，应用博弈论中的“严格劣势删除法”可以得到该博弈有两个纳什均衡点，两个纳什均衡，就是两个可能的结局。两种结局到底哪一个最终发生，无法用纳什均衡本身来确定。比较［10，10］和［4，4］两个纳什均衡，明显的事实是，两人一起去合作发展经济比各自去发展经济可以让每个国家得到更多的经济利益。

从经济学观念出发，东北亚区域合作发展的纳什均衡比分头发展经济的纳什均衡，具有帕累托优势。与［4，4］相比，［10，10］不仅有整体福利改进，而且每个参与东北亚区域合作的国家都得到福利改进。换一种更加严密的说法就是，［10，10］与［4，4］相比，其中一方收益增大，而其他各方的境况都不受损害。这就是［10，10］对于［4，4］具有帕累托优势。如果东北亚区域合作可以在不损害别人的情况下改善任何参与东北亚区域合作的每个国家，就认为有帕累托改进的余地。

两个猎人合作猎鹿获得的收益将远大于分别猎兔的收益，战略联盟将开始。这或许是件好事，不过又取决于最后猎获的鹿——这一公共资源的分配，如果分配得当，整体的效率将增加。如果一方主导，另一方受损，那么帕累托改善无法进行，合作可能终将破裂。简单来说就是合作会给双方带来比单独行动之和更大的利润，但是若是利润分配下来却使一方比单独行动还要少，合作显然无法进行。猎鹿博弈会产生两个均衡解。或者单兵作战，或者合作，但是从帕累托最优来看中韩合作更具优势。

（二）中俄博弈应从合作走向共赢的“猎鹿博弈”

中俄区域合作最为直观的表现形式就是经贸合作，2012 年俄罗斯对外贸易总额 8373 亿美元，其中出口额 5247 亿美元，进口额 3126 亿美元。前十大贸易双边贸易伙伴依次为：中国（875 亿美元，第一位）、日本（312 亿美元，第八位）、美国（282 亿美元，第九位）。2013 年中俄贸易额达到 892 亿美元，比 2012 年增长 17 亿美元，中俄希望在 2015 年双边贸易额达到 1000 亿美元，在 2020 年突破性地达到 2000 亿美元。2018 年俄罗斯和中国之间的贸易额为 1082. 84 亿美元，同比增长 24. 5% 。2018 年中国在俄罗斯对外贸易总额中所占的份额从 14. 9% 增长至 15. 7% 。中国也一直利用自己的纺织、玩具制造、轻工产品等优势与俄罗斯进行边境贸，目前俄罗斯的中资企业主要集中在建筑、能源、林业、矿产、农业、零售等领域。

中俄两国历史上合作次数较多，乌克兰事件后，俄罗斯受到西方国家的制裁，尤其是欧盟、美国、日本对于俄罗斯能源的制裁。俄罗斯财政收入 60% 来源于能源收入，能源制裁对俄罗斯经济的影响巨大，卢布迅速贬值。目前俄罗斯为了本国的经济发展及增长，解决国内各种矛盾，迫切需要中国的支持，而且为了加强远东地区的开发与合作及能源的利用，更乐于与中国进行东北亚区域合作。可见中俄两国合作互补性很强，且合作的意愿较强，通过中俄两国的合作可以走向共赢。两国同属于世界上的大国，经济体较大，如果中俄两国联手合作，将会带来新的世界经济贸易新格局。

（三）中韩、中俄“猎鹿博弈”的启示

1. 东北亚区域合作中各国应建立相互信任，相互沟通的关系，从合作走向共赢

目前中韩已达成实质性的自由贸易谈判，90% 以上的商品在未来将互免关税，对于中国及韩国来说具有共赢优势。双方谈判都得到了各自领导人的高度重视，双方真诚地相互沟通，相互信任，最终从合作走向共赢。同样，中俄两国在东北亚区域合作可以使用“猎鹿博弈”。从东北亚区域合作的实际情况上看，中俄两国单独行动的话是最不利的，两国应摒弃单独战斗，要学会与他人的合作，形成中俄合作新态势，事实证明一个人的力量不足以让团队变好，通过相互沟通，相互信任合作才能使中俄走向共

赢。对于中国，形成东北亚区域合作关系，才能时刻洞悉世界的变化，实现中国经济快速增长，人民生活质量的提高，合作是聪明人最明智的选择，未来应扩大到东北亚区域合作中。

2. 东北亚区域合作应在中国“领头羊”带领下尽快签订有约束力的合同，保持合作的连续性

东北亚区域合作可以在中国的带领下，尽快效仿中韩签订合同，保证东北亚区域合作的顺利进行。2014 年 11 月，中国提出亚太自由贸易区建设，在此基础上中国应尽快设想未来可以开展东北亚区域自由贸易区建设进程。2018 年中国与 16 个国家签署了自由贸易协定。东北亚区域将在中国、韩国、日本、俄罗斯、蒙古、朝鲜等国建立自由贸易区，签订双边合作，共同促进东北亚区域合作一体化的实现。

3. 东北亚区域合作中利用夏普利值计算模型，设立合理的利益分配机制

东北亚区域合作中，可以利用夏普利值计算模型，设立东北亚各个国家的利益分配机制，采用此种方式，可以有效地避免搭便车的现象，更加公平、公正、合理地进行利益分配。良好的利益分配将会使东北亚区域合作更加紧密，持续时间更长，最终有利于东北亚区域合作最终实现。

（四）中国与朝鲜，蒙古国合作中避免出现“智猪博弈”

“智猪博弈”由约翰·纳什（John Nash），1950 年提出。从矩阵中可以看出，当大猪选择行动的时候，小猪如果行动，其收益是 1，而小猪等待的话，收益是 4，所以小猪选择等待；当大猪选择等待的时候，小猪如果行动的话，其收益是 -1，而小猪等待的话，收益是 0，所以小猪也选择等待。综合来看，无论大猪是选择行动还是等待，小猪的选择都将是等待，即适时等待是小猪的占优策略。

表 7-4　　“智猪博弈”

局中人 2

		行动	等待
局中人 1	行动	5，1	4，4
	等待	9，-1	0，0

在东北亚区域合作中，中日韩俄经济体占的比重较大，在合作中起着举足轻重的地位。相反朝鲜与蒙古国在东北亚区域合作中属于小国，其经

济体较小，无法左右东北亚区域合作。

与中日韩俄相比，朝鲜与蒙古国在东北亚区域合作中处于弱小的地位。两国从本意上来讲更愿意参与到东北亚区域合作中来，以促进国内经济的快速发展，因此在合作中一般采用观望的态度，希望做聪明的小猪不希望错过任何发展的良机。更希望在东北亚区域合作中借助中国力量，从区域合作的利益中分一杯羹。

“智猪博弈”告诉我们，谁先去踩这个踏板，就会造福全体，但多劳却并不一定多得。它给了竞争中的弱者以等待为最佳策略的启发同时，也反映了一种“搭便车”现象。所以在东北亚区域合作中朝鲜，蒙古国更易于做“小猪”随便可以搭到便车。在东北亚区域合作中不管是“大猪”还是“小猪”，周围总会充满了各种各样的“大猪”“小猪”，各个国家都在心里盘算着如何让自己获得最大的收益。所以在进行区域合作时与朝鲜，蒙古合作更易于出现“智猪博弈”。例如目前俄朝关系就是明显的“智猪博弈”，受政治因素的影响，俄朝想结盟，崔龙海代表金正恩访俄，俄罗斯 2014 年解除了朝鲜 90% 的对俄债务，并且投巨资改造朝鲜的全国铁路。很明显“大猪”想给“小猪”一份口粮，目的是达到政治上结盟，共同抵御西方国家的制裁。

在东北亚区域现实合作中，还是应采用不同的激励制度设计，奖励并非人人有份，有效地达到激励目的，避免“智猪博弈”的再次出现。

第 8 章

东北亚区域合作前景与战略选择

未来东北亚区域合作是历史的必然选择，东北亚六国区域合作的前景十分广阔。东北亚六国应提前进行研究，找好各自的定位及战略选择，尤其是中国与东北亚其他五国的区域合作更应提前做好战略准备。

8.1　东北亚区域合作前景展望

8.1.1　中国与韩国区域合作展望

目前在东北亚区域合作中，中韩合作发展态势最好，中韩双边经贸往来也节节攀升，2013 年中国与韩国双边贸易额超过 2700 亿美元。2018 年韩国与中国双边货物进出口额为 2686.4 亿美元，增长 11.9%。其中，韩国对中国出口 1621.6 亿美元，增长 14.1%。自中国进口 1064.8 亿美元，增长 8.8%，韩国与中国的贸易顺差 556.8 亿美元。中韩贸易发展过程中，中国是韩国第一大贸易伙伴国、出口对象国、进口来源国，及投资目的地。而韩国在中国贸易中也占有重要一席之地，韩国是中国第二大外资来源国，中国是韩国第二大投资对象国。可见双方在各自的经贸往来中，都是不可或缺的重要战略伙伴。下面就对中韩两国的区域合作前景进行展望。

（一）中韩自贸区建立应在东北亚区域合作中起表率作用

东北亚区域合作中，中韩具有举足轻重的地位，双方参与及推动东北亚区域合作有利于东北亚区域的发展，也有利于两国经济的发展。毫无疑问东北亚区域合作有利于中韩两国 GDP 增长、双边贸易总额增加、投资机会的增加、就业增加和社会福利改善等。2014 年 7 月中国国家主席习近平访问韩国，将中韩战略合作伙伴关系推进到了一个新阶段。在国际金融危机深层次影响尚未完全消除的情况下，中韩应抓住历史发展的新契机，中韩自贸区设立后，在自由贸易区内的关税及关税壁垒消除，进口商品关税更低或者免税，会使商品及物流贸易更加便利化，资源得到更加有效的配置。中国农业、水产业、矿业、加工业，服装业、畜牧业、鞋帽业、玩具业等将迎来新的发展良机。相对于韩国而言，其技术密集型产业如钢铁业、机械业、电子产业、汽车业、金属制品业、塑料业、橡胶业、农产品加工业则也会带来新的转机。2013—2018 年，中韩双边贸易额整体有小幅增长趋势。2015 年和 2016 年，受中国经济增速放缓、韩国不顾中方强烈反对与美国联合部署萨德导弹系统等因素影响，中韩贸易额明显下滑。2017 年中韩贸易额快速回升，2018 年韩国与中国双边货物进出口额为 2686.4 亿美元，同比增长了 11.9%，继续保持较快的增长速度。中韩自贸区建立将为东北亚区域合作中起表率作用，推动其他国家的积极参与。东北亚区域经济合作背景下，中韩将携手推进“一带一路”和“新北方政策”深度对接。

（二）中韩两国可以共同发起建立“东北亚开发银行”

在东北亚区域合作中，随着两国高层互访的频繁出现，中韩两国政治互信不断加强，尤其在日本军国主义抬头后，中韩同仇敌忾，双边经贸关系深入发展。两国良好的互动合作，为东北亚区域合作提供了现实的合作基础。2014 年中韩两国在双边贸易往来中逐渐认识到推动本币结算有利于两国经贸往来发展，与此同时人民币国际化程度的不断加深，中韩两国都认同应建立人民币对韩元直接交易机制，最终在韩国首尔建立人民币清算部门，中国同意给予韩国 800 亿元人民币合格境外机构投资者（RQFII）额度，这是人民币国际化进程中一个重要的里程碑。通过本币结算，中韩两国可以降低双边贸易成本、投资成本及汇率风险，人民币兑韩元直接交易至少可以给企业节省 3% ~5% 的交易费用，深受中韩两国企业的欢迎。2015 年 3 月韩国正式加入亚投行。2016 年 6 月人民币对韩元直接交易在中国正式启动。2017 年 10 月中国人民银行和韩国银行续签本币互换协议，协议延长 3 年，规模为 3600 亿元人民币。2018 年底韩国对中国实际投资累计 770.4 亿美元，中国对韩国实际投资累计 76.4 亿美元。韩国是中国第二大外商直接投资来源地，中国是韩国第二大海外投资对象国。

未来组建东北亚合作开发银行，可以对东北亚合作区域内交通、能源、跨境互联互通基础设施建设等项目提供资金及融资支持。目前亚洲基础设施投资银行（AIIB）在东北亚各国的竞争与合作的角逐中成立了，未来东北亚开发银行（NEADB）的建立，将推动东北亚基础设施投资建设。未来金融合作是东北亚区域合作的重要内容，也是东北亚经济共同体和一体化的重要推动力量，中韩二国应该加强对东北亚合作开发银行的联合研究和论证，加快银行组建步伐，未来可以与亚洲开发银行、亚洲基础设施投资银行等金融机构加强协调，以此提升东北亚国家合作水平，促进东北亚区域合作全面发展。当前东北亚地区局势错综复杂，各国国家战略应该加强协作，加强本区域内的基础设施建设、跨境旅游、能源和人文合作，加快中日韩自贸协定谈判等。

随着两国资金需求增加及未来对东北亚区域合作的预判，可以预见未来东北亚区域合作将需要更多的金融支持，凭着中韩两国强大的优势地位，中韩两国可以共同发起建立“东北亚开发银行”倡议，与此同时联合东北亚有关国家成立专门服务于东北亚跨境经济合作的金融机构——东北亚合作国家开发银行。此举可以缓解在东北亚区域合作过程中各国对资金的需求，可以简化程序，减少对区域外银行的严重依赖。东北亚合作开发银行可以为东北亚成员国经济发展筹集和提供资金帮助，对拟定和执行发展的项目与规划提供技术援助，帮助东北亚区域各国协调经济发展政策，以更好地利用自己的资源在经济上取长补短，并促进其对外贸易的发展。

（三）加深中韩两国产业链衔接

中国和韩国都是东北亚生产产业中重要的一环，两国应加深产业衔接，促进东北亚区域合作的发展。2018 年机电产品、化工产品和光学医疗设备是韩国对中国出口的主要产品，出口额分别为 880.4 亿美元、223.3 亿美元和 136.2 亿美元，增长 19.2%、14.1% 和下降 6.3%，合计占韩国对中国出口总额的 76.5%。韩国自中国进口排名前三位的商品为机电产品、金属及制品和化工产品，2018 年进口额为 504.1 亿美元、121.7 亿美元和 114.6 亿美元，机电产品增长 10.3%，金属及制品下降 6.1%，化工产品增长26.4%，占韩国自中国进口总额的47.4%、11.4%和10.8%。在纺织品及原料、家具这类劳动密集型产品上，中国产品继续保持优势，在这些产品上，中国的主要竞争对手是越南、印尼、日本等国家。韩国一般处于产业链上游阶段，中国处于下游阶段。韩国在机电产品、化工产品、光学医疗设备、石油化工、汽车产业、造船、半导体产业、电器、通讯、电子产业、农业管理、资源利用技术、农业产品的深加工等市场上拥有先进的技术，而中国则可以通过生产电子产品、机电产品、金属及制品、化工产品、纺织品、原料、家具、汽车零部件、农产品等，利用韩国技术优势，实现中国及韩国的产业链的无缝衔接。两国处于产业链不同阶段，可以通过东北亚区域合作使中国、韩国通过区域合作实现互利共赢。

8.1.2 中国与日本区域合作展望

2018 年日本货物进出口额为 14865.7 亿美元，比 2017 年增长 8.5%。其中，出口 7382.0 亿美元，增长 5.7%。进口 7483.7 亿美元，增长 11.3%。贸易逆差 101.7 亿美元，下降 138.8%。2018 年中国、美国和韩国是日本前三大出口贸易伙伴，出口额分别为 1439.9 亿美元、1400.6 亿美元和 525.1 亿美元，其中对中国和美国出口增长 8.4%和 3.9%，对韩国出口下降 1.5%，占日本出口总额的 19.5%、19.0%和 7.1%。机电产品、运输设备和化工产品是日本的主要出口商品，2018 年出口额为 2574.0 亿美元、1726.8 亿美元和 611.1 亿美元，增长 5.5%、5.2%和 13.4%，占日本出口总额的 34.9%、23.4%和 8.3%。矿产品、机电产品和化工产品是日本的前三大类进口商品，2018 年进口额为 1985.6 亿美元、1739.1 亿美元和 667.8 亿美元，增长 21.4%、6.7%和 14.2%，占日本进口总额的 26.5%、23.2%和 8.9%。未来中日合作可以采用梯度渐近式发展，由垂直分式向水平分工转变，加深向动漫产业、通讯产业、信息产业的深度合作。

（一）自由贸易协定采用“先双边后多边”梯度渐近式发展

中日合作展望可以采取“先双边后多边”梯度渐近式发展，即中韩到中日韩，中俄到中俄蒙，中俄到中俄朝，东联日本海经济圈，西联环黄渤海经济圈，北联中俄蒙边境大陆经济协作区，形成具有从双边到多边具有联动效应的东北亚区域经济合作。

“先双边后多边”梯度渐近式发展符合目前的现实格局情况，目前中日针对钓鱼岛问题纷争不断，由于政治问题导致经济遇冷，不利于两国经济的发展。当前局势适合 2015 年中韩自贸协定（FTA）生效后建立中日韩自由贸易区。中日韩作为东亚地区三个大国，GDP 总量已达到 16 万亿美元，占全球 GDP 的 20%，占东亚 GDP 的 90%，已超过欧盟，但三国之间的贸易量只占三国对外贸易总量的不足 20%。建立中日韩自贸区将逐步实现货物、人员和资本的自由来往，促进各国产业调整和经济发展。中日韩自贸区谈判自 2012 年 11 月启动以来，已进行 7 轮。2019 年 3 月国务院总理李克强在第十三届全国人大第二次会议上表示，推动中日韩自贸区建设对三方都有好处。

未来建立中日韩自贸区有助于充分发挥中日韩的产业互补性，挖掘提升三国贸易水平的潜力，促进区域价值链进一步融合。中日韩三国自由贸易区带有明显的经济互补性，且经济发展水平有一定的梯次结构。很明显韩国作为新兴工业化国家的代表，在电子产品、汽车、生产技术具有明显的优势。而中国作为工业化国家转型的代表，劳动力资源丰富、自然资源丰富、巨大的消费市场、装备制造业的不断兴起都是中国具有的优势。而日本，则属于发达的工业化国家，产业结构层次高于中国，在资金、汽车、生物工程、医药、高科技产品、动漫产品等方面具有优势。从此可见三国经济发展水平呈现的阶梯式发展，且经济上的互补性可以保证中日韩三国自由贸易区建立的可行性。三国应放下政治因素干扰，从各自的经济利益角度出发，在物流、金融、货运、贸易、劳务等方面先期展开合作，再接着推广到更多的领域，最终实现东北亚区域合作的整体融合。

（二）中日经贸合作由垂直分工向水平分工转变

中国及日本是亚洲重要经济体，2018 年两国间贸易额 3174.4 亿美元，双边直接投资超过 115 亿美元，人员往来约 1100 万人次。中日产业优势的不同是建立自由贸易区基础条件。发达的日本在资本和技术密集型产业上竞争优势明显，而中国的竞争优势仍主要集中于劳动密集型产品上。中日合作经贸往来最初是垂直分工体系，中国出口以纺织品、原料、食品、机电产品等为主，日本出口到中国商品主要包括化工设备、汽车、家电、钢材等高技术产品为主，所以最初中日双边贸易以垂直分工为主。但随着中国经济迅猛增长，世界经济一体化的发展，中国在科学技术等方面有了长足的发展，例如日本对中国出口的汽车、音像、电器产品，中国对日本出口包括机电产品、光学、医疗设备及钟表等产品。日本是传统工业强国、世界第二对外投资大国，中国的开放将为日本带来更多更好的机遇，中日双方共建东北亚区域合作将为开拓第三方市场提供广阔的发展空间，有利于中日两国的共同发展。目前中国营商环境正日益改善，政府放管服改革深入推进，减税降费力度不断加大，2018 年营商环境世界排名大幅上升了 32 位。中国在增长动能方面，以技术创新为代表的新动力正在形成。在全球创新指数排行榜上的排名连续上升，从 2016 年的第 25 位跃居 2018 年的第 17 位，未来可以预见中日创新合作属强强联合。随着中国经济水平的提高及生产技术的改善，中日经贸往来正由垂直分工转向水平分工。

（三）中日加深信息产业、动漫产业、通讯产业等领域的合作

中日是一衣带水的邻居，在发展合作发展方面具有天然优势。日本是世界软件及信息产业大国，而中国拥有丰富具有软件知识的人才，且劳动力成本较低，每年都有大批的软件工作者申请到日本工作，可见日本对软件人才的需求是相当巨大的，未来中日信息产业合作将步入新的篇章。2019 年中日在信息服务产业，服务外包等相关领域进行深入合作。目前中国的软件产业发展迅速，2017 年全产业收入完成 5.5 万亿元占整个的电子信息产业的比重接近 1/3，产业增速也高于同期的 GDP 的增长速度，已经成为了中国国民经济各行业中增长最快的行业。软件产业的从业人员超过了 600 万人，平均工资超过了金融行业的薪酬水平。目前中日两国之间软件产业交流日趋活跃，市场开拓前景非常广阔，企业间的互动交流非常频繁。据商务部统计，日本已经成为中国离岸外包业务的主要外包地，所占的份额超过 10%。中日两国政府都高度重视软件服务外包技术发展，制定了一系列的政策措施，从税收、财政、人才、知识产权等方面推动了产业的快速发展。未来中日两国网络、技术都有长足的发展，数据、应用、各种物联网都不再是单独的个体，变成了共享的时代，中日两国合作潜力巨大。

日本的动漫产业在世界上较为著名，中国目前也正在发展动漫产业，且动漫产业的从业者的人数也在不断上升，且深受中国年轻人的喜欢，每年创造了不少 GDP。作为动漫界先驱代表日本，可以与中国进行深层次合

作与研究开发，共同带动中日两国经济增长及就业水平提高。中国国产动画作品《哪吒之魔童降世》截至 2019 年 9 月 4 日累计票房 47.48474 亿元，开创中国动画史上的先河，成为全球单一市场票房最高的动画电影。但目前国产动画依然没有成熟的产业体系，动漫产业体系不健全，衍生品没有商标、没有品牌，产业链没有延伸，制约了中国动漫产业的快速发展。未来中日两国动漫产业合作潜力巨大，“二次元”逐渐与“主流”融为一体。中国动漫产业的交融能力也正在增强，相对于日本动漫产业，中国对动漫产业的政策扶持力度正在加强，并且以构建产业链为主导的意识也在明晰化。动漫能通过丰富的形式表达作者的情感，中日两国文化相近，两国互为近邻，两国人民可以通过动漫作品获得情感上的共鸣，增进两国人民理解。未来如何通过中日动漫领域合作，共同促进动漫产业的深入合作与发展，中日两国可以以动漫为桥梁，互学互鉴，深化合作与交流，共同促进东北亚区域的融合与发展。未来新媒体与动漫的结合将会把文化、创意和科技更多融入这一领域，带动整个行业的升级发展，共同开发出更多创新模式，更好地为中日动漫产业赋能。

2019 年 4 月中日两国政府在北京举行中日经济高层对话，中日围绕 5G 新一代通讯标准的使用探讨进一步合作。双方就融合中国擅长的 5G 技术与日本擅长的汽车自动驾驶技术的共同开发、远程医疗技术合作等领域展开讨论。中国拥有 5G 技术最先进的华为公司，世界知识产权组织（WIPO）公布 2018 年通过该组织提交的全部国际专利报告，报告显示，在全球众多著名公司提交的专利数排名中，中国的华为公司 2018 年全年共申请了 5405 件专利，排名全球首位，比排名第二的日本三菱电机株式会社（2812 件）和第三的美国英特尔公司（2499 件）申请的专利总数还多。根据欧洲电信标准化协会发布的全球 5G 核心必要专利数排名中，华为更以 1970 件的专利数排名第一。此外，前段时间德国专利数据公司 IPlytics 发布的一份 5G 专利报告中显示，全球为 5G 标准做出技术贡献最大的公司排名中，华为全球第一。2018 年华为公司整个收入达到了 7200 多亿元人民币，但是研发投入超过了 1000 亿元人民币。2018 年全世界所有的公司中华为公司的研发投入排在第五名，超越了英特尔和苹果，前四名是三星、谷歌、微软和德国大众。未来中日两国在 5G 产业的融合发展必将促进东北亚区域合作的更快前行。

8.1.3 中国与俄罗斯区域合作展望

2018年中俄贸易额已经超过1000亿美元，在中俄两国高层频繁互访、全方位合作加强的背景下，中俄经贸关系继续升温，中俄经贸合作发展势头良好。2018年我国对俄罗斯进出口7075.5亿元人民币，同比增长24%，占同期我国进出口总值的2.3%。以美元计价，2018年中俄双边贸易额达到1070.6亿美元，首次超过1000亿美元，创历史新高，增幅达到27.1%。

（一）推进中俄能源、矿产资源、军工等领域合作

俄罗斯拥有十分丰富的能源及矿产资源，在军工领域技术比较先进，这些都是中国希望通过东北亚区域合作，中俄能深入进行合作的领域。俄罗斯的天然气国际贸易量全球第一，石油和石油产品出口居世界第二位，军工方面基础科研实力雄厚，且材料技术世界领先。2013年俄罗斯天然气探明储量31.3万亿立方米，占全球探明储量的16.8%，天然气开采量达6048亿立方米，出口量1913亿立方米。2014年上半年，俄罗斯的武器和军工产品销售额达56亿美元，全部武器出口订单额增至500亿美元。随着乌克兰危机爆发，俄罗斯受西方国家对其能源、经济制裁的影响，以及中国对于美国TPP排除中国也略有不满，导致俄罗斯与其东部邻国越走越近，尤其是中国，在新的历史机遇期，中俄两国在多领域开始合作。2014年5月，中俄签署价值高达4000亿美元的30年天然气长期供销协议，与此同时中俄关于最新型多功能歼击机苏-35供应的合同也将在2014年签订完成，揭示着未来中俄能源和高科技领域合作的新篇章。中国市场比较庞大，而俄罗斯资源比较丰富，中俄两国可以实现经济互补，实现双赢的合作局面，共同改变未来世界的能源格局。

当前中俄两国处于历史最好时期，中俄年均贸易额不断增加，2018年超过1000亿美元。从2016年底到2017年，俄罗斯分三批向中国交付24架苏-35战斗机。另外，向中国提供飞机发动机，仍是俄军工一项重要的出口项目。2018年，美国全力阻止土耳其、印度等国采购俄罗斯的S400防空导弹，并没有取得什么效果。当年，俄罗斯向中国交付了S400防空导弹。近年来，俄军工武器的生产及出口增长很快，2018年，俄罗斯武器出口排世界第三。俄罗斯的高科技领域比较发达，尤其在航天技术、石油化

工、精密仪器等方面，双方在以上领域可以取长补短，共同进步。可见中俄区域合作势不可挡，必将助推东北亚区域合作的进一步发展。

（二）推进口岸基础设施、便捷通关手续建设

中俄应推进口岸基础设施建设合作发展，黑龙江的黑河口岸贸易往来主要进行对俄蔬菜、水果贸易。绥芬河口岸贸易往来主要进行对俄轻工业、木材贸易。吉林延吉口岸贸易往来主要进行对朝鲜的贸易。辽宁的大连港口岸建设主要是进出口贸易。中俄重点推进口岸基础设施建设，扩大中俄两国对外联系与沟通。随着中俄两国经贸合作的发展，两国口岸之间的沟通和联系日益紧密，经贸往来对口岸通关高效、快捷提出更高的要求。与此同时中俄应采取便捷的通关手续，简化手续，实行铁路口岸 24 小时通关，尽快实行“三个一”通关模式，即“一次申报、一次查验、一次放行”，使中俄实现互动式发展，联手打造中俄运输大通道，随着绥满沿边开放带上升为国家战略，海参崴 - 绥芬河 - 哈尔滨 - 满洲里 - 赤塔国际大通道全线贯通，“铁海联运”大连内陆港项目的投入运营，中国参与东北亚的交通物流未来可全线贯通。国际经贸大通道 301 国道和滨绥铁路贯穿全境，形成了纵横交错、四通八达的交通网络，未来减少运输成本，为中日韩俄带来真正的实惠。中俄陆地边境线上共设有 22 个口岸。随着双边贸易的增长，两国不断加大边境口岸建设力度，加强边境口岸特别是重点口岸的基础设施和交通运输设施建设，配置先进的口岸检查检验设备，完善口岸功能，提高口岸通行效率，促进中俄贸易的快速增长，更有利于两国经济的飞速发展。

（三）推进人民币国际化进程，帮助俄罗斯打造自己的支付系统

美国利用 Visa 和万事达金融系统对俄罗斯进行制裁，使俄罗斯认识到必须拥有自己支付系统的重要性，目前中国银联比较受俄罗斯欢迎。中国可以将俄罗斯划入中国银联系统，借鉴中日模式筹建本国支付系统，帮助俄罗斯打造属于自己的支付系统，减少对欧美同类金融模式依赖，降低银行和客户的运营成本，提高俄罗斯经济活动信息的安全性。并且尽量在中俄对外贸易往来中提倡使用人民币进行结算，减少中间的汇率损失。推进人民币国际化进程，提升其在世界市场中的地位，打破美元在世界市场上的垄断地位。

最近几年由于美国对俄罗斯的制裁，俄罗斯几乎清仓式减持其所持有

的美债，2019 年 3 月减持了 8 亿美元美债，目前仅持有 137. 16 亿美元，美元在俄罗斯外汇储备中的份额大幅削减至历史最低水平。2018 年清仓式抛售美债后，俄继续放弃美元资产并置换黄金，仅从 2019 年 4 月，俄罗斯央行正在以 2011 年以来最快的速度在倾销美债并置换黄金，使其庞大的黄金储备达到 2168. 3 吨，俄罗斯此举动主要是为了摆脱对美元的依赖，努力实现资产多元化。2018 年，俄罗斯更是疯狂买入了 274 吨黄金，占到全球央行增持总量的 40%，成为名副其实的全球黄金最大买家。黄金在其外汇储备中的比例已经升至 19%，创 2000 年以来新高。目前俄罗斯此前已将 1000 亿美元的储备转为人民币，日元和欧元。以人民币储备为例，俄罗斯将人民币的份额增至 14. 7%，俄罗斯又迈出了一大步，既绕开美国 SWIFT 系统，俄罗斯银行已加入人民币跨境支付系统（CIPS），这意味着中俄天然气、石油、黄金交易都可以用人民币来作为结算货币，美元被彻底放弃。未来人民币在东北亚区域合作各国支付中有望成为国际货币，支付货币。

8. 1. 4 中国与蒙古区域合作展望

当前国际经济形势复杂多变，自由贸易受到严重挑战，贸易摩擦不断，需要加强东北亚区域合作，抵消各种不利因素的影响，促进经济的快速发展。2018 年，中蒙双边贸易持续扩大，双边贸易额 79. 9 亿美元，同比增长 24. 7%。2019 年 1—4 月，双边贸易额达到了 25. 6 亿美元，同比增长 14. 5%。中国对蒙古国的投资稳步增长，截至 2019 年 4 月，中方对蒙古国各类投资累计达到 48 亿美元，约占蒙古国吸引外资总额的 30%，是蒙古国第二大外资来源国，中国对蒙古国的投资不断增加。

（一）在能源、矿产资源合作中注重对生态环境的保护

由于地缘因素，中蒙合作发展态势较好，目前中蒙在能源、矿产资源上经济互补性强，中国加大同蒙古国的能源及矿产资源开发力度，促进了蒙古国经济发展。2019 年蒙古国出口主要为矿产品、纺织品和畜产品等。进口主要有矿产品、机器设备、食品等。在东北亚合作中，蒙古国主要贸易伙伴为中国、韩国、俄罗斯、日本等，尤其同中国及俄罗斯联系紧密。2017 年，工矿业总产值为 129326 亿图，较上年增长 30. 3%。其中，矿业

总产值为 93860 亿图，增长 32. 8%。制造业总产值为 26258 亿图，增加 31. 4%。蒙古国矿产资源丰富，部分大矿储量在国际上处于领先地位，也是未来东北亚区域合作的重点，可以为东北亚合作其他国家提供丰富充足矿产资源。目前蒙古国已进行开采且出口产品的大中型矿主要有：奥尤陶勒盖铜金矿（OT 矿）、塔温陶勒盖煤矿（TT 矿）、额尔登特铜钼矿、那林苏海特煤矿、巴嘎诺尔煤矿、图木尔廷敖包锌矿、塔木察格油田等。中国在能源及矿产源开发过程中，对当地环境也造成了很严重破坏，在运输过程中不注意保护草原资源，并且把中国淘汰设备应用到蒙古等问题时有发生，在以后的合作过程中应注意保护生态环境。中蒙在进行区域合作过程中，应注重对当地环境保护与修复，针对落后的基础设施，中国通过合作适当参与，帮助蒙古改善落后的电力系统、电网系统、输气输油系统，这样双方才能实现共赢，合作利益才能长久维持下去，不能短视，只看见眼前利益，应富有远见地对生态环境进行保护。

（二）合作领域向基础设施建设等纵深领域延长，平衡投资行业，开发清洁能源

蒙古国 2019 年的煤炭出口目标是 4200 万吨，2017 年蒙古国的 GDP 实现了 5. 1% 的增长，煤炭产量达到 4710 万吨，为历史最高水平，计划勘探范围也从原来国土面积的 9. 6%，拓展到了 20. 9%。目前蒙古国国内电力供应极度匮乏并且基础设施较为落后，有 18. 8% 的电力依赖进口，另有 79. 3% 为火力发电或热电联产，主要靠煤炭进行发电，环境污染比较严重。目前蒙古国三大电网相互独立且设施陈旧，蒙古国仅有 5 分之一的公路为柏油路，至今没有自己的输气、输油管道。目前蒙古国基础设施建设落后情况有所改善，但改善情况还是不乐观。蒙古国生产技术条件落后，电力、交通、通讯、口岸基础设施落后、矿产资源等都有待开发。以上这些都是蒙古国希望改善的地方，中国可以借此契机，深入合作与蒙古国开展基础设施等领域建设，发挥中国基建、电力、交通等专长，帮助蒙古国改善电力、交通、通讯、口岸等设施环境，得到蒙古国人民喜欢与尊重。与此同时进一步深化双方合作力度，可以适当向其他纵深领域延长合作，打造一个双方共赢发展的良好新局面。

蒙古国经济对外援依赖较强，主要援助国和国际组织有日本、美国、德国、俄罗斯、中国及亚行、世行、国际货币基金组织等。1990—2011 年

间，共有中、俄、日、美、韩等 70 多个国家和地区的企业向蒙直接投资，投资累计约 98.3 亿美元。主要投资部门为矿山、轻工、畜产品加工、商业、建筑等。2017 年，世界银行、亚洲开发银行、国际货币基金组织及东北亚国家中的中国、日本、韩国等方共同发起了一个总额为 55 亿美元对蒙古国的长期低息贷款，其目的是发展清洁能源。未来蒙古参与东北亚合作，除了向日益扩大的东北亚市场俄罗斯、中国、日本、韩国等国提供矿产资源外，还可成为清洁电力出口国，与东北亚各个国家实现电网互联互通。未来随着中蒙俄经济走廊建设实施，两国应积极融入东北亚区域合作，发挥两国才智，拓展合作，为促进中蒙两国及东北亚地区经济繁荣与发展作出更大贡献。

（三）适时调整投资结构，合力发展旅游事业

蒙古国矿产资源丰富，但产业结构单一。煤炭贡献了 1/4 的 GDP 和 80% 的出口，但蒙古国的煤炭产业并不是劳动密集型行业，其就业人口仅占全国劳动力的 4%，贫富差距较大。2017 年，蒙古国的 GDP 实现了 5.1% 增长，煤炭产量达到 4710 万吨，为历史最高水平，计划勘探范围也从原来国土面积的 9.6%，拓展到了 20.9%。蒙古国地广人稀，是世界上人口密度最低的国家之一，有 60% 的人口居住在首都乌兰巴托，剩下的 40% 多为游牧民族，耕地较少，大部分国土被草原覆盖。北部和西部多山脉，南部为戈壁沙漠。农业从业人口 6 万余人，产值约占农牧业总产值的四分之一。2017 年，蒙种植谷物总产量 23.81 万吨，较上年下降 50.7%。土豆 12.18 万吨，较上年下降 26.3%。蔬菜 8.21 万吨，较上年下降 13.1%。饲料作物 100.81 万吨，较上年下降 21%。所以未来蒙古参与东北亚合作，除了矿产资源外，中蒙还可以适时调整投资结构，例如，农牧产品领域的投资，电子信息领域的投资，金融保险领域的投资等。这些投资领域目前在蒙古国市场上还比较薄弱，急需资金的投入共同参与建设。当然在投资过程中也应注重风险的防范与化解。在中蒙合作过程中也应重视当地文化、民俗等方面，加强与蒙古国人民的沟通与交流，增强相互理解与尊重两国风俗习惯，合力发展旅游产业。蒙古国国内市场较小，消费能力有限，但中国消费市场较大，且消费潜力巨大。中蒙旅游业的发展，可以促进蒙古经济发展，旅游业发展又可以保护环境，对生态环境无破坏，相信能得到蒙古国人民的大力欢迎。中蒙在未来应减少跨境旅游的手

续，促进中蒙两国经济发展，必将助推东北亚区域合作进一步发展。

8.1.5　中国与朝鲜合作展望

朝鲜的稳定与发展一直是东北亚合作成功的一个重要因素，在当今经济世界经济一体化的背景下，朝鲜要发展经济就必须参与到国际经济合作中来。萨德危机和朝核危机使得朝鲜经济环境十分紧张，朝鲜一直是东北亚区域合作的不稳定因素。2011—2016 年，朝鲜经济均成正增长态势，2016 年经济增长 3.9%，创 17 年以来新高。2016 年朝鲜的进出口贸易额约为 65.5 亿美元，较前一年增长 4.7%，其中出口额达约为 28.2 亿美元，较前一年增长 4.6%，进口额约为 37.3 亿美元，较前一年增长 4.8%。同时，贸易逆差情况依然严峻，2016 年朝鲜贸易逆差为 9.1 亿美元，同比扩大 5.4%。从经济结构层面来看，最新的数据显示，2016 年朝鲜政府支出占经济总量的 22.4%，成为占比最高的部门。其次为农林渔业（占 21.7%）和制造业（20.6%），其中制造业里重工业所占比重约为轻工业的 2 倍。采矿业占比 12.6%，较前一年增长 8.4%，水电气行业占比 5.2%，较前一年增长 22.3%，这也是 2016 年拉动朝鲜经济增长的两个最主要行业。随着东北亚区域合作的快速发展，朝鲜一直是人力资本、技术资本和资金的洼地，朝鲜是新兴的欠发达国家和地区将给东北亚区域合作，尤其是中朝合作带来新的机会和挑战。

（一）推进中朝在发电、水利设施、基础设施和公路的建设

朝鲜与中国的经贸往来存在地缘优势，朝鲜本身的经济较弱，有待发展，2013 年朝鲜国内生产总值（GDP）增长率为 1.1%，但朝鲜人均国民总收入约合人民币 8450 元，仅为韩国的 1/21。2014 年中朝关系处于“冰冻期”，2018 年初受国内经济形势影响，朝鲜主动调整外交政策，与中国实质性接触，朝鲜半岛局势好转。随着朝鲜半岛无核化进程推进，中国“一带一路”、东北亚合作倡议和韩国“新北方政策”持续升温，中国与韩、朝经贸关系将迎来新局面。2019 年 5 月，朝鲜从中国进口商品总额为 2.5829 亿美元，创 2017 年 11 月以来的新高。从产品分类看，从中国进口塑料制品为 2804 万美元，规模最大。未来中国可与朝鲜实行资源换基础设施服务，对于善于搞基建的中国，帮助朝鲜进行基础设施建设比较容易，

可以帮助朝鲜实现经济跨越式发展，引领朝鲜加入东北亚区域合作。

（二）建设新型的互市贸易园区，助推旅游业的发展

2019年朝鲜对中国开放图们江跨江游，恢复图们江至七宝山旅游线路，中朝关系进入新的发展阶段。随着朝鲜半岛无核化进程推进，中国“一带一路”倡议和韩国“新北方政策”持续升温，中国与韩、朝经贸关系将迎来新局面。朝鲜人民生活水平较低，生活用品比较匮乏，可以利用中国丹东与新义州接壤的地理优势，开辟专门的园区，开展包括商品贸易、旅游服务、高科技园区、加工贸易、金融服务等各类交换及服务场所，鼓励在朝鲜政府的担保下，中国对朝鲜各方面的投资及互利活动的开展。充分利用朝鲜人力资源优势、物质材料成本优势及税收优惠等措施，鼓励中国中小企业到朝鲜投资。为了回避风险，可先利用丹东工业园区，或黄金坪，威化岛经济区，也可利用中朝新型互市贸易园区将会积累更多更好经验后，再深入到朝鲜腹地进行投资。目前也可利用朝鲜罗先经济贸易区进行经贸活动，区内油漆涂料、门窗、卫浴、大理石、石灰石等建材供应市场有着庞大需求。与此同时电动自行车等运输工具和电器电子产品也很受欢迎。未来中朝两方在住宅建筑、工业区、商业贸易中心、综合市场等领域进行合作。未来中方企业与朝方会社共同管理和经营市场业务。朝鲜也可以在与中方合作经营的过程中学习到中国在推动市场经济改革方面的第一手经验，并可以以罗先为模版，逐步在全国推动市场化进程，最终改善朝鲜的经济与民生。中国加大园区建设同时，也可大力发展旅游业，尤其经丹东、珲春到朝鲜免各种手续的便捷式过关，鼓励中国公民到朝鲜自由行等旅游业发展。目前图们江跨江游，图们江至七宝山旅游线路深受中国人民的喜欢，中国游客可以“观海景、吃海鲜、洗海澡、泡温泉、赏民俗”，是未来中朝发展的重点。

（三）中朝加强自然资源、农产品、水产品的互利合作

朝鲜经济的发展，离不朝鲜与东北亚区域国家的交流发展和合作，尤其是与中国的深入合作。朝鲜只有积极参与东北亚合作，充分利用国际资源，实现东北亚区域各国优势互补，互利共赢才能实现朝鲜经济的跨越式发展。中国急需的金、铁、煤炭、石墨等自然资源较为短缺，但朝鲜自然资源却较为丰富。中国农业产品产量较高，朝鲜较少，双方经济互补性很强。在农产品种植方面，中国可将木耳菌棒通过吉林临江口岸出口到朝鲜

中江郡木耳种植基地等。最近，由于中国与美国贸易摩擦不断，可以利用朝鲜的土地和低价劳动力在朝鲜种植蔬菜、大豆及水果等。中朝鲜也可合作农产品加工，中国可以在朝鲜投资建设食品加工厂，对当地的农产品进行加工，满足两国人民对农产品的需求。中国也可以利用朝鲜丰富的森林资源，投资进行木材加工，以满足中国国内装修业市场对木材的需求。中朝深入开展农业技术发展合作，可以在农作物良种培育、农业高新技术交流方面增进合作，将中国的水稻等粮食作物的种植技术、菌类和蔬菜种植技术等输入到朝鲜，切实帮助朝鲜解决国内所急需的粮食蔬菜问题。

中国海域污染较为严重，但朝鲜海域海水无污染。以上这些领域都可以实现中朝两国的互利合作，用农产品换取自然资源，与朝鲜合作开发近海养殖业，合作开发利用海上资源，合作进行海上科技基础研究。朝鲜鱼类主要有比目鱼、明太鱼、太平洋鲑鱼、鲽鱼、小热带鲫鱼为主，未来中朝可以在多个领域进行合作。也可利用中国闲置的设备，投资于朝鲜，促进双方互惠合作的发展。未来，在东北亚区域合作中，中国可以在朝鲜投资建设核电站实现双赢。对朝鲜来说，有了核电站，电力短缺的问题可以得到缓解，同时工厂有了足够供给生产的电力，可以使制造业得以恢复发展，人民生活也能得到改善。对中国来说，中国民用核电的建设世界排名第一，可以输出中国的核电技术。中朝的合作发展必将助推东北亚区域合作的快速发展。展望朝鲜半岛和东北亚地区发展前景，中国与朝鲜半岛经济关系必将得到深入稳定发展，中朝友谊地久天长。

（四）“一带一路”背景下推进中朝金融领域的合作

2019 年 5 月，朝鲜从中国进口商品总额为 2.5829 亿美元，创 2017 年 11 月以来的新高。2019 年朝鲜对华出口规模环比（2226 万美元）大幅减少，仅仅 1601 万美元，5 月朝鲜对华贸易逆差 2.4228 亿美元。目前随着中朝双边经贸关系迅速发展，对人民币跨境流动的需求不断的增大，但中朝双方金融合作滞后于经贸合作，制约了经济资源在两国间的流动和有效配置。目前中朝贸易的不断发展为中朝金融合作提供了良好的物质基础，两国贸易主要是人民币现钞结算，未来中朝两国在金融领域合作，尤其是人民币对朝跨境流动将会推动中朝金融合作的步伐大步向前发展。

在“一带一路”框架下，未来可以借鉴中日模式筹建朝鲜支付系统，帮助朝鲜打造属于自己的支付系统，降低银行和客户的运营成本，有利于东北亚区域中朝经贸的快速发展。中朝对外贸易往来中提倡使用人民币进行结算，减少中间的汇率损失。推进人民币国际化进程，提升其在世界市场中的地位，打破美元在世界市场上的垄断地位。中朝可以绕开美国SWIFT系统，鼓励朝鲜加入人民币跨境支付系统（CIPS），这意味着中朝贸易用与现在体系一样，人民币来作为结算货币。未来金融改革方面，中国大力支持发展朝鲜的金融领域，包括强化金融监管、加强对银行的改革、加快保险市场发展、加快证券市场建设、促进内外债发展、加快农业金融领域开放。未来在东北亚区域合作中，中国可以鼓励朝鲜搭便车，实现东北亚区域合作共赢发展。

8.2 东北亚区域合作的战略选择

东北亚区域内中国、日本、韩国、俄罗斯、蒙古国、朝鲜，各国都拥有比较优势，更为关键的是六国经济互补性很强，更易于实现东北亚区域合作。通过与东北亚各国合作的展望，可以预见未来中国可以选择采取适当的战略来提升自己在东北亚区域六国中的地位，争取能够成为东北亚区域合作的“领头羊”，有鉴于此目前可以采取以下战略选择。

8.2.1 发挥在东北亚区域合作“领头羊”作用，从“零和博弈”到“非零和博弈”观念的转变，营造良好国际政治环境

（一）中国应发挥在东北亚区域合作中的“领头羊”作用

目前东北亚面临复杂的国际政治环境，例如中国与日本之间的钓鱼岛之争，朝鲜半岛的核问题，韩国与日本针对的独岛（竹岛）问题互不相让，俄罗斯与日本之间也因南千岛群岛问题一直争端不断。东北亚六国多方形成比较混乱多方争斗局面。东北亚区域合作应充分发挥中国“领头羊”作用，营造良好的国际政治环境，在和平的号角下，团结东北亚区域内各国，大力倡导通过对话解决东北亚各国的政治分歧。对于中日，朝韩、日韩等国的政治分歧，争取利用大国的影响力倡导政经分离，先民间

再官方合作的思路，为东北亚区域合作创造良好的政治环境，为经济合作打下坚实的合作基础。

（二）从“零和博弈”到“非零和博弈”观念的转变，营造良好的国际政治环境

东北亚区域合作中各国会遇到各种博弈情况，不利于营造良好的国际政治环境。未来的战略选择应是从以前的“零和博弈”到“非零和博弈”观念的转变，营造良好的国际政治环境。东北亚各国应意识到“零和博弈”只有一种收益总量，但是竞争双方为了获胜而付出的成本却相去甚远。“非零和博弈”不是排他性竞争，即一方所得并非另一方所失。因此中国在与俄罗斯、韩国、日本、蒙古国、朝鲜合作的过程，应注重合作双方或多方都能实现“非零和博弈”，即实现各个国家都从中获益的情况出现。比如中韩、中蒙、中朝等国合作。即使面对朝鲜、蒙古这样的弱小国家，也要有大国姿态，避免出现“零和博弈”。例如在中蒙合作中要考虑对当地资源环境的保护，这样合作才能长远及持久，只有这样东北亚各国才能互利互惠地实现东北亚区域合作。

8.2.2　东北亚地区建立跨国经济联合体，力促中日韩，中俄朝自由贸易区建立

（一）建立东北亚跨国区域经济联合体

东北亚区域经济可先由跨国区域经济合作区开始，例如借助东北亚各国的经济区，边民互市贸易区等组成经济联合体，例如利用图们江区域、长吉图区域、满洲里——后贝加尔斯克边民互市贸易区、绥芬河——波格拉尼奇内边民互市贸易区、策克口岸、甘其毛都口岸、黄金坪、威化岛等经济区，尽快组成可以形成跨国经济联合体的组织形式。可以利用中朝俄边界地区的珲春经济区，利用中俄蒙交界地区满洲里经济区等合作带动整个东北亚跨国区域合作快速发展。在进行跨国经济合作区的基础上，考虑到相关配套基础设施建设工作，利用高端访问、学术交流、商品展会等多种形式，开展跨国经济区的合作。利用官产学研金的优势，使企业、政府、科研部门、金融机构、大学等部门参与进来群策群力，首先建立研究合作机构，东北亚各国都可以派代表参与机构建设，共同推进东北亚区域

的合作。

（二）先双边再多边的动态式发展，促进中日韩，中俄朝自由贸易区的建立

东北亚区域合作可以采取“先双边后多边”梯度渐近式发展，即中韩到中日韩，中俄到中俄朝，中俄到中俄蒙，东联日本海经济圈，西联环黄渤海经济圈，北联中俄蒙边境大陆经济协作区，形成具有从双边到多边具有联动效应的东北亚区域合作。在目前中日韩自由贸易区建立有一定难度的前提下，优先发展中韩、中俄、中朝的双边关系，条件成熟后发展中韩俄蒙朝的双边关系。但由于经济总量上来说东北亚区域合作中日韩自由贸易区的建立最为关键，因此中日韩应尽快建立自由贸易区仍为最优选择。

8.2.3 倡导共建东北亚区域合作总部，提升中国的话语权

（一）搭建东北亚金融合作平台，推进人民币国际化进程

中国应在东北亚区域合作中增加声望，建立由六国发起并设立的东北亚合作开发银行，解决成员国区域合作过程中金融领域中存在的问题。中国可以在出资额上适当增加比重，以便拥有更多的话语权。中国东北亚开发银行中应着力推进人民币国际化程，在东北亚区域合作中适时推动采用人民币进行结算及支付。2014 年 10 月，英国财政大臣奥斯本宣布英国将发行 20 亿元人民币计价的主权债券并将债券收入作为英国政府外汇储备，毫无疑问人民币国际化进程正在加速。人民币国际化进程，可以率先打造一个金融合作的新平台，首先进行机构合作，即东北亚六国中央银行的合作，共同建立一个规则。其次，东北亚各国的商业银行与非银行金融机构进行交流与合作。从商业银行合作开始，慢慢加入非银行金融机构合作。并适时推进金融机构监管及救助机制，可以考虑由中国发起建立六国参与的独立的监管机构及储备基金系统。以便对成员国提供信息分析，机构预测等相关资料，并在成员国发生危机进对其提供基金救助服务。适时帮助俄罗斯、朝鲜建立自己的支付体系，扩大人民币的影响范围。

（二）加强与东北亚各国能源、物流、科技、人才交流合作

东北亚各国的能源项目合作是东北亚各国合作的重中之重，通过能源合作，东北亚各国加深了相互的了解，了解不同国家的风土人情、民族习

俗、做事原则，为以后的东北亚区域合作打下坚实基础。目前中俄能源合作的良好开始就是合作成功的典范。由于俄罗斯受乌克兰事件的影响，美欧对俄罗斯进行了经济制裁，其中包括能源、金融和国防等核心经济领域。为遏制西方国家的制裁，俄罗斯寻求中国的帮助，中俄两国正处于“蜜月期”，天然气合同谈判十年未见成果，一朝博弈，合同签署成功，合同规定 2018 年起，俄罗斯每年向中国输气量逐年增长，最终达到每年 380 亿立方米，累计 30 年，合同总体金额为 4000 亿美元。中俄东线天然气管道工程中方境内长 3371 公里，始于中俄边境城市黑河，终点在上海。工程 2015 年 6 月动工，预计在 2024 年全线实现通气。随着美国总统特朗普实行“霸权主义”，美国优先的一系列政策后，2019 年俄罗斯希望与中国一起抱团取暖，主动伸出橄榄枝让中国企业参与到北极的天然气和石油开发，增加了对北极的探测和军事存在力度，目前探索开发北极圈最大的天然气项目，LNG1 和 LN2 项目总计投资达到 300 多亿美元，其中 150 多亿美元由俄罗斯两大能源公司 Ekropromstroy 和俄罗斯诺瓦泰克公司自行筹集完成，中海油和中石油两家公司也各占 LNG1 和 LN2 两大石油公司 10% 的股份。在军工方面、能源等方面，中国与俄罗斯保持战略伙伴关系，2019 年中国和俄罗斯签署联合研发 AHL 重型直升机合同，计划生产 200 架 AHL 重型直升机。AHL 重型直升机将由俄罗斯直升机控股公司与中航直升机公司联合研制，预计将弥补中国在重型直升机领域的短板。2018 年 5 月，俄罗斯向中国交付了一个团的 S－400 防空导弹系统。第二批 S－400 防空导弹于 2019 年交付中国，为两国 2014 年秋签署的 S－400 供应协议划上句号。未来也可以帮助俄罗斯建设自己的支付体系，目前中俄金融合作进展顺利但不够快，未来电子支付、数字化支付是重要领域，还可以发展得更快。根据中国央行和俄罗斯中央银行之间的本地互换协议，可以把人民币和卢布传导到商业银行和企业，在支付上得到本地流动性的支持。这方面合作进展还不够快，还有更快可能性。东北亚区域合作需要中俄金融领域更好的合作，东北亚区域内国家居民储蓄率都普遍较高，为各国金融合作打下坚实的基础。应对欧盟及美日对俄罗斯的制裁，俄罗斯与中国的一系列行动，旨在消除制裁对其经济影响，中国对俄罗斯援助可以防范美日，寻求发展经济良机。

在进行能源合作同时还可以进行物流等领域项目合作，通过项目合作更易于带动东北亚区域合作。也可以通过以点带面战略，在具有地缘优势的区域开展合作，最终带动东北亚区域合作，例如可以尝试着开通“海参崴—绥芬河—哈尔滨—满洲里—赤塔国际大通道建设”，使国际货物运输绕开马六甲海峡，节省时间及运输成本等，专门建设东北亚运输铁路。

除了能源及交通物流外，东北亚区域合作科技及人才交流与合作也是必不可少的。东北亚区域合作未来应走科技创新引领经济步伐，依靠新信息、新技术、新能源、新发明大力发展东北亚六国合作经济的道路，创新发展模式，形成六国新经济增长点具有重要的战略意义。与此同时，在东北亚六国中集聚高端人才，例如俄罗斯的航空领域人才、工业领域的人才，韩国的汽车制造人才、中国轻工业领域的人才等共同为东北亚六国的共同繁荣及发展服务。

第 9 章

东北亚区域合作与东北老工业基地的互动发展

东北亚地区是全球最具活力和发展潜力的区域之一，东北亚区域中的中国、俄罗斯、朝鲜、韩国、蒙古国、日本六国一直相互成为重要的贸易伙伴。东北地区位于东北亚中心地带，主要包括辽宁、吉林、黑龙江三个省份。东北地区与俄罗斯远东地区相邻、西面与蒙古相邻、东南部与朝鲜半岛接壤，同时又与日本隔海相望。目前国家正在进行东北老工业基地建设，依托国家的政策，形成了以大连、沈阳、哈尔滨、长春为轴线的东北老工业基地，辐射齐齐哈尔、大庆、吉林、鞍山、本溪等工业城市。辽宁主要以钢铁和机械重工业为支柱，吉林则是以汽车和新兴的生物医药为主，而黑龙江则是以石油和煤炭工业为主。目前东北三省的快速发展与东北亚区域合作正好形成互动发展的新格局。

9.1　东北亚各国进出口额对东北经济影响的互动实证分析

9.1.1　东北亚各国进出口额对辽宁经济影响的实证分析

（一）分析方法及数据处理

1. 分析方法

本节利用时间序列分析，采用辽宁与东北亚各国进出口总额对辽宁经济影响实证检验。本节采用的计量方法主要有：ADF 检验、协整（cointegration）分析、误差修正对数据进行分析。东北亚各国进出口主要包括俄罗斯、朝鲜、日本、韩国进出口总额对辽宁经济影响的实证分析，辽宁由于地理上与蒙古国不相邻，因此统计年鉴上没有辽宁与蒙古国间的贸易数据，从蒙古国对辽宁经济影响角度考量，现实中确实可以不予考虑。

本节运用计量经济学软件 Eviews 9.0 软件，通过实证分析东北亚各国进出口总额对辽宁经济影响。由于东北亚六国进出口总额数据获取较难，本书采用已有的文献资料并进行适当调整。上述资料来源于《2004—2018 年辽宁统计年鉴》。

表 9－1　2003—2017 年辽宁 GDP 总额及与东北亚国家进出口总额

年份	辽　宁 GDP 总额（亿元）	海关从日本进出口总额（万美元）	海关从韩国进出口总额（万美元）	海关从俄罗斯进出口总额（万美元）	海关从朝鲜进出口总额（万美元）	与东北亚各国进出口总额（万美元）
2003	6002.5	888752	339180	37282	62233	1265214
2004	6736.1	961333	427924	53225	78612	1442482
2005	8123.1	1049993	494036	80494	82306	1624523
2006	9388.9	1088357	563170	100705	63683	1752232
2007	11249.0	1214569	712102	135049	78492	2061720
2008	13745.3	1417512	841408	160312	99569	2419232
2009	15288.7	1214005	592922	1217	—	1808144
2010	18528.6	1533814	707507	160125	—	2401446
2011	22301.5	1721208	865247	216756	—	2803211
2012	24882.6	1558982	901567	245462	—	2706011
2013	27246.2	1563288	944830	241897	—	2750015
2014	28612.3	1487737	956558	243095	—	2687390
2015	28555.6	1265312	872153	301818	—	2439283
2016	21896.2	1273230	801895	325400	—	2400525
2017	23409.2	1453960	999998	412114	—	2866072

资料来源：《2004—2018 年辽宁统计年鉴》整理

2. 数据处理

为了消除物价变动对数据的影响，用居民消费物价指数对辽宁国内生产总值（GDP）、辽宁与东北亚各国进出口总额（DBY）数据进行平减，在平减后，由于数据的自然对数变换不改变原来的关系，并能使其趋势线性化，消除时间序列中存在的异方差现象，所以对平减后的实际辽宁生产总值（GDP）、实际辽宁与东北亚进出口总额（DBY）进行自然对数变换，分别用 LNGDP、LNDBY 表示。按上述方法将 2003—2017 年辽宁 GDP、DBY 做如下处理。

表 9－2　2003—2017 年辽宁 GDP 总额及与东北亚各国进出口总额的平减数及对数值

年份	GDP 平减	东北亚各国进出口总额平减	居民消费价格指数	LNGDP	LNDBY
2003	5902. 163	1257901. 817	101. 7	8. 683074211	14. 04495567
2004	6508. 309	1367715. 815	103. 5	8. 780834975	14. 12865262
2005	8010. 946	1600493. 195	101. 4	8. 988564229	14. 28582239
2006	9277. 569	1709234. 497	101. 2	9. 135354849	14. 35155617
2007	10703. 13	1878998. 655	105. 1	9. 278292423	14. 44624956
2008	13140. 82	2196430. 485	104. 6	9. 483478861	14. 60234409
2009	15288. 7	1811767. 535	100. 0	9. 634869272	14. 40981347
2010	17988. 93	2259206. 367	103. 0	9. 797511961	14. 63052414
2011	21206. 08	2538592. 586	105. 2	9. 962043666	14. 74712039
2012	24204. 86	2575642. 29	102. 8	10. 09430888	14. 76160949
2013	26607. 61	2643269. 216	102. 4	10. 18895281	14. 78752705
2014	28135. 44	2616437. 089	101. 7	10. 24478535	14. 77732406
2015	28161. 34	2393636. 355	101. 4	10. 24570544	14. 68832426
2016	21551. 37	2339328. 175	101. 6	9. 978195035	14. 66537434
2017	23085. 99	2806853. 015	101. 4	10. 04698148	14. 84757449

资料来源：《2004—2018 年辽宁统计年鉴》《2018 年中国统计年鉴》，平减数、对数值为笔者计算。

（二）ADF 检验

为消除样本数据之间随机性，避免产生“伪回归”现象，对数据进行平稳性检验。运用 ADF 检验法对变量 LNGDP、LNDBY 以及它们的差分变量进行单位根检验，LNGDP、LNDBY 数据平稳性检验结果如下。

表 9－3　　LNGDP 与 LNDBY 的平稳性检验

变量	ADF 检验值	5% 显著水平	10% 显著水平	结论
LNGDP	1. 499981	－3. 82897	－3. 36298	非平稳
LNDBY	－2. 225248	－3. 791172	－3. 342253	非平稳
D（LNDBY，2）	－3. 95726	－3. 933364	－3. 42003	平稳
D（LNGDP，2）	－5. 92171	－3. 87530	－3. 38833	平稳

从上表平稳性检验结果可得出，变量 LNGDP、LNDBY 的 ADF 检验值均大于 5% 水平下的临界值，因此接受具有单位根的假设，是非平稳的序列。通过二阶差分后变量 LNGDP、LNDBY 的 ADF 检验值均小于 5% 水平下的临界值，所以拒绝具有单位根的假设，LNGDP、LNDBY 二阶差分序列是平稳序列，从而可以得到变量 LNGDP、LNDBY 都是 I（2）序列，接下来检验变量之间的协整关系。

（三）协整分析

采用 E－G 两步法来进行协整检验。对变量 LNGDP、LNDBY 之间进行普通最小二乘回归，然后对回归方程的残差值进行单位根检验，如果残差不存在单位根，则所得回归方程就是变量之间的协整方程，否则就不是。

表 9－4　　LNGDP 与 LNDBY 的协整检验

Dependent Variable: LNGDP
Method: Least Squares
Date: 09/21/19　Time: 18:17
Sample: 2003 2017
Included observations: 15

Variable	Coefficient	Std. Error	t-Statistic	Prob.
C	-20.16760	2.645672	-7.622863	0.0000
LNDBY	2.049077	0.181870	11.26670	0.0000

R-squared	0.907102	Mean dependent var	9.636197
Adjusted R-squared	0.899956	S.D. dependent var	0.543597
S.E. of regression	0.171938	Akaike info criterion	-0.559797
Sum squared resid	0.384316	Schwarz criterion	-0.465390
Log likelihood	6.198475	Hannan-Quinn criter.	-0.560802
F-statistic	126.9385	Durbin-Watson stat	1.600050
Prob(F-statistic)	0.000000		

LNGDP = －20. 16760 ＋2. 049077 LNDBY

T 值　（－7. 622863）　（11. 26670）

SE 值　（2.645672）　（0.181870）

DW = 1.600050

R^2 = 0.907102　　调整后 R^2 = 0.899956

从协整检验结果来看，方程整体通过检验。回归后的模型具有较高的拟合优度（R^2 = 0.907102），说明 LNGDP 与 LNDBY 存在线性关系。以上模型说明东北亚区域进出口总额每增加 1 个百分点，辽宁经济增长 2.049077 个百分点，可见东北亚区域合作对辽宁经济增长有着重要的推动作用，辽宁应加深与东北亚区域合作的力度，积极参与到东北亚区域合作中来，最终必将促进辽宁经济的快速腾飞，带动东北老工业基地的全面振兴。

下面进一步检验该方程的序列是否存在协整关系，对方程残差序列进行单位根检验，其检验结果见表 9－5：

表 9－5　　残差序列 ADF 统计检验结果

Null Hypothesis: D(RESID) has a unit root
Exogenous: Constant, Linear Trend
Lag Length: 0 (Automatic - based on SIC, maxlag=2)

		t-Statistic	Prob.*
Augmented Dickey-Fuller test statistic		-4.660277	0.0219
Test critical values:	1% level	-5.295384	
	5% level	-4.008157	
	10% level	-3.460791	

*MacKinnon (1996) one-sided p-values.
Warning: Probabilities and critical values calculated for 20 observations
and may not be accurate for a sample size of 10

由于残差（e_t）单位根检验的 T 统计量的绝对值大于 5% 和 10% 的临界值，因此残差（e_t）不存在单位根，属于 I（0）是平稳性时间序列，这说明 LNGDP 和 LNDBY 之间是协整的，进一步验证了东北亚区域合作与辽宁经济增长存在长期均衡稳定关系，辽宁确实应大力关注与东北亚各国的区域合作并积极促成东北亚区域合作的建立，最终实现东北老工业基地的振兴。

（四）ECM 模型

通过协整检验证明了东北亚区域进出口总额与辽宁经济增长存在长期均衡关系，但二者之间的短期波动关系可以通过建立以下误差修正模型来进行验证。

表 9－6　　东北亚区域进出口总额与辽宁经济增长的 ECM

Dependent Variable: ILNGDP
Method: Least Squares
Date: 09/21/19 Time: 18:44
Sample (adjusted): 2004 2017
Included observations: 14 after adjustments

Variable	Coefficient	Std. Error	t-Statistic	Prob.
C	0.071069	0.020606	3.448994	0.0054
ILNDBY	0.612607	0.173260	3.535769	0.0047
E(-1)	-0.586607	0.121291	-4.836365	0.0005

R-squared	0.725632	Mean dependent var	0.097422
Adjusted R-squared	0.675747	S.D. dependent var	0.119685
S.E. of regression	0.068153	Akaike info criterion	-2.346722
Sum squared resid	0.051093	Schwarz criterion	-2.209781
Log likelihood	19.42706	Hannan-Quinn criter.	-2.359399
F-statistic	14.54607	Durbin-Watson stat	1.576686
Prob(F-statistic)	0.000814		

$$ILNGDP = 0.071069 + 0.612607ILNDBY - 0.586607ECM_{t-1}$$

以上误差修正模型的回归系数都通过了显著性检验，误差修正系数为负，符合反向修正机制。误差修正项的系数为－0.586607，此结果表明上一年度的非均衡误差以58%的比率对本年度的辽宁经济增长作反向修正，可以保证东北亚区域进出口总额与辽宁经济增长存在长期均衡关系。

（五）结论

东北亚区域合作进出口额每增加1个百分点，辽宁经济增长2.049077个百分点，这与目前辽宁经济的现实情况相符。上述模型的误差修正项的系数为－0.586607，上一年度的非均衡误差以58%的比率对本年度的辽宁经济增长作反向修正，可以保证东北亚区域合作与辽宁经济增长的长期均衡关系。通过模型分析得出辽宁应积极参与东北亚区域合作，并加深同东北亚其他五国的合作力度，只有这样才能更好地促进辽宁经济的快速腾飞及加速实现东北老工业基地的全面振兴。

9.1.2　东北亚各国进出口额对吉林经济影响的实证分析

（一）分析方法及数据处理

1. 分析方法

本节利用时间序列分析，采用吉林与东北亚各国进出口总额对吉林经济影响实证检验。本节采用的计量方法主要有：建立回归模型对相关数据进行分析。吉林与东北亚各国进出口总额主要包括俄罗斯、日本、韩国对吉林经济影响的实证分析，由于地理位置因素，吉林与蒙古国、朝鲜往来不频繁，因此统计年鉴上没有此数据，从其对吉林经济影响角度考量，可以不予考虑。

本节运用计量经济学软件 Eviews 9.0 软件，通过实证分析东北亚各国进出口总额对吉林经济影响。由于东北亚各国进出口总额数据获取较难，目前可以采用已有的文献资料并进行适当的调整。上述资料来源于《2004—2018 年吉林统计年鉴》。

表 9－7　2003—2017 年吉林 GDP 总额及其与东北亚国家进出口总额

年份	吉林 GDP（亿元）	海关从日本进出口总额（万美元）	海关从韩国进出口总额（万美元）	海关从俄罗斯进出口总额（万美元）	海关从东北亚国家进出口总额（万美元）
2003	2662.08	—	—	—	
2004	3122.01	—	—	—	
2005	3620.27	—	—	—	
2006	4275.12	136548	56650	43925	237123
2007	5284.69	147861	71453	80190	299504
2008	6426.1	218175	67368	75550	361093
2009	7278.75	238993	55209	47417	341619
2010	8667.58	289118	63662	62402	415182
2011	10568.83	312615	68803	70564	451982
2012	11939.24	281813	60893	82212	424918

续表

年份	吉林 GDP（亿元）	海关从日本进出口总额（万美元）	海关从韩国进出口总额（万美元）	海关从俄罗斯进出口总额（万美元）	海关从东北亚国家进出口总额（万美元）
2013	13046.4	300245	66425	70035	436705
2014	13803.14	304699	71948	57745	434392
2015	14063.13	168829	68253	52090	289172
2016	14776.8	173474	71138	43510	288122
2017	14944.53	1203172	545368	381121	2129661

注：2003—2005 年吉林统计年鉴没有进出口数值；资料来源：《2004—2018 年吉林统计年鉴》整理

2. 数据处理

为了消除物价变动对数据的影响，用商品零售价格指数对吉林国内生产总值（GDP）、吉林与东北亚各个国家进出口总额数据进行平减，吉林与日本进出口额（JB），吉林与韩国进出口额（HG），吉林与俄罗斯进出口额（EG），平减后由于数据的自然对数变换不改变原来的关系，并能使其趋势线性化，消除时间序列中存在的异方差现象，所以对平减后的实际吉林生产总值（GDP）、实际吉林与日本进出口总额（JB），实际吉林与韩国进出口总额（HG），实际吉林与俄罗斯进出口总额（EG）进行自然对数变换，分别用 LNGDP、LNJB、LNHG、LNEG 表示。由于 2003 年到 2005 年吉林统计年鉴上没有与日本、韩国、俄罗斯的进出口总额，因此计量从 2006—2017 年的吉林 GDP、JB、HG、EG 做如下整理。

表 9－8　2006—2017 年吉林 GDP 总额及其与东北亚各国进出口总额平减值

年份	商品零售价格指数	GDP 平减	JB 平减	HG 平减	EG 平减
2006	101.5	4211.940887	134662.7219	55867.8501	43318.54043
2007	103.3	5115.866409	141088.7405	68180.34351	76517.17557
2008	106.2	6050.941620	207588.0114	64098.95338	71883.92008

续表

年份	商品零售价格指数	GDP 平减	JB 平减	HG 平减	EG 平减
2009	99.3	7330.06042	238754.2458	55153.84615	47369.63037
2010	104.1	8326.20557	278802.3144	61390.54966	60175.50627
2011	104.9	10075.14776	297162.5475	65402.09125	67076.04563
2012	101.7	11739.66568	274939.5122	59407.80488	80206.82927
2013	101.6	12840.94488	291783.2847	64552.96404	68061.22449
2014	101.2	13639.46640	298724.5098	70537.25490	56612.74510
2015	99.8	14091.31263	166006.8830	67112.09440	51219.27237
2016	101.3	14587.16683	170742.1260	70017.71654	42824.80315
2017	101.4	14738.19527	1184224.409	536779.5276	375119.0945

资料来源：《2004—2018 年吉林统计年鉴》《2018 年中国统计年鉴》，平减数为笔者计算。

表 9－9　2006—2017 年吉林 LNGDP 总额及其与东北亚国家进出口对数值

年份	LNGDP	LNJB	LNHG	LNEG
2006	8.346664546	11.81052858	10.93074436	10.67633601
2007	8.525685654	11.85714434	11.12991158	11.24527051
2008	8.718381009	12.24331068	11.06818331	11.18280788
2009	8.891714923	12.38319004	10.91788176	10.76573659
2010	9.031012978	12.53825826	11.02501119	11.00502068
2011	9.214971268	12.60203457	11.08830951	11.11358226
2012	9.36289312	12.5243064	10.99218089	11.29236394
2013	9.447680056	12.58376663	11.07524131	11.12816294
2014	9.512848754	12.60727706	11.16389629	10.94398942
2015	9.534454641	12.01978453	11.11411955	10.84387115
2016	9.584940313	12.04790966	11.15650358	10.66487273
2017	9.596227276	13.98459861	13.19334273	12.83499884

资料来源：《2004—2018 年吉林统计年鉴》《2018 年中国统计年鉴》，对数值为笔者计算。

（二）模型设定说明

根据吉林经济发展的实际情况，本节设定模型为 $LNGDP_t = \beta_0 + \beta_1 LNJB_t + \beta_2 LNHG_t + \beta_3 LNEG_t + u_t$。因此根据此模型的一般形式，选择吉林国内生产总值（GDP）为被解释变量，与东北亚国家中日本进出口总额（JB）、与东北亚国家中韩国进出口总额（HG）、与东北亚国家中俄罗斯进出口总额（EG）为解释变量。模型表明吉林的经济增长，受其与东北亚各国进出口的影响，此模型更符合吉林实际情况，在此采用此模型进行估计。

（三）回归模型分析

表 9－10　吉林 LNGDP 与 LNJB、LNHG、LNEG 回归分析

Dependent Variable: LNGDP
Method: Least Squares
Date: 09/22/19 Time: 11:36
Sample (adjusted): 2008 2017
Included observations: 10 after adjustments
Convergence achieved after 17 iterations

Variable	Coefficient	Std. Error	t-Statistic	Prob.
C	13.41188	4.761141	2.816947	0.0480
LNJB	0.160735	0.060441	2.659358	0.0564
LNHG	-0.375528	0.104725	-3.585857	0.0230
LNEG	0.159048	0.047091	3.377439	0.0279
AR(1)	0.228017	0.396709	0.574770	0.5962
AR(2)	0.714971	0.386401	1.850336	0.1379

R-squared	0.997121	Mean dependent var	9.289512
Adjusted R-squared	0.993523	S.D. dependent var	0.312417
S.E. of regression	0.025143	Akaike info criterion	-4.244738
Sum squared resid	0.002529	Schwarz criterion	-4.063186
Log likelihood	27.22369	Hannan-Quinn criter.	-4.443899
F-statistic	277.1052	Durbin-Watson stat	1.901877
Prob(F-statistic)	0.000036		

$$LNGDP = 13.41188 + 0.160735LNJB - 0.375528LNHG + 0.159048LNEG$$

T 值　（2.816947）　（2.659358）　（－3.585857）　（3.377439）

$$+0.228017AR(1) + 0.714971AR(2)$$

（0.574770）　（1.850336）

SE 值　(4.761141)　(0.060441)　(0.104725)　(0.047091)
(0.396709)　(0.386401)

DW = 1.901877

R^2 = 0.997121　调整后 R^2 = 0.993523

从协整检验结果来看，方程整体通过验证。模型具有较高的拟合优度（R^2 = 0.997121），说明 LNGDP 与 LNJB、LNHG、LNEG 存在线性关系。模型证明吉林与东北亚国家日本进出口总额每增加 1 个百分点，吉林经济增长 0.160735 个百分点；吉林与东北亚国家俄罗斯进出口总额每增加 1 个百分点，吉林经济增长 0.159048 百分点；模型证明吉林与东北亚国家韩国进出口总额每增加 1 个百分点，吉林经济下降 0.375528 个百分点，主要是受中韩两国萨德事件的影响。可见东北亚区域合作对吉林经济增长有着重要的推动作用，吉林应加深与东北亚区域合作的力度，以此来促进吉林经济的发展。

（四）结论

通过以上模型分析得出模型证明吉林与东北亚国家日本进出口总额每增加 1 个百分点，吉林经济增长 0.160735 个百分点，吉林与东北亚国家俄罗斯进出口总额每增加 1 个百分点，吉林经济增长 0.159048 百分点，这与目前吉林省所面临的现实情况相符。研究结果表明吉林应积极参与东北亚区域合作，深化同东北亚各国的合作力度，只有这样才能更好地促进吉林经济迅猛发展。总体来看，东北三省应大力发展生态农业、服务业、中高端装备制造业、高科技产业、信息服务业等产业的发展，更深入地融合到东北亚区域合作发展中去。

9.1.3　东北亚各国进出口额对黑龙江经济影响的实证分析

（一）数据来源与数据处理

黑龙江与东北亚各国进出口主要包括其与俄罗斯、日本、韩国、朝鲜、蒙古国共五个国家的进出口总额，但由于朝鲜 2009—2012 年数据缺失，且黑龙江与朝鲜对外贸易总额占比较小，此次计量暂剔除朝鲜。本次运用计量经济学软件 Eviews 9.0 软件，通过实证分析东北亚各国进出口总额对黑龙江经济影响。由于东北亚各国与黑龙江进出口总额数据获取有一定的难度，本次计量数据采用《2004—2018 年黑龙江统计年鉴》并对数据进行适当的调整。

表 9－11　2003—2017 年黑龙江 GDP 总额及其与东北亚各国进出口总额

年份	黑龙江 GDP（亿元）	海关从日本进出口总额（万美元）	海关从韩国进出口总额（万美元）	海关从俄罗斯进出口总额（万美元）	海关从朝鲜进出口总额（万美元）	海关从蒙古国进出口总额（万美元）	海关从东北亚国家进出口总额
2003	4057.4	44557	44696	295505	2796	275	385033
2004	4750.6	47991	39218	382298	5591	354	469861
2005	5542.8	58440	50568	567643	2633	581	677232
2006	6246.5	63047	47242	668693	9567	5003	783985
2007	7144.3	59305	41640	1072789	8136	11171	1184905
2008	8367.5	62091	95695	1106314	4861	4145	1268245
2009	8653.5	60446	52182	557715	—	7951	678294
2010	10442.2	66828	75135	747356	—	15295	904614
2011	12660.6	68857	85553	1898618	—	14969	2067997
2012	13778.8	56437	77458	2130921	—	12941	2277757
2013	14546.3	43368	43782	2236452	—	8746	2332348
2014	15132.2	37177	43816	2328318	—	13722	2423033
2015	15174.5	32594	35408	1084636	—	12176	1164814
2016	15386.1	37974	18923	919213	—	7536	983646
2017	15902.7	43246	19345	1098818	—	9279	1170688

资料来源：《2004—2018 年黑龙江统计年鉴》整理

为了消除物价变动对数据的影响，用 2003—2018 年中国统计年鉴上的商品价格指数对黑龙江国内生产总值（GDP）、与东北亚各国进出口总值（DBY）、居民消费水平（CC）数据进行平减，在平减后，由于数据的自然对数变换不改变原来的关系，并能使其趋势线性化，消除时间序列中存在的异方差现象，所以对平减后的黑龙江实际国内生产总值（GDP）、实际黑龙江与东北亚进出口总额（DBY）、实际黑龙江居民消费水平 CC 进行自然对数变换，分别用 LNGDP、LNDBY、LNCC 表示，对以上数据做如下整理。

表 9－12　　2003—2017 年黑龙江居民消费水平、GDP 总额、与东北亚国家进出口总额平减数及对数值

年份	黑龙江 GDP 平减	东北亚国家进出口总额平减	居民消费水平平减	LNGDP	LNDBY	LNCC
2003	4069. 6088	386191. 57	3930. 79	8. 311302162	12. 86408883	8. 276596
2004	4621. 2062	457063. 22	4097. 27	8. 438411038	13. 03257702	8. 318077
2005	5520. 7171	674533. 86	4802. 78	8. 616263046	13. 42177716	8. 476952
2006	6154. 1871	772399. 01	5065. 02	8. 724887973	13. 55725655	8. 530114
2007	6765. 4356	1122069. 1	5716. 85	8. 81958193	13. 93068498	8. 651174
2008	7908. 7901	1198719. 2	6743. 85	8. 9757301	13. 99676428	8. 816387
2009	8749. 7472	685838. 22	8010. 11	9. 07678009	13. 43839705	8. 988459
2010	10128. 225	877414. 1	8846. 75	9. 223081362	13. 68473441	9. 087805
2011	12115. 406	1978944. 5	10176. 0	9. 402233203	14. 49807418	9. 227794
2012	13482. 191	2228725. 0	11351. 2	9. 509124966	14. 61694025	9. 337085
2013	14388. 031	2306971. 3	10373. 6	9. 574152005	14. 6514461	9. 247028
2014	15012. 103	2403802. 5	12667. 6	9. 616612033	14. 69256245	9. 446807
2015	15159. 340	1163650. 35	13389. 6	9. 626372166	13. 96707248	9. 502234
2016	15218. 694	972943. 62	14288. 8	9. 630279843	13. 78808142	9. 567232
2017	15918. 618	1171859. 86	15592. 5	9. 675244686	13. 97410267	9. 654551

资料来源：《2004—2018 年黑龙江统计年鉴》《2018 中国统计年鉴》，平减数为笔者计算。

表 9－13　　2003—2017 年黑龙江商品零售物价指数、居民消费水平

年份	商品零售物价指数	居民消费水平
2003	99. 7	3919
2004	102. 8	4212
2005	100. 4	4822
2006	101. 5	5141
2007	105. 6	6037
2008	105. 8	7135
2009	98. 9	7922
2010	103. 1	9121
2011	104. 5	10634
2012	102. 2	11601
2013	101. 1	10487. 8
2014	100. 8	12769

续表

年份	商品零售物价指数	居民消费水平
2015	100.1	13403
2016	101.1	14446
2017	99.9	15577

资料来源：《2004—2018 年黑龙江统计年鉴》《2018 中国统计年鉴》

（二）模型设定说明

根据黑龙江经济发展的实际情况，本节设定模型为 $LNHGDP_t = \beta_0 + \beta_1 LNDBY_t + \beta_2 LNCC_t + u_t$。因此根据此模型的一般形式，选择黑龙江国内生产总值（GDP）为被解释变量，与东北亚各国进出口总额（DBY）和当年的居民消费水平（CC）为解释变量。模型表明黑龙江省的 GDP，受其与东北亚各国进出口的影响，同时也应考虑到当年居民实际的消费水平，此模型更符合黑龙江实际情况，在此采用此模型进行估计。

（三）回归分析结果

表 9-14　　东北亚进出口总额与黑龙江经济增长的回归结果

Dependent Variable: LNGDP
Method: Least Squares
Date: 09/22/19   Time: 11:08
Sample (adjusted): 2004 2017
Included observations: 14 after adjustments
Convergence achieved after 5 iterations

Variable	Coefficient	Std. Error	t-Statistic	Prob.
C	-0.784476	0.221871	-3.535731	0.0054
LNDBY	0.154145	0.022237	6.932051	0.0000
LNCC	0.865534	0.025647	33.74839	0.0000
AR(1)	-0.463710	0.287789	-1.611285	0.1382

R-squared	0.992773	Mean dependent var	9.207768
Adjusted R-squared	0.990605	S.D. dependent var	0.429596
S.E. of regression	0.041640	Akaike info criterion	-3.284536
Sum squared resid	0.017339	Schwarz criterion	-3.101948
Log likelihood	26.99175	Hannan-Quinn criter.	-3.301437
F-statistic	457.8920	Durbin-Watson stat	2.355159
Prob(F-statistic)	0.000000		

Inverted AR Roots	-.46

$$\text{LNGDP} = -0.784476 + 0.154145\text{LNDBY} + 0.865534\text{LNCC} - 0.46371\text{AR}(1)$$

T 值 (−3.535731) (6.932051) (33.74839) (−1.611285)

SE 值 (0.221871) (0.022237) (0.025647) (0.287789)

$R^2 = 0.992773$ 调整后 $R^2 = 0.990605$ DW = 2.355159

上述方程整体通过验证，此模型具有较高的拟合优度（$R^2 = 0.992773$），说明 LNGDP 与 LNDBY、LNCC 存在线性关系。模型表明与东北亚国家进出口总额每增加 1 个百分点，黑龙江经济增长 0.154145 个百分点。黑龙江消费水平每增加 1 个百分点，黑龙江经济增长 0.865534 个百分点。可见东北亚区域合作对黑龙江经济增长有着推动作用，黑龙江应加深与东北亚区域合作的力度，以此来促进黑龙江经济跨越式发展，为振兴东北老工业基地贡献一份自己的力量。

9.2 东北亚区域合作与东北老工业基地互动发展的政策建议

随着东北亚区域合作形势日益向好，东北三省未来应以振兴东北老工业基地为契机，发挥东北三省独特的地理及区位优势，加快融入东北亚区域合作最新发展中。中国 2003 年提出了振兴东北老工业基地战略，力争将东北地区打造成继珠三角、长三角之后重要区域经济增长极，东北从此开始走上振兴之路。2014 年中共中央出台《国务院关于近期支持东北振兴若干重大政策举措的意见》，更加深入支持东北地区的快速发展。2016 年出台《中共中央 国务院关于全面振兴东北地区等老工业基地的若干意见》，新一轮振兴东北老工业基地号角吹响了。2017 年中共中央出台了针对东北振兴的《国务院关于扩大对外开放积极利用外资若干措施的通知》《国务院关于近期支持东北振兴若干重大政策举措的意见》《东北地区与东部地区部分省市对口合作工作方案》等各种支持文件，为新一轮东北老工业基地振兴发展提供了及时政策支持。为了更好地融入东北亚区域合作发展中，东北三省各省为了实现与东北亚区域合作的互动发展，倾力打造适合各省的新举措，如辽宁省出台《中共辽宁省委 辽宁省人民政府关于加快构建开放新格局以全面开放引领全面振兴的意见》，吉林省提出了“一路向东，一路向南”新措施，黑龙江省提出了“一个窗口四个区”开放政策。目前在“一带一路”倡议下东北三省与时俱进，创新发展，为提振东北三省经济发展，更加积极主动深入参与到东北亚区域合作互动发展中。

9.2.1 东北亚区域合作与东北老工业基地贸易互动

东北三省包括辽宁省，黑龙江省，吉林省。2018年末辽宁省、黑龙江省、吉林省常住人口为4359.3万人，3773.1万人，2704.06万人，相比于2017年辽宁、吉林、黑龙江共流失了38.5万人口，人口流失严重，不利于东北三省经济的发展。2018年辽宁、吉林、黑龙江三省GDP总量分别为2.53万亿元，1.50万亿元，1.63万亿元，东北三省GDP总和为5.66万亿元，中国GDP总量为90万亿元，东北三省GDP总和占全国的比重仅为6.2%，经济发展较慢。目前东北三省是东北亚区域合作的排头兵，东北老工业基地振兴，辽宁、吉林、黑龙江应紧跟时代的脉络，率先融入东北亚区域互动合作发展，振兴东北老工业基地，提振东北三省经济的发展。

（一）辽宁发挥领头羊作用大力发展对日朝贸易

2019年第一季度辽宁、吉林、黑龙江GDP总量分别为5486亿元，2701亿元，3184亿元，辽宁经济占东北经济的半壁江山。2018年辽宁GDP总量占东北三省GDP总和的44%。辽宁经济主力军是沈阳和大连，沈阳GDP总量为6292亿元，大连GDP总量为7668亿元，大连和沈阳GDP总和占辽宁省经济55%。辽宁省地处东北地区的南部，省内拥有盘锦、丹东、大连、鲅鱼圈、营口、锦州等沿海港口天然的优势，与日本、朝鲜贸易紧密相连，有利于发展对日朝贸易，也为吉林、黑龙江提供了运输便利。目前辽宁大连正在打造成为东北亚国际航运中心，也是东北的航运中心，建成后将对东北及东北亚的发展承担运输及物流功能。

1. 辽宁区域发展概况

中国东北地处东北亚的腹地，而辽宁又是中国东北地区的门户，恰逢国家战略振兴东北老工业基地，辽宁在东北老工业基地振兴中占有重要地位。辽宁总面积约14.57万平方千米，省会沈阳市，在东北亚区域合作中具有优势。为更好地融入东北亚区域合作发展中，辽宁省出台《中共辽宁省委 辽宁省人民政府关于加快构建开放新格局以全面开放引领全面振兴的意见》。目前辽宁省东北方向与吉林省接壤，西北与内蒙古自治区为邻，西南与河北省毗连，以鸭绿江为界河，与朝鲜民主主义人民共和国隔江相望，南濒浩瀚的渤海和黄海。辽宁是东北地区通往关内的交通要道，也是东北地区通向世界、连接欧亚大陆桥的重要门户和前沿地带。2013年，辽宁省GDP为27077.7亿元，比上年增长8.7%，人均GDP为9961.65元。2015年辽宁省一般公共预算收入2127.4亿元，在下降33.4%的艰难情况下，2016年财政收入为2200.5亿元，增长率为3.4%，首次由负转正，辽宁经济出现曙光。2017年辽宁省经济企稳筑底、回升向好态势愈加明朗，经济增长开始缓慢回升，经济运行逐渐走出低谷，生产总值达到23942.0亿元，比上年增长4.2%。2017年是供给侧结构性改革深化之年，辽宁经济实现稳中有升，辽宁一般公共预算收入2390.2亿元，比2016年增长8.6%。其中，各项税收1812.0亿元，增长7.4%。2018年第一季度辽宁经济总量与财政收入出现了企稳回升，辽宁省GDP总量为5125亿元，同比增长5.1%。第一产业增加值增长2.8%，第二产业增加值增长7.3%，第三产业增加值增长3.9%。一般公共预算收入691.7亿元，同比增长9.4%。2019年一季度，辽宁省经济运行延续了良好发展态势，辽宁GDP总量为5486.2亿元，同比增长6.1%，好于去年为5.1%水平，经济增长趋于稳中向好，辽宁经济占东北三省经济的半壁江山，居东北三省首位，辽宁是东北老工业基地能否全面振兴的最重要一环。

2. 辽宁与东北亚区域主要国家进出口额

表9-15　2003—2017年辽宁GDP总额及其与日本、韩国、朝鲜、俄罗斯进出口总额

年份	辽宁GDP总额（亿元）	海关从日本进出口总额（万美元）	海关从韩国进出口总额（万美元）	海关从俄罗斯进出口总额（万美元）	海关从朝鲜进出口总额（万美元）	与东北亚各国进出口总额（万美元）
2003	6002.5	888752	339180	37282	62233	1265214
2004	6736.1	961333	427924	53225	78612	1442482
2005	8123.1	1049993	494036	80494	82306	1624523
2006	9388.9	1088357	563170	100705	63683	1752232

续表

年份	辽　宁 GDP 总额 （亿元）	海关从日本 进出口总额 （万美元）	海关从韩国 进出口总额 （万美元）	海关从俄罗斯 进出口总额 （万美元）	海关从朝鲜 进出口总额 （万美元）	与东北亚各国 进出口总额 （万美元）
2007	11249. 0	1214569	712102	135049	78492	2061720
2008	13745. 3	1417512	841408	160312	99569	2419232
2009	15288. 7	1214005	592922	1217	—	1808144
2010	18528. 6	1533814	707507	160125	—	2401446
2011	22301. 5	1721208	865247	216756	—	2803211
2012	24882. 6	1558982	901567	245462	—	2706011
2013	27246. 2	1563288	944830	241897	—	2750015
2014	28612. 3	1487737	956558	243095	—	2687390
2015	28555. 6	1265312	872153	301818	—	2439283
2016	21896. 2	1273230	801895	325400	—	2400525
2017	23409. 2	1453960	999998	412114	—	2866072

资料来源：《2004—2018 年辽宁统计年鉴》整理

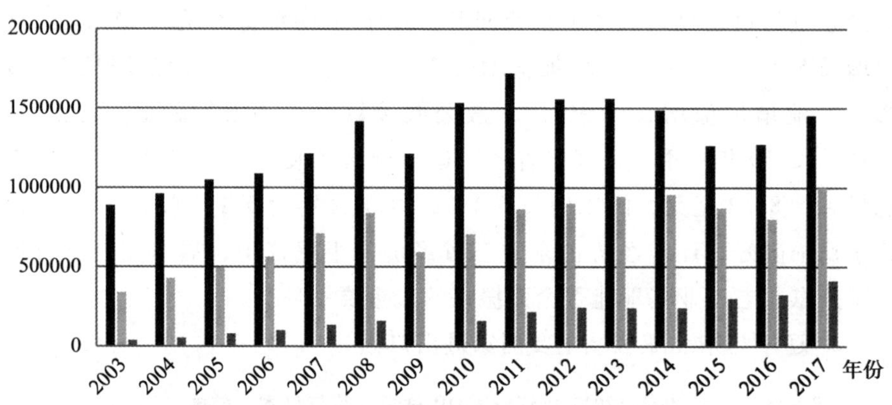

图 9－1　2003—2017 年辽宁与东北亚各国进出口额

从 2003 年到 2017 年辽宁与东北亚国家中日本的进出口总额总体呈现出先上升后下降的趋势。2003 年进出口总额 888752 万美元，上升到 2011 年的 1721208 万美元，之后开始下降到 2015 年 1265312 万美元，到 2017 年缓慢上升到 1453960 万美元。辽宁同东北亚国家日本的联系比较紧密，区域之间的经贸关系受两国政治影响因素影响较大。从 2003 年到 2017 年辽宁与东北亚国家韩国的进出额总体呈现出先上升后下降的趋势，与日本趋势相近。2003 年进出口总额 339180 万美元，上升到 2008 年的 841408 万美元，2009 年下降到 592922 万美元之后开始缓慢上升到 2016 年 801895 万美元，到 2017 年缓慢上升到 999998 万美元。与日本相似，辽宁与韩国之间的经贸关系受两国政治影响因素影响。从 2003 年到 2017 年辽宁与东北亚国家俄罗斯的进出口总额总体呈现出上升趋势，2003 年进出口总额 37282 万美元，上升到 2008 年的 160312 万美元，之后开始上升到 2015 年 301818 万美元，到 2017 年上升到 412114 万美元。受 2008 年国际金融危机的影响，2009 年呈出现过断崖式下跌为 1217 万美元。辽宁与东北亚各国进出口总额从 2003 年到 2017 年进出额总体呈现出先上升后下降的趋势。2003 年进出口总额 1265214 万美元，上升到 2011 年的 2803211 万美元，之后开始下降到 2016 年 2400525 万美元，到 2017 年快速上升到 2866072 万美元。

2018 年辽宁省货物贸易进出口总值达 7545.9 亿元，占全国进出口总值的 2.5%，进出口总值与 2017 年相比增长 11.8%，增速高于全国 2.1 个百分点。2018 年，辽宁省对欧盟进出口 1343.2 亿元，增长 23.1%。对日本进出口 1077.3 亿元，增长 9.3%。在“一带一路”背景下，辽宁具有巨大的合作潜力，与一带一路周边国家进出口值达 2006.7 亿元，增长 14.9%，与俄罗斯、沙特、阿曼、新加坡、卡塔尔等国家的贸易规模已超百亿元。可见辽宁参与东北亚区域合作发展潜力巨大。

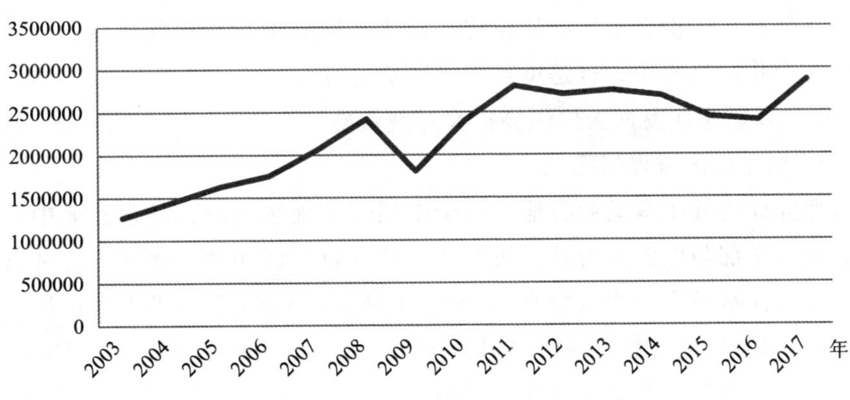

图 9-2　2003—2017 年辽宁与东北亚各国进出口总额

3. 辽宁加大力度发展对日韩朝贸易

辽宁与东北亚各国区域合作中，日本和韩国是辽宁主要的贸易伙伴，双方经贸往来进出口额较大，2017 年辽宁与东北亚国家中的日本双边往来进出口为 1453960 万美元，与韩国双边往来进出口额为 999998 万美元，未来应加强辽宁与日本及韩国在东北亚区域合作。目前日本是辽宁最大的贸易伙伴，2019 年 9 月辽宁对日本进出口总额为 796 亿元人民币，同比增长 8.6%，其中出口 478 亿元人民币，同比增长 8.2%，进口 318 亿元人民币，同比增长 9.4%。到 2019 年 9 月为止，辽宁省已累计批准日本外商投资企业 7600 余家，投资金额达到 1600 多亿元人民币，占东北地区九成以上，是最大的利用外资来源地。日本参与辽宁经济建设，为辽宁社会经济的发展做出了积极贡献。

在产业结构上，辽宁与日、韩、俄等国存在国际分工和优化组合的优势。不论是垂直分工，还是水平分工；不论是传统产业分工，还是新兴产业分工；不论是产业之间分工，还是产业内部分工，辽宁都具有明显的比较优势。辽宁作为老工业基地，工业基础好，制造业发展较快，劳动力资源丰富，在钢铁、机械、电子、汽车、化工、航空和造船等产业，都具有比较优势，与日本形成产业结构上垂直分工关系，与朝鲜形成水平分工的关系。与日本的垂直分工可以充分利用日本的资金及技术优势，发展资金及技术密集型产业，而中国则可以提供大量的劳动力及巨大的消费市场，承接日本转移过来的产业。与朝鲜的水平分工，则是可以利用中国的资本投资优势，未来可以将中国纺织、轻工业等产业向朝鲜及蒙古国地区转移，很明显中国世界工厂的地位将在未来分阶段退出历史的舞台，与东北亚区域合作的过程中，也是世界工厂转移的过程。

（二）黑龙江发挥天然优势扩大对俄贸易

1. 黑龙江区域发展概况

黑龙江省处于东北亚腹地，位于中国东北地区北部，是东北亚中心位置，北、东部与俄罗斯为界，西部与内蒙古自治区相邻，南部与吉林省接壤。黑龙江被誉为“中国粮仓”，全省土地总面积 47.3 万平方公里居全国第 6 位。2018 年黑龙江 GDP 总量为 16361.6 亿元，比上年增长 4.7%。

黑龙江省与俄罗斯边境线长 2981 公里，有 25 个国家一类口岸和 10 个边民互市贸易区，目前黑河市、绥芬河市、东宁县已开展边境旅游异地办照。2017 年，黑龙江省 GDP 总额为 15902.7 亿元，全省人均 GDP 达到 37509.3 元，低于全国平均水平，全年城镇居民人均可支配收入 19597 元，城镇居民人均消费性支出 14162 元。2013 年，黑龙江全省进出口总额 388.8 亿美元。对俄进出口总额 223.6 亿美元，占全国对俄进出口总额的 25.1%。对俄投资 9.5 亿美元，占全国对俄投资的 34.2%。2017 年黑龙江与日本、韩国、俄罗斯进出口值分别为 43246 万美元、19345 万美元、1098818 万美元，俄罗斯是黑龙江的主要贸易伙伴，可见黑龙江发展与俄罗斯贸易具有天然优势。

2. 黑龙江与东北亚区域合作进出口额

从 2003 年到 2017 年黑龙江与东北亚国家中日本的进出额总体呈现出先上升后下降的趋势。2003 年进出额 44557 万美元，上升到 2011 年的 68857 万美元，之后开始下降到 2017 年 43246 万美元。从 2003 年到 2017 年黑龙江与东北亚国家中韩国的进出额总体呈现出先上升后下降的趋势。2003 年进出额 44696 万美元，上升到 2008 年的 95695 万美元，之后开始下降到 2017 年 19345 万美元，下降的幅度较大。从 2003 年到 2017 年黑龙江与东北亚国家中俄罗斯的进出额总体呈现出先上升后下降的趋势，与黑龙江同日本及韩国进出口值趋势相同。2003 年进出额 295505 万美元，上升到 2014 年的 2328318 万美元，之后开始下降到 2017 年 1098818 万美元，下降的幅度较大。俄罗斯是黑龙江最大贸易伙伴，2017 年黑龙江与日本、韩国、俄罗斯进出口值分别为 43246 万美元、19345 万美元、1098818 万美元。

表 9-16　2003—2017 年黑龙江 GDP 总额及其与日本、韩国、朝鲜、俄罗斯、蒙古进出口总额

年份	黑龙江 GDP（亿元）	海关从日本进出口总额（万美元）	海关从韩国进出口总额（万美元）	海关从俄罗斯进出口总额（万美元）	海关从朝鲜进出口总额（万美元）	海关从蒙古国进出口总额（万美元）	海关从东北亚国家进出口总额（万美元）
2003	4057.4	44557	44696	295505	2796	275	385033
2004	4750.6	47991	39218	382298	5591	354	469861
2005	5542.8	58440	50568	567643	2633	581	677232
2006	6246.5	63047	47242	668693	9567	5003	783985
2007	7144.3	59305	41640	1072789	8136	11171	1184905
2008	8367.5	62091	95695	1106314	4861	4145	1268245

续表

年份	黑龙江GDP（亿元）	海关从日本进出口总额（万美元）	海关从韩国进出口总额（万美元）	海关从俄罗斯进出口总额（万美元）	海关从朝鲜进出口总额（万美元）	海关从蒙古国进出口总额（万美元）	海关从东北亚国家进出口总额（万美元）
2009	8653.5	60446	52182	557715	—	7951	678294
2010	10442.2	66828	75135	747356	—	15295	904614
2011	12660.6	68857	85553	1898618	—	14969	2067997
2012	13778.8	56437	77458	2130921	—	12941	2277757
2013	14546.3	43368	43782	2236452	—	8746	2332348
2014	15132.2	37177	43816	2328318	—	13722	2423033
2015	15174.5	32594	35408	1084636	—	12176	1164814
2016	15386.1	37974	18923	919213	—	7536	983646
2017	15902.7	43246	19345	1098818	—	9279	1170688

资料来源：《2004—2018 年黑龙江统计年鉴》整理

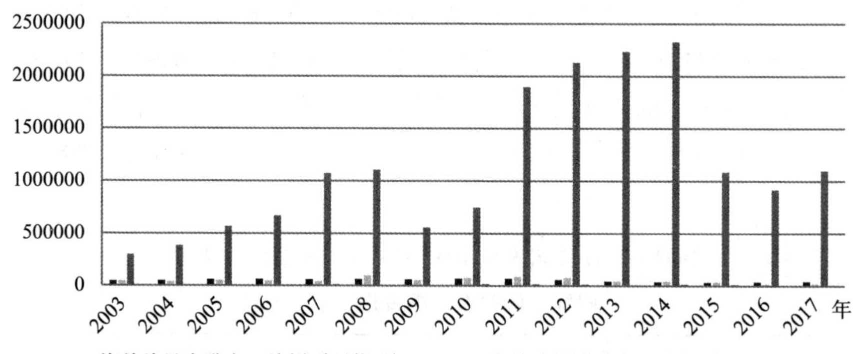

图 9－3　2003—2017 年黑龙江与东北亚各国进出口额

3. 黑龙江着力发展与俄罗斯贸易往来

黑龙江省在东北老工业基地振兴中占有重要的一席之地，东北老工业基地能否振兴，黑龙江经济发展至关重要。黑龙江省虽然只是中国的一个省份，但是论面积、论人口，论经济黑龙江省不亚于一个中等国家。目前黑龙江应充分发挥其地缘、交通物流、土质肥沃、农业劳动力资源丰裕、自然资源丰富多样的优势，积极参与东北亚区域合作，加快形成具有独特优势和竞争力的新经济增长极，促进黑龙江经济腾飞，加快其开放步伐，为东北老工业基地全面振兴做贡献。

黑龙江省虽然具有丰富的资源优势，农业基础好，劳动力资源丰富。但目前黑龙江省并没有充分利用外资，与俄罗斯的合作仍需进一步加深，与东北亚国家区域合作仍有待加强。2013 年黑龙江对俄罗斯进出口总额达到 223.6 亿美元，对美国进出口总额达到 19.6 亿美元，对欧盟（28 国）进出口总额达到 22.9 亿美元，对韩国进出口总额达到 4.4 亿美元，对日本进出口总额达到 4.3 亿美元。黑龙江在招商引资方面，全年新签利用外资项目 86 个，其中，外商直接投资 50.0 亿美元。2017 年黑龙江与日本、韩国、俄罗斯进出口额分别为 43246 万美元、19345 万美元、1098818 万美元。从以上分析不难得出，黑龙江需加深对俄的合作力度，积极促成东北亚区域尽快合作。

2019 年 8 月中国新设 6 个自贸区，包括黑龙江、山东、江苏、广西、河北、云南。设立黑龙江自由贸易试验区，未来将打造对俄及东北亚区域合作中心，为了更好地融入东北亚区域合作，黑龙江自由贸易试验区将成为优化营商环境、贸易投资便利、高端产业集聚、服务体系完善、监管安全高效的高标准高质量自由贸易园区。黑龙江自贸试验区哈尔滨片区未来将重点发展新一代信息技术、新材料、高端装备、生物医药等战略性新兴产业，与东北亚区域各国的合作将更加紧密。哈尔滨片区面积为 79.86 平方公里，黑河片区面积为 20 平方公里，绥芬河片区面积为 19.99 平方公里，重点打造东出西联的陆海联运和哈绥俄亚班列，将更好的融入东北亚区域合作中。

（三）吉林应发挥纽带作用，实现对俄朝韩贸易的跨越式发展

1. 吉林区域发展概况

吉林省面积 18.74 万平方公里，位于中国东北地区中部，地处东北亚地理中心位置。具有发展东北亚区域合作的优越区位条件，位于中国东北腹地，处于日本、俄罗斯、朝鲜、韩国、蒙古与中国东北部组成的东北亚几何中心地带。北接黑龙江省，南接辽宁省，西邻内蒙古自治区，东与俄罗斯接壤，东南部以图们江、鸭绿江为界，与朝鲜民主主义人民共和国隔江相望。

吉林是我国重要的工业基地，加工制造业比较发达，汽车与石化、农

产品加工为三大支柱产业。其中珲春市是国务院确立的东北亚交通枢纽城市，东北亚经济增长极城市。作为东北亚地区的地理几何中心，珲春在环日本海经济圈中居于核心地位。

2013 年吉林 GDP 总额 12981. 46 亿元，人均 GDP 达到 47191 元，累计实现外贸进出口总值 258. 53 亿美元，实际利用外资 67. 64 亿美元，其中外商直接投资 18. 19 亿美元。2013 年吉林对美国出口为 5. 68 亿美元，比上年增长 54. 3%；而对日本的出口总值为 7. 00 亿美元，比上年下降 4. 6%；对俄罗斯的出口总值为 6. 07 亿美元，比上年下降 10. 5%；对韩国的出口总值为 3. 57 亿美元，比上年下降 4. 2%。2018 年吉林省总人口 2704. 06 万人，GDP 总量为 15074. 62 亿元，第一产业增加值 1160. 75 亿元，第二产业 6410. 85 亿元，第三产业 7503. 02 亿元，人均 GDP 为 55611 元。2017 年吉林与东北亚区域各国日本、韩国、俄罗斯进出口总额为 1203172 万美元，545368 万美元、381121 万美元。

2. 吉林与东北亚区域合作进出口额

表 9 - 17　2006—2017 年吉林 GDP 总额及其与日本、韩国、俄罗斯进出口总额

年份	吉林 GDP（亿元）	海关从日本进出口总额（万美元）	海关从韩国进出口总额（万美元）	海关从俄罗斯进出口总额（万美元）	海关从东北亚国家进出口总额（万美元）
2006	4275. 12	136548	56650	43925	237123
2007	5284. 69	147861	71453	80190	299504
2008	6426. 1	218175	67368	75550	361093
2009	7278. 75	238993	55209	47417	341619
2010	8667. 58	289118	63662	62402	415182
2011	10568. 83	312615	68803	70564	451982
2012	11939. 24	281813	60893	82212	424918
2013	13046. 4	300245	66425	70035	436705
2014	13803. 14	304699	71948	57745	434392
2015	14063. 13	168829	68253	52090	289172
2016	14776. 8	173474	71138	43510	288122
2017	14944. 53	1203172	545368	381121	2129661

注：2003—2005 年吉林统计年鉴没有进出口数值；资料来源：《2004—2018 年吉林统计年鉴》整理

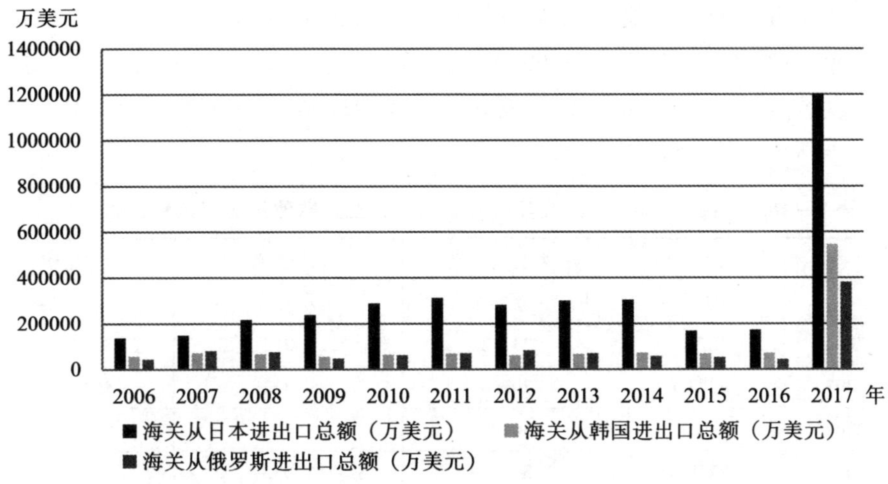

图 9－4　2006—2017 年吉林与东北亚各国进出口额

从 2006 年到 2017 年吉林与东北亚国家中日本的进出口总额总体呈现出先上升后下降的趋势。2006 年进出口总额 136548 万美元，上升到 2011 年的 312615 万美元，之后开始下降到 2016 年 173474 万美元，2017 年爆发式的增长到 1203172 万美元。从 2006 年到 2017 年吉林与东北亚国家中韩国的进出额总体呈现出先上升后下降的趋势。2006 年进出口总额 56650 万美元，上升到 2016 年的 71138 万美元，2017 年爆发式增长到 545368 万美元。从 2006 年到 2017 年吉林与东北亚国家中俄罗斯的进出额总体呈现出先上升后下降的趋势，与吉林同日本及韩国进出口值趋势相同。2006 年进出口总额 43925 万美元，上升到 2012 年的 82212 万美元，之后开始下降到 2016 年 43510 万美元，下降的幅度较大，2017 年爆发式增长到 381121 万美元。吉林与东北亚国家中的朝鲜进口额，2008 年吉林海关从朝鲜进出口总额 76878 万美元，2007 年 34265 万美元，2004 年 34188 万美元。但由于朝鲜数据的不连续性，且所涉及的进口额较小，本表中没有列入朝鲜进出口数据。2017 年吉林与东北亚区域各国日本、韩国、俄罗斯进出口总额为 1203172 万美元，545368 万美元、381121 万美元，2017 年是吉林与东北亚区域各国日本、韩国、俄罗斯进出口额爆发式快速增长的一年。

2006 年吉林与东北亚、东盟组织、欧盟组织各国进出口额为 237123 万美元，29253 万美元、327975 万美元。2010 年吉林与东北亚、东盟组织、欧盟组织各国进出口额为 415182 万美元，57824 万美元、852436 万美元。2016 年吉林与东北亚、东盟组织、欧盟组织各国进出口额为 288122 万美元，101303 万美元、1066800 万美元。2017 年吉林与东北亚、东盟组织、欧盟组织各国进出口额爆发式增长为 2129661 万美元，660334 万美元、7133762 万美元。

表 9－18　吉林 GDP 总额及其与东北亚、东盟、欧盟进出口总额比较

年份	吉林 GDP（亿元）	东北亚国家（万美元）	东盟组织（万美元）	欧盟组织（万美元）
2006	4275. 12	237123	29253	327975
2007	5284. 69	299504	42432	453963
2008	6426. 1	361093	44484	579371
2009	7278. 75	341619	36083	534215
2010	8667. 58	415182	57824	852436
2011	10568. 83	451982	87800	1229902
2012	11939. 24	424918	99030	1422649
2013	13046. 4	436705	119387	1453435
2014	13803. 14	434392	114341	1587906
2015	14063. 13	289172	91633	1069548
2016	14776. 8	288122	101303	1066800
2017	14944. 53	2129661	660334	7133762

资料来源：《2004—2018 年吉林统计年鉴》整理，东北亚数据为笔者计算数据

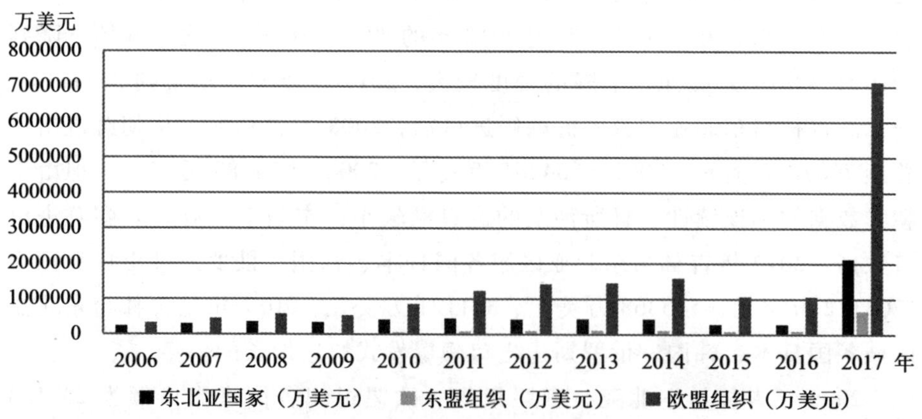

图 9－5　2006—2017 年吉林与东北亚国家、东盟组织、欧盟组织进出口额

3. 吉林尽快建成中俄、中朝自由贸易区

东北亚区域合作中吉林省的珲春市是我国唯一集边境经济合作区、出口加工区和互市贸易区“三区合一”的地区，也是中俄朝三国交界处。吉林省应抓住振兴东北老工业基地历史机遇，利用地缘优势，未来可以建成珲春—哈桑跨国（边境）经济合作区，珲春—罗津跨国（边境）经济合作区，过渡到中俄、中朝自由贸易区，最终实现中俄朝自由贸易区。自由贸易区建立有利于振兴东北老工业基地，有利于中国在东北亚区域合作当中掌握主动权及话语权，也可以进一步促使吉林加快发展优势产业、培育新兴产业，加快新型工业化、农业产业化，全力打造适合开发开放的产业群。而且吉林省还可以利用口岸优势和现有的旅游资源，大力发展三疆风光游、边境游和跨国游。争取开辟珲春—哈桑—罗先跨国旅游线路、珲春—罗先休闲旅游线路及哈桑区海滩休闲游，东北亚区域合作发展将助推吉林经济的快速增长及东北老工业基地的振兴。目前图们江区域合作开发已经上升为中国国家战略，吉林省珲春市在中国东北亚区域合作中的桥头堡作用也更加凸显。

9.2.2　东北亚区域合作与东北老工业基地投资互动

（一）辽宁积极参与东北亚区域合作投资，将成为中国经济新增长区域

辽宁未来的目标是希望成为继珠江三角洲、长江三角洲和京津冀地区之后中国经济新的增长区域。2014 年 11 月，辽宁地区生产总值（GDP）为 20361.7 亿元，辽宁经济增长率，第一季度为 7.4%，第二季度为 7.2%，第三季度仅为 6.2%，可见辽宁经济目前比较低迷，经济增速下滑较为严重。2018 年第一季度辽宁经济总量与财政收入出现了企稳回升，辽宁省地区生产总值 5125 亿元，同比增长 5.1%。第一产业增加值增长 2.8%，第二产业增加值增长 7.3%，第三产业增加值增长 3.9%。一般公共预算收入 691.7 亿元，同比增长 9.4%。2019 年一季度，辽宁省经济运行延续了良好发展态势，辽宁地区生产总值为 5486.2 亿元，同比增长 6.1%，好于去年为 5.1% 水平，经济增长趋于稳中向好，辽宁经济占东北三省经济的半壁江山，居东北三省首位，辽宁是东北老工业基地能否全面

振兴的最重要一环。2019年辽宁积极参与东北亚区域合作投资就势在必行，辽宁参与东北亚区域经济合作投资，具有一些先天优势条件。

1. 辽宁积极参与东北亚区域合作投资

辽宁作为共和国的长子，是重工业基地，为新中国成立后国家的经济发展作出过巨大的贡献。辽宁应大力弘扬“长子情怀、忠诚担当、创新实干、奋斗自强”的新时代辽宁精神，为融入东北亚区域合作提供新动力。辽宁应积极参与东北亚区域合作投资，2014年辽宁省政府为更好参与东北亚区域合作投资，在东北亚区域投资6500亿元，目的是进行690个重大技术改造项目。与此同时为加快东北亚区域合作深入全面发展，辽宁还投资新建5条高速公路、4座大型水库、2个码头，扩建2个机场，2019年计划推进了300个合作项目。解决东北亚区域合作中交通及基础设施瓶颈问题。2018年及2019年上半年辽宁省与东北亚、中东欧国家外贸进出口总额合计达到483.35亿美元。辽宁以自贸区为载体，向东打造东北亚经贸合作先行区，向西建设中东欧17+1经贸合作示范区，逐步形成了辽宁省陆海内外联动、东西双向互济的“一体两翼”新格局。

2. 东北亚各国与辽宁投资互补性比较强

辽宁工业基础比较雄厚，装备制造业发展态势较好，在与东北亚各国区域合作投资的基础上，中国可以投资于东北亚区域的高铁，核电等高大上项目。与此同充分利用辽宁劳动力优势，韩国劳动力成本是辽宁7倍，日本劳动力成本则是辽宁16倍。可见与日本及韩国劳动力投资互补性很强。2014年包括东北亚在内世界各国来辽宁考察团体共有1000多个，可见东北亚各国还是愿意参与辽宁投资。未来发展趋势辽宁可以承接产业转移方面投资，承接来自韩国及日本产业转移，例如运输机械、制造业、现代服务业、信息技术。与此同时，在东北亚区域合作中，辽宁还可以将制造业等一些劳动密集型行业转移到蒙古和朝鲜，通过投资合作加快辽宁产业转型升级。2012年辽宁省得到来自东北亚区域的韩国投资1034842万美元，日本投资2018887万美元，促进了辽宁经济的增长，辽宁省与东北亚国家开始走向良性互动投资发展方向。辽宁省希望与日本及韩国在高科技领域合作，尽快融入东北亚区域合作。辽宁省与俄罗斯也正在进行跨境物流、农产品贸易、能源电力等领域合作，争取做东北亚区域合作先行者。2018年和2019年上半年，辽宁省与东北亚国家进出口贸易总额达到

446.11 亿美元，进出贸易总额在不断增长，东北亚区域合作发展势头较好。

表 9－19　　2012 年辽宁省外商直接投资情况　　单位：万美元

国别/地区	投资总额	比重（%）
香港	10295270	55.5
澳门	88926	0.5
韩国	1034842	5.6
美国	615866	3.3
日本	2018887	10.9
澳大利亚	84473	0.5

资料来源：《辽宁统计年鉴 2013 年》

3. 辽宁建设东北亚国际航运中心，助力东北亚合作发展

国家总理李克强认为“港口是辽宁的聚宝盆、金娃娃，要坚持转身向海、深化改革、全面开放，积极参与东北亚区域合作，做强服务辽宁、服务东北地区、服务东北亚和内蒙古东部地区的出海口，以港口的高质量发展辐射带动整个东北地区的振兴发展”。可见辽宁省未来融入东北亚区域合作最有力的支撑点就是通过加快港口建设，建设东北亚国际航运中心。2019 年大连港和营口港组建了辽港集团，致力于打造东北亚国际航运中心，在太平湾打造东北亚“新蛇口”，为未来东北亚区域合作提供便利。目前营口港是辽宁省出海港，也是辽宁面向东北亚开放大门，辽宁自贸区的建设依托就是营口港。大连港是中国东北最大的综合性码头，也是辽宁积极推进远东地区战略布局的重要港口，未来与俄罗斯的进一步经贸交往可以依托此港。锦州港是中国通向东北亚地区最便捷的进出海口，是内蒙古东部煤炭资源和未来蒙古国矿产资源唯一的出海口，对于未来东北亚区域合作发展十分重要地位。盘锦港是未来中蒙俄大通道出海，位于东北亚经济圈与环渤海经济区的交叉点，是东北亚区域性经济发展的重要节点。可见，辽宁建设东北亚区域国际航运中心将进一步助力东北亚区域合作发展。

（二）吉林融入“一带一路”建设，充分利用长吉图，珲春阵地，开放带动东北亚区域合作投资

吉林省位于东北亚区域几何中心，近海却没有出海口。吉林面对此

“窘境”，主动借港出海陆实行陆海联运、内陆保税等。吉林长春等多地建设“内陆港”，可以与大连港、营口港对接，通过国际内陆港通关运营，以通丹高速为依托，通联丹东港，借港出海有助于加强吉林与东北亚区域合作的经济联系。图们江发源于长白山，与日本隔海相望，是中朝俄三国交界地区，处于东北亚六国的中心地带，是东北亚的重要枢纽，但现实情况是没有出海口。2012 年国家实行图们江区域开放以来，图们江已经成为东北亚最重要的货运交通中心。2014 年 10 月，中俄两国联手投资扎鲁比诺港，争取实现多国陆海联运航线，助力东北亚区域合作，项目的投资 30 亿美元。扎鲁比诺港作为东北亚区域最大港口，将会联通东北亚区域合作的通道，同时也契合了俄罗斯重启“黄金水道”的战略构想，中国也能借扎鲁比诺港出海联运。中俄两国加大对俄口岸、高铁等投资建设力度，与俄罗斯联手开辟通往欧洲、北美的新航线，日本、韩国都将从中获益。目前东北亚区域旅游投资也在加快，中国在建设图们江国际旅游集散地，减少通关时间，希望促进东北亚区域旅游业迅速发展。与此同时吉林也在充分利用图们江口岸优势，建设黄金口岸通道，最终与绥芬河、东宁等口岸相联，共同助力东北亚区域合作。2019 年吉林加大东北亚投资布局，珲春境内共的 4 个公路铁路口岸实现对俄罗斯、朝鲜通关，在通关口岸周边，分布着俄罗斯、朝鲜共计 10 多个港口，促进吉林积极参与东北亚区域合作。依托东北亚区域合作的不断发展，目前能抵达韩国、俄罗斯的陆海联运航线开通，通过珲春，可以通向韩国，也可利用北极航道，“抄近道”通向欧美。为了更好地融入东北亚区域合作发展吉林也投资于陆路交通，2019 年首列从俄罗斯新西伯利亚克里西哈开出的“长珲欧”班列到达长春，开启了交通互联互通新篇章。2011 年吉林省签订利用外商直接投资 125939 万美元，实际利用外资额达 494705 万美元。2012 年吉林省签订利用外商直接投资 138964 万美元，比上年增长 10.3%，实际利用外资额 581597 万美元，比上年增长 17.6%。2018 年吉林实际利用外资 7.02 亿美元，同比增长 1 倍。其中，外商直接投资 2.75 亿美元，同比增长 18.92%。跨境融资 4.27 亿美元，同比增长近 3 倍。可见吉林应积极利用外资，为东北亚区域合作打造良好的交通、物流、港口等基础设施条件，助力东北亚区域合作发展。

吉林积极参与东北亚区域合作优势巨大，首先韩国是吉林传统贸易合作伙伴，目前吉林与俄罗斯、日本等国的经贸发展也益深入，发展前景较为光明。为更好地融入中央新战略部署，即建设“丝绸之路经济带”和“21 世纪海上丝绸之路”，吉林也积极参与东北亚区域合作，吉林珲春也充分利用现有优势，争取成为东北亚区域合作的新门户。从隋唐时期起，珲春就是海上丝绸之路起点，因此东北亚区域各国都比较关注。吉林与俄罗斯在《沿中蒙俄开发开放经济带发展规划（2018—2025 年）》中提出，要将中蒙俄开发开放经济带建设成为吉林推动与东北亚全面合作的新载体和新一轮振兴发展的先行区。韩国加大了对珲春的投资力度，珲春吸引了韩国浦项、现代等国际高端企业的投资。朝鲜也加大了罗先经贸区开放程度，中国对朝鲜一些投资项目也得到快速发展，如中国投资于朝鲜工业园、港口、桥梁、高速铁路等建设。吉林与韩国在东北亚区域合作还体现在，吉林与韩国携手推进珲春—哈桑跨境经济合作区、中韩（吉林）国际合作示范区等建设，为东北亚区域合作树立了典范。与此同时日本也加大了对吉林的投资力度，日本地方政府政要喜欢到珲春进行合作项目的谈判。蒙古国由于没有出海口，因此极力主张东北亚大通道建设，更希望借力东北亚区域合作，利用俄罗斯及朝鲜港口出海，因此也乐于进行大通道的投资建设。丁晓燕也提出“针对俄、蒙、朝等国丰富的矿产资源，吉林可建立面向东北亚各国的矿产权证交易所，促进资源合作开发和转让。根据东北亚各国开发开放需求，吉林可成立东北亚国际金融投资集团和图们江开发股份制银行，建立东北亚投资合作基金等”。2018 年，吉林珲春经扎鲁比诺港至宁波的内贸航线首航成功，它是新的东北出海口，是一条由中国、俄罗斯、韩国和日本共同开发的 800 海里海陆联运定期航线。

（三）黑龙江提高外资利用水平，吸引东北亚各国高新技术和资金

黑龙江省地处于东北经济区内中心位置，北部及东部与俄罗斯远东地区毗邻，其发展对俄投资及经贸往来有良好的先天优势。黑龙江吸引外资及对外投资主要是针对俄罗斯、日本及韩国三国。在东北亚区域合作中，黑龙江可以充分利用同江铁路大桥、绥芬河工业园、佳木斯国际航空港、黑河晶硅生产基地等优势与东北亚各国进行投资及经贸往来。利用振兴东北老工业基地及东北亚区域合作新机遇，吸引东北亚各国高新技术及资金投入，尽快进行产业结构的调整，延长产业链条，由低端产业层次向中高端产业层次推进。黑龙江地处平原，是中国的农业大省，但在东北亚区域

合作尚未正式成立之际，各个国家对农业存在严重贸易保护及贸易壁垒，所以黑龙江农业优势并没有发挥其应有作用。在未来可以争取吸引更多东北亚各国投资资金，充分发挥黑龙江农业优势，向农产品深加工推进，为东北亚各国提供深加工后的农产品。2018 年黑龙江进出口总值 1747.7 亿元，比上年增长 36.4%。其中边境贸易进出口 186.9 亿元，下降 14.4%。加工贸易进出口 94.2 亿元，下降 38.1%。黑龙江实际利用外资 59.5 亿美元，增长 1.5%。2017 年黑龙江接受东北亚区域内的韩国投资 22687 万美元，日本 1739 投资万美元，俄罗斯投资 1663 万美元（表 9－20）未来黑龙江应更好地利用日本、韩国、俄罗斯的资金及技术，打造黑龙江木业产业集群、物流产业集群、进口石化产品加工产业集群、现代服务业产业集群，为东北亚区域合作创造良好交通、物流、经贸、基础设施等投资环境，加快推进东北亚区域合作的尽快落实。

表 9－20　2017 年黑龙江外商直接投资情况　单位：万美元

国别/地区	投资总额
香港	223134
美国	19973
韩国	22687
日本	1739
俄罗斯	1663

资料来源：《黑龙江统计年鉴 2018 年》

9.2.3　东北亚区域合作与东北老工业基地金融互动服务创新

（一）以沈阳为核心，辐射长春、大连等城市，打造东北亚国际金融中心

2018 年辽宁 GDP 总量占东北三省 GDP 总和的 44%。辽宁经济主力军是沈阳和大连，沈阳 GDP 总量为 6292 亿元，大连 GDP 总量为 7668 亿元，大连和沈阳 GDP 总和占辽宁省经济 55%。沈阳作为辽宁省的省会城市，经济总量一直处于东北第一位置，且交通便利，物流发达，金融环境良好，打造东北亚国际金融中心具有先天优势，沈阳北站附近的沈阳金融商贸开发区，被国内外人士誉为“中国东北的曼哈顿”。目前在建沈阳国际

金融中心，位于沈阳惠工广场东北部。未来东北亚国际金融中心进一步可以在长春、大连等地在设分支机构。东北亚国际金融中心的建立毫无疑问将成为带动东北亚区域合作快速发展的重要引擎，是我国快速参与东北亚区域合作的战略选择。在东北亚区域合作中应尽快打造东北亚跨境金融合作联盟及跨境电子商务一站式在线综合金融服务平台，共同改善东北亚各国跨境投融资环境，实现外汇便利化。

（二）加强对韩朝俄蒙金融结算中心合作，加快推进人民币国际化进程

在东北亚区域合作中国、俄罗斯与日本同为大国，且存在领导之权，未来中国应着重从东北亚区域金融合作入手，成为东北亚金融领域领头羊，加快推进人民国际化进程。2013 年 1 月习近平主席提出筹建亚洲基础设施投资银行，2014 年成立亚洲基础设施投资银行，目的是为了促进亚洲区域的建设互联互通化和经济一体化的进程，并且加强中国及其他亚洲国家和地区的合作，这个新的 1000 亿美元银行将主要由中国出资，中国希望加快形成中国东北亚金融领域领头羊，也希望建立对韩朝俄蒙金融结算中心。2018 年 12 月，亚投行有 93 个正式成员国。目前 G7 对俄罗斯乃至中国施加压力，俄罗斯央行，外资银行，以及出口商都在纷纷考虑用美元之外的货币结算跨境业务，人民币成为首选。2014 年 7 中国人民银行与韩国银行也在首尔签署了关于在首尔建立人民币清算安排的备忘录，双方同意致力于建立人民币对韩元直接交易机制，在韩国首尔建立人民币清算安排，中方同意给予韩方 800 亿元人民币合格境外机构投资者（RQFII）额度。在与朝鲜的对外贸易往来中，人民币一直在朝鲜有一定的地位。2016 年 3 月亚洲首个人民币国际化研究中心在北京举行。目前中国自 2009 年 7 月启动跨境贸易人民币结算试点以来，实现结算金额仅 36 亿元，而 2013 年这一数额已达到 4.63 万亿元，2018 年跨境贸易人民币结算业务发生 5.11 万亿元，直接投资人民币结算业务发生 2.66 万亿元。2014 年人民币已成为全球第七大支付货币，位列美元、欧元、英镑、日元、加元和澳元之后。2018 年人民币是中国第二大跨境支付货币，第五大全球支付货币，目前人民币上升为第六位官方外汇储备货币，越来越央行和金融机构把人民币纳入外汇储备货币，持有人民币规模快速增长。由此可见人民币国际化已大势所趋，不可避免。人民币在东南亚地区有一定的地位，成了仅次

于美元、欧元、日元的又一个“硬通货”，人民币在周边国家应用也较广泛。在西南边境地区，人民币有“小美元”之称。人民币主要跨境流通到俄罗斯、朝鲜、蒙古国。蒙古国目前将人民币作为主要外国货币，蒙古国的各个银行都开展了人民币储蓄业务。在与蒙古国的边境贸易中，人民币现金交易量占双边全部交易量的1/3。最近几年由于美国对俄罗斯的制裁，俄罗斯几乎清仓式减持其所持有的美债，2018 整年减持了约 84.49% 的美债，美元在俄罗斯外汇储备中的份额大幅削减至历史最低水平。俄罗斯已经绕开美国 SWIFT 系统，俄罗斯银行加入人民币跨境支付系统（CIPS），这意味着中俄天然气、石油、黄金交易都可以用人民币来作为结算货币，美元被彻底放弃。未来更好的促进东北亚区域合作，中国理应成为东北亚金融领域领头羊，人民币国际化进程可以先从俄罗斯、朝鲜、蒙古国、越南开始，未来扩大到东北亚区域合作各国，最终成为世界货币。

（三）加快推进通过货币互换抵御金融风险，加强金融基础设施建设

目前东北亚区域内已有一定的货币互换的基础，2014 年全世界使用人民币结算的贸易额为 4.6 万亿元人民币，比前年猛增 58%。且 2014 年 10 月李克强总理访问俄罗斯，双方就签署了关于本币互换、投融资等领域的文件，旨在促进两国金融条件的改善。通过货币互换，可以减少企业在流通领域内成本。2014 年 7 月中韩两国就在韩国设立人民币和韩元直接交易市场达成一致，未来韩国企业在与中国交易时可以使用货币互换，据估计中韩贸易直接使用人民币和韩元至少可以给企业节省 3% ~5% 的交易费用，很明显可以降低融资的成本，减少受美元汇率波动影响风险。2018 年 10 月中国人民银行与日本银行签署了中日双边本币互换协议，协议规模为 2000 亿元人民币，协议有效期三年。

东北亚区域内实行货币互换已经成为东北亚各国共同发展的桥梁，各个国家的货币互换可以防范金融危机联动性带来的一系列的风险。与此同时，东北亚也应加强金融基础设施建设，东北亚六国金融系统可以实现有条件的对接，实现金融基础设施的快速信息化建设。加快设立人民币兑东北亚各国货币的离岸中心，首尔是继东京之外又一离岸中心，使人民币可以不通过“经常账户开放—资本账户开放—在世界主要货币市场自由汇兑”这一传统路径实现人民币国际化，而是通过具体离岸中心，即实点市场的布局，实现人民币国际化进程。

9.2.4　东北亚区域合作与东北老工业基地港口、能源、交通、技术合作互动

（一）以大连东北亚航运港为依托，建立港口经济圈，与日朝实现无缝连接

随着国家振兴东北老工业基地、辽宁沿海经济带开发开放等重大战略的实施，大连港的地位和作用正日益突出。辽宁境内主要包括大连港、营口港、丹东港和锦州港等主要港口，吞吐能力超过2亿吨，未来将建成以大连为中心港口群的发展，建立港口经济圈，承担东北亚区域合作航运中心的功能，与日本、韩国、蒙古国、俄罗斯、朝鲜等实行无缝连接，港口群的发展将有助于东北亚区域合作的快速发展。目前打造大连东北亚国际航运中心和黄渤海湾世界级港口集群，深化港口整合，辽宁已完成大连港、营口港整合，辽宁港口集团挂牌成立。整合后的辽宁港口集团依托东北三省和内蒙古东部地区，辐射东北亚各国，是东北三省与东北亚各国合作出海的必经之地，目前港口群内港阔水深、四季通航，自然条件优越，为东北三省融入东北亚区域合作提供天然的航运条件，可以与日本及朝鲜实现无缝连接。

（二）利用黑龙江“新优势”，加快实现运输大通道建设，吸引外资投入

目前黑龙江新优势即以绥芬河—满洲里—俄罗斯—欧洲铁路和绥芬河—俄远东港口陆海联运为战略通道，打造连接亚欧的东部陆海丝绸之路经济带，使黑龙江对俄经贸的领域不再仅仅是俄罗斯的远东地区，而是整个俄罗斯和欧洲。而且目前“滨海边疆区-1”和“滨海边疆区-2”交通运输走廊，很明显这些项目对没有直接出海口的中国省份而言具有重要的物流运输意义。2019年8月黑龙江自贸区成立，明确打造对俄及东北亚区域合作中心枢纽，力争三至五年努力建设成为营商环境优良、贸易投资便利、高端产业集聚、服务体系完善、监管安全高效的高标准高质量自由贸易园区。黑龙江自贸试验区提出了加快实体经济转型升级和建设面向俄罗斯及东北亚的交通物流枢纽等方面的具体举措。黑龙江自贸试验区与辽宁自贸区相联合，东北三省两个自由贸易区的设立，为未来参与东北亚区域

合作提供了更加便宜利的条件。在东北亚区域合作中，黑龙江处于东北亚的前哨位置，位置极其优越。黑龙江应积极吸引俄罗斯外资优势，对俄贸易转型升级，由原来的资源开采合作转向深加工方面推进，且与俄罗斯合作由单纯货物贸易向产业链深度整合拓展。

（三）充分利用俄罗斯及蒙古国的资源优势

俄罗斯西伯利亚和远东地区，石油、天然气等资源丰富，蒙古国的大型矿产资源闻名于世界。东北三省可以充分利用俄蒙的资源优势，进行合作开发等活动，解决东北老工业基地的资源不足的劣势。目前东北老工业基地石油供给不足，东北三省原油部分有许多是从国外买入，资源的不足严重制约了东北老工业基地的升级与发展。目前与东北地区接壤的俄罗斯远东及西伯利亚地区金、铜、铁等资源储量巨大。蒙古国的金、铜为优势矿产资源。朝鲜的金、铜、铁、铅锌矿资源非常丰富，且勘查开发程度不高，资源潜力很大，此类资源恰好是中国短缺资源，未来可以利用中国资金及技术优势，组建东北亚资源开发合作银行，共同合理有序有节开采资源，造福东北亚区域各个国家，实现互惠共赢。未来辽吉黑同俄蒙能源合作，将改善东北老工业基地改革升级中的能源需求，有利于推进东北老工业基地前进的步伐。

（四）东北老工业基地振兴需要日韩俄资金、技术、设备等投入

东北老工业基地的振兴离不开资金、技术、设备等要素的投入，东北作为装备制造业基地的发展，应积极寻求与日韩俄的互利合作与发展，并且深入发展制造业，创新发展农业、木材深加工、金融创新、节能环保，电子商务、智能应用、大数据、云计算、工业互联网等开创性领域。可以预见的未来，东北与日韩俄合作空间将非常巨大。

9.2.5 东北亚区域合作与东北老工业基地农业合作互动

（一）吉林应深入发展与韩农业合作，吸引韩国投资

吉林省是中国重要的工业基地和商品粮生产基地，吉林是大米、玉米之乡，吉林省加工制造业比较发达，汽车、石化、农产品加工为三大支柱产业，医药、光电子信息为优势产业。由于吉林具有独特的交通要道、宜居福地、资源宝地，政策叠加的投资佳地及潜力巨大的创业高地等五大方

面优势，可以成功吸引到韩国的投资。例如在吉林省珲春市的韩国工业园内，由韩国浦项、现代两大集团投资 12 亿元人民币合作建设的珲春浦项现代国际物流园，该项目建成吞吐能力达 1300 万吨的东北亚现代物流中心。目前韩国现代、SK 等企业也纷纷赴珲春进行考察，计划把一些零部件、加工企业设在珲春。目前珲春正在推进能源矿产、医药食品、机械加工、纺织服装、国际物流等“十大产业园区”，希望将这里发展成为国际合作示范城市和图们江区域交通枢纽。到 2030 年，珲春将成为覆盖东北亚地区的边境自由贸易区，成为中国面向东北亚合作与开发开放的重要平台。

（二）黑龙江省应鼓励成立农业合作公司深入开展与俄农林合作，大力发展对俄旅游合作

东北亚区域合作中，黑龙江应加快与俄罗斯深入合作。比如在牡丹江，镜泊湖风景区与俄罗斯举行旅游推介活动。在黑河，与隔江相望的俄罗斯布拉戈维申斯克市构成有名的“中俄双子城”，推动双方的旅游合作，目前黑河已建成的中俄青少年活动中心，是中俄合作的最好典范。在绥芬河，中国与俄罗斯形成一系列度假休闲及边贸活动较为活跃的区域。黑龙江省绥芬河毗邻俄罗斯远东大开发的先行区、核心区，是俄罗斯面向亚太的门户和窗口。目前绥芬河享受卢布自由流通、俄罗斯游客进入绥芬河互贸区免签、综合保税区等特殊优惠政策。未来还可以继续加深旅游边贸的合作，促进黑龙江经济发展的同进，更好促进东北亚区域合作的快速发展。

在东北亚区域合作中，黑龙江可以利用自身劳动力资源优势，建立农业合作公司与俄罗斯开展深度合作，消除俄罗斯民间对大量个体农民进入俄罗斯的顾虑，为俄提供农业劳动力，降低农业生产成本，加大农副产品的供给等。目前俄罗斯远东地区由于地广，人少，急切需要中国的农业劳动力，黑龙江可以发挥中国粮仓作用，合理利用商品性农业资源优势，建立农副产品基地，创建农业产业基地等新型农业项目，大力调整农业产业结构，加快农产品生产技术革新，实现农产品加工规模化、产业化，与此同时实现俄技术本地化，促进种子技术产业化和畜牧良种的引进。

在森林树木的深加工方面，黑龙江也可以开展与俄罗斯的深度合作，俄罗斯在林木深加工方面具有比较强的优势，中俄合作必将有利于黑龙江经济的快速发展，进一步推进东北老工业基地的振兴，尽快实现东北亚区域合作发展的新格局。

第 10 章

辽宁自贸试验区与东北亚区域合作研究

中国辽宁地区、韩国、日本、蒙古国和俄罗斯远东地区的经济互补性较强，但是由于各国的关注度不同，经济上缺乏内在的循环模式，因此东北亚区域合作发展比较缓慢。随着2017年辽宁自贸试验区的建立，各种优惠政策的不断到位，未来3~5年内将着力打造智能装备、海洋工程装备、航空制造、汽车（重点是新能源汽车）、新材料、高技术船舶、电子信息、生物医药和高端医疗器械、商贸及快递等现代物流、海水利用等产业向自贸试验区集聚。培育发展大数据、云计算、工业互联网等新一代信息技术产业，构建先进装备制造业、战略性新兴产业。截至2018年末，辽宁自贸试验区实有企业4.7万家，其中内资企业4.6万家，注册资本6438亿元，外商投资企业1300余家，累计实际使用外资36亿美元。2018年辽宁自贸试验区新增注册企业1.32万家、注册资本2203亿元，45项改革创新经验在全省复制推广。辽宁自贸试验区将迎来一次重大的发展机遇，这些发展机遇也是东北亚区域合作的内核和基础，未来辽宁自贸试验区与东北亚区域合作发展势在必行。

10.1 辽宁自贸试验区与东北亚区域概述

10.1.1 辽宁自贸试验区定位

辽宁省地处东北地区的南部，沈阳是辽宁省省会城市，辽宁区域内的丹东、大连、营口、锦州等沿海港口拥有天然的优势。2018 年辽宁 GDP 总量占东北三省 GDP 总和的 44%。辽宁经济主力军是沈阳和大连，沈阳 GDP 总量为 6292 亿元，大连 GDP 总量为 7668 亿元，大连和沈阳 GDP 总和占辽宁省经济 55%。2017 年辽宁自贸试验区正式挂牌，大连片区重点发展港航物流、金融商贸、先进装备制造、高新技术、循环经济、航运服务等产业，推动东北亚国际航运中心、国际物流中心建设。沈阳片区重点发展装备制造、汽车及零部件、航空装备等先进制造业和金融、科技、物流等现代服务业，提高国家新型工业化示范城市、东北地区科技创新中心发展水平，建设具有国际竞争力的先进装备制造业基地。营口片区重点发展商贸物流、跨境电商、金融等现代服务业和新一代信息技术、高端装备制造等战略性新兴产业，带动区域性物流中心和高端装备制造、高新技术产业基地发展，构建国际海铁联运大通道的重要枢纽。辽宁自贸试验区定位主要是落实中央关于加快市场取向体制机制改革、推动结构调整的要求，着力打造提升东北老工业基地发展整体竞争力和对外开放水平的新引擎。

到 2019 年 7 月沈阳片区孵化小微企业 6 家，实现生产效率提升 70%，年产值提升 76%，员工收入提升 177%，设备总投入减少 56%。沈阳片区已有新建亿元以上项目 34 个，计划总投资 669.2 亿元，实际完成投资 27.7 亿元。大连片区在投资贸易便利化、加强东北亚开放合作等方面迈出坚实步伐，形成了一批可复制推广的创新经验，取得了良好的示范效应。2018 年向日韩中转铁矿石 500 多万吨，奠定了大连东北亚矿石分拨中心的地位。未来大连片区将进一步深耕中日韩经贸合作，推动日本及韩国的先进制造业、战略性新兴产业、现代服务业等产业在片区内集聚发展。营口片区释放港口、自贸试验区、高新区、综保区“一港三翼”的高能级动力。片区积极推进疏港铁路进入营口综保区，中欧班列回程集散中心，完善发展多式联运物流主通道体系，加快“16 + 1”中东欧经贸合作示范先行区建设，吸引了中俄粮食走廊、国际商品展销中心、汉吉斯（营口）国际冷链枢纽、相益食品玉米深加工等一批优质项目落户。

10.1.2 东北亚区域的界定

理论界对于东北亚定义比较多，其中有“核心论”即认为应选择经济地位较为重要国家中国、日本及韩国三国；也有“小东北亚”观点，认为应包括中国、日本、蒙古国、韩国、朝鲜五国，排除了俄罗斯；还有“大东北亚”观点，本书就采用此观点，将东北亚界定为主要包括中国的东北地区，其中辽宁主要包括沈阳、营口、锦州、丹东、大连等城市以及日本、蒙古国、俄罗斯的远东地区、韩国、朝鲜。

10.2 辽宁自贸试验区与东北亚区域各国合作的经济互补性分析

辽宁自贸试验区与东北亚区域从地缘战略角度来看是重要的区域，与北美、欧盟等较为成熟的经济圈相比，由于更具经济上的互补性，所以是最具增长潜力的经济圈。辽宁自贸试验区与东北亚区域合作，经济互补性强，有利于区域内各国经济的快速发展。

10.2.1 辽宁自贸试验区与东北亚各国的金融、资金、技术及人才互补性分析

毫无疑问辽宁自贸试验区与东北亚区域合作中，日韩在资金、技术、人才等方面占有明显的优势。东北亚其他各国，例如中国、俄罗斯、朝鲜、蒙古国应充分利用日韩的优势，大力发展本国的经济。韩国在石油化工、汽车产业、造船、半导体产业、电器、通讯、电子产业、农业管理、资源利用等领域具有优势，与此同时其资本及技术也具有超强实力，东北亚各国对其产品、资金、技术需求量较大。

辽宁自贸试验区人力资源丰富，区内大学包括辽宁大学、东北大学、沈阳农业大学、中国医科大学、沈阳大学、大连海事大学、东北财经大学等可以为东北亚区域合作提供各种专业技术人才。辽宁自贸试验区与东北亚区域合作过程中可以发挥自身优势，利用日韩的资金和技术，大力发展依靠创新、再创新走科技发展的道路，建成世界先进制造业。

俄罗斯是经济大国之一，高科技技术领域优势较为明显，包括基础科

学研究实力较雄厚，特别是在航天、核能、军工、精密仪器、石油化工等尖端技术研究领域人才储备较多，且技术较为先进。辽宁自贸试验区可以与俄罗斯在航空制造、新材料、先进装备制造、互联网、电子信息等领域展开合作。

朝鲜拥有较为丰富资源，目前辽宁丹东与朝鲜合作进行资源的开发与利用。未来辽宁自贸试验区可以依托丹东对朝鲜投资企业主要集中在矿产资源和制造业领域，如运输、海水利用、水产养殖、医药等多个行业。蒙古国在矿产资源开发上与中俄日韩合作也不断加深。随着辽宁自贸试验区与东北亚合作进程的深化，各国取长补短，合作空间巨大，将达到多赢局面。

10.2.2 辽宁自贸试验区与东北亚各国的产业结构上互补性分析

辽宁自贸试验区与东北亚区域各国由于经济发展水平处于不同的阶段，因此产业结构上互补性很强。在区域内有经济发展水平较低的朝鲜和蒙古国，产业结构为资源密集型；有经济发展水平较高的日本、新兴工业化国家韩国，两国产业结构以资本和技术密集型为主；有经济飞速发展的中国辽宁，产业结构为劳动力密集型正向资本和技术密集型转变；有希望重振大国雄风的俄罗斯，产业结构以资源密集型为主。可见辽宁自贸试验区与东北亚区域合作中的总体呈现阶梯型产业结构特征，在区域合作中可以充分利用自身优势，在辽宁自贸试验区与东北亚区域合作中采用垂直型国际分工，此举将有利于在区域内实现辽宁自贸试验区与东北亚各国的产业转移升级及衔接。

日本作为发达国家，产业结构上层次较高，主要体现在日本可以与辽宁自贸试验区合作供给机械、电机、化工产品、汽车零件、技术、环保、高科技等领域产品。目前在车辆零部件、机械器具、零件、电机电气设备及零附件是日本的主要出口商品，而上述产业结构层次较高的商品与辽宁自贸试验区、蒙古、俄罗斯、朝鲜形成鲜明的互补性。

韩国作为新兴工业国家，产业结构的层次也较高，在石油化工、汽车产业、造船、半导体产业、电器、通讯、电子产业、资源利用等市场上拥有先进的技术，这些又恰好是辽宁自贸试验区、俄罗斯、朝鲜、蒙古国所需的产品，可见东北亚区域内各国合作是必要的，有较强的互补性。

辽宁自贸试验区的三大片区可以承接随着科技发展后的日本、韩国高技术含量产业部分的转移和衔接。辽宁自贸试验区与俄罗斯也可以在产业结构上进行衔接，例如俄罗斯对辽宁出口石油和天然气等矿产品、金属及其制品、化工产品、机械设备、木材及纸浆等。俄罗斯也可以从辽宁自贸试验区获得包括智能装备、新能源汽车、生物医药、高端医疗器械、先进装备制造类商品。作为产业结构层次较低且经济发展水平不高的蒙古及朝鲜，迫切需要日本、韩国机械、电机、化工产品、汽车产业、造船、半导体产业、电器、通讯、电子产业、农业管理、资源利用等。

10.2.3　辽宁自贸试验区与东北亚各国的自然资源互补性分析

俄罗斯丰富的自然资源正是辽吉黑及东北亚其他国家所缺少的，石油天然气是其特色产业，煤蕴含量居世界第二位，铁蕴含量居世界第一位，黄金储藏量居世界第四位。辽宁自贸试验区与东北亚区域合作中俄罗斯在石油天然资源、森林资源、土地资源、渔业资源等方面与其他国家相比具有天然的优势，尤其以人均占有量来看，以上资源都是日韩及中国辽宁的稀缺资源。

朝鲜自然资源也比较丰富，有 200 多种有用的地下矿物资源、朝鲜有 110 多种矿产资源得到勘探，这些资源相对于其落后的生产力具有天然的比较优势。辽宁自贸试验区与东北亚区域合作过程中以上这些资源也恰好是中国辽宁、日本、韩国国家所短缺的商品，朝鲜与东北亚区域中的一些国家有很大的资源互补性。

蒙古国具有比较优势的是矿产资源，蒙古国矿产资源丰富，铜，金，钼，煤炭，稀有金属和采矿业生产占国民生产总值的 80%。目前有超过 600 处已探明的矿藏。但蒙古国国力单薄，开采技术落后，使得大量的矿产资源得不到合理的开发与利用，但是辽宁及东北亚各国对资源的需求量比较大，辽宁及东北亚各国可以充分发挥人力资源优势、资金优势、开采技术优势，与蒙古国进行多种合作来开采资源。

辽宁自贸试验区所在地辽宁省矿产资源丰富，品种齐全，分布广泛，但目前辽宁省内的抚顺、阜新、朝阳、本溪等已成为资源枯竭型城市，辽宁自贸试验区与东北区域合作可以弥补辽宁资源的不足。

10.3　辽宁自贸试验区与东北亚区域合作的未来发展设想

东北亚区域合作和发展，应抓住辽宁自贸试验区的有利时机，打造新一轮的东北振兴，未来辽宁自贸试验区与东北亚区域合作有如下设想。

10.3.1　倡导辽宁自贸试验区建立“东北亚区域合作总部”及“东北亚开发银行”

未来辽宁乃至东北经济新增长点，要以金融服务为基点，在地理位置上以沈阳自贸试验区为核心，大连和营口自贸试验区为两翼，长春、哈尔滨为骨架，在东北构筑一个东北亚区域合作的内核。因此，可以以辽宁自贸试验区为契机，建立“东北亚区域合作总部”，充分利用好辽宁自贸试验区与东北亚区域合作契机。

目前沈阳作为辽宁省的省会城市，交通便利，物流发达，金融环境良好，打造东北地区金融中心具有先天优势，未来沈阳——大连自贸试验区可建设成东北地区金融中心，可以与大连、营口遥相呼应。以辽宁自贸试验区为核心的东北区域金融中心的建立将成为推动东北亚区域合作快速发展的重要引擎，是我国快速参与东北亚区域合作的战略选择。辽宁可以提出联合东北亚有关国家成立专门服务于东北亚跨境经济合作的金融机构——东北亚开发银行。利用辽宁自贸试验区大数据、云计算、工业互联网等新一代信息技术产业与现代金融业融合发展，此举可以缓解在东北亚区域合作过程中，各国对资金的需求，可以减化程序，减少对区域外银行的严重依赖。应以辽宁为中心搭建辽宁自贸试验区与东北亚金融合作平台，推进人民币国际化进程。适时建立由各国发起并设立的“东北亚开发银行”，解决成员国区域合作过程中金融领域中存在的问题。在国家支助下辽宁可以在出资额上适当增加比重，以便拥有更多的话语权。同时辽宁“东北亚开发银行”应着力推进人民币国际化进程，未来在东北亚区域合作中适时推动采用人民币进行结算及支付。

10.3.2 力促辽宁自贸试验区——东北自贸试验区——中日韩自贸区、中俄蒙自贸区，多边动态发展

辽宁自贸试验区正发展成为面向东北亚开放的高地和平台，彰显了我国在推动东北亚地区开放中的战略地位。未来自贸区发展可采用先双边再多边的动态发展，可以采用在辽宁自贸试验区——东北自贸区发展的基础上，促进中日韩，中俄朝自由贸易区的建立。辽宁自贸试验区与东北亚区域合作可以采取“先双边后多边”梯度渐近式发展，即中俄到中俄朝，中俄到中俄蒙过程，中韩到中日韩。目前中韩就“萨德”问题存在争议，中朝就核问题存在争议，当时机成熟时，由双边到多边自贸区建设可适时启动。

在辽宁自贸试验区——东北自贸试验区基础上，促进中韩自贸区设立后，在自由贸易区内的关税及关税壁垒消除，进口商品关税更低或者免税，会使商品及物流贸易更加便利化，资源得到更加有效的配置。目前由于辽吉黑装备制造业、航空业、IT 业、农业、水产业、食品加工业，服装业等将迎来新的发展良机。相对于韩国而言，其技术密集型产业如钢铁业、机械业、电子产业、汽车业、金属制品业、塑料业、橡胶业、农产品加工业则也会带来新的转机。在辽宁自贸试验区——东北自贸试验区基础上发展中韩自贸区，中韩自贸区将在辽宁自贸试验区与东北亚区域合作中起表率作用，成为提升东北亚地区开放层次的压力测试先行区，必将推动其他国家的积极参与。

辽宁自贸试验区未来与东北亚区域合作，可东联日本海经济圈，西联环黄渤海经济圈，北联中俄蒙边境大陆经济协作区，形成具有从双边到多边具有联动效应的合作。在目前中日韩自由贸易区建立有一定难度的前提下，优先发展中俄、中韩、中朝的双边关系，条件成熟后发展中韩俄蒙朝的多边关系。但由于经济总量上来说东北亚区域合作中日韩自由贸易区的建立最为关键，因此中日韩应尽快建立自由贸易区仍为最优选择。

10.3.3　力促“辽宁制造”向“辽宁智造”再到“东北亚智造”转变

辽宁自贸试验区 3～5 年目标重点发展装备制造、汽车及零部件、航空装备等先进制造业，未来辽宁将建成世界级先进制造业基地，是辽宁自贸试验区与东北亚区域合作的基础。辽宁具有先天优势，作为振兴东北老工业基地的排头兵，曾是“共和国的装备部”。目前辽宁地区有完善的产业体系，包括鞍山钢铁、中国一汽、吉林石化、大连造船厂、沈阳机床、大庆油田、沈飞集团、东软集团等等，这种各主导产业间的关联性为先进的辽宁制造创造了良好的条件。未来将在辽宁自贸试验区基础上建成世界级先进制造业基地，鼓励发展智能装备、新材料、高技术船舶、电子信息、生物医药和高端医疗器械、培育发展大数据、云计算、工业互联网等新一代信息技术产业，力促“辽宁制造”向“辽宁智造”再到“东北亚智造”转变。

辽宁自贸试验区与东北亚区域合作科技及人才交流与合作也是必不可少的，由“辽宁制造”向“辽宁智造”再到“东北亚智造”都需要高端人才。辽宁自贸试验区与东北亚区域合作未来应走科技创新引领经济步伐，依靠新信息、新技术、新能源、新发明大力发展东北亚各国合作经济的道路，创新发展模式，形成东北亚各国新经济增长点具有重要的战略意义。与此同时在辽宁自贸试验区与东北亚各国中集聚高端人才，例如俄罗斯的航空领域人才、工业领域的人才，韩国的汽车制造人才、中国辽宁制造领域、大数据领域、互联网领域的人才等共同为东北亚各国的共同繁荣及发展服务。

10.3.4　辽宁自贸试验区与东北亚区域合作宜采用“产学研—官产学研金—中央政府合作”新路径

辽宁自贸试验区与东北亚区域合作路径应是一个渐近式梯度的过程，中国与东北亚各国由于意识形态各异，历史遗留问题有待解决，岛屿纷争不断，不可能一步到位实现东北亚区域合作。因此可以尝试先在东北亚各国代表地区及辽宁地区民间进行广泛合作，增加合作机会与信任。从产学研合作入手，可以实现辽宁及东北亚区域各国各地区共同目标、获得各国最佳利益和综合优势，利用各自资源和优势建立一种优势互补、风险共担、利益共享、共同发展正式但非合并关系结构，也是辽宁自贸试验区与东北亚区域合作的驱动力。

在产学研合作的基础上，“官产学研金合作”主要包括政府、企业、高校、研究机构、金融机构等各个部门的合作，以促进辽宁自贸试验区与东北亚区域各国之间的交流与合作，促进技术溢出和知识扩散，使新知识、新信息技术快速传递，研发人员的科研水平不断提高，有利于辽宁自贸试验区与东北亚区域长远发展。以官方代表的政府部门为支持，相应产业部门互相合作，学校、科研机构协助创新，金融机构给予支持推广，成为辽宁自贸试验区与东北亚区域合作新模式。

在官产学研金合作的基础上，推广至东北地区、中国地区与东北亚区域内各中央政府层面的合作。目前韩国政府进行“西海岸开发计划”，日本政府进行“北九州复兴计划”，俄罗斯政府进行“远东大开发战略”，中国政府进行“东北老工业基地振兴计划”等，都说明各国中央政府都试图通过区域合作改善东北亚及本国经济现状的意愿。各国都在尽力寻找各自发展的突破口，最终必将实现辽宁自贸试验区与东北亚区域的全面合作。

10.3.5 辽宁自贸试验区与东北亚区域合作宜采用先“经济文化教育合作”再到“制度协调合作”新区域合作方式

辽宁自贸试验区与东北亚区域的全面合作，除了进行经济上合作外，还应进一步推动东北亚区域在文化领域合作。目前各国文化交流活动也比较频繁，即使在国家层面交流受到一定阻碍的前提下，各国之间民间交流活动却一直没有中断，这是东北亚区域合作的主要方式，例如目前“俄罗斯年”等就是典型的例子。与此同时辽宁自贸试验区与东北亚区域的全面合作也应重视人才培养，培养掌握国际经贸规则、法律及掌握外语的复合型专业人才。文化教育合作将有助于加快推进实现辽宁自贸试验区与东北亚区域的全面合作的步伐。

目前，辽宁自贸试验区与东北亚区域的全面合作主要是局限在地方政府合作层次上，地方政府行政权力毕竟有限，无法进行深入发展，未来辽宁自贸试验区与东北亚区域的全面合作还应致力于制度协调合作。东北亚合作机制的形成，首先应该是中央政府层面的合作机构，在此基础上进行沟通与交流；其次，建立东北亚各国合作组织机构。主要制定利益分享、行为约束、激励规则、处罚规则等措施，还可以合作建立东北亚开发银行，为东北亚各国的共同发展提供资金帮助；再次，建立东北亚区域合作框架。使东北亚各国更紧密地在合作框架内共同进行具体项目的运营，达到共赢目的。

毋庸置疑，辽宁自贸试验区必将给辽宁带来新的发展机会和模式。同时，我们也应该抓住这一机遇，将辽宁打造成为东北亚区域合作的核心，将二者有机地结合起来，实现辽宁乃至东北亚地区的持续繁荣和发展。

主要参考文献

[1] Wan Li. Analysis of Agricultural Trade between China, Japan and South Korea Based on the Northeast Asia Regional Cooperation [A]. North - East Asia Academic Forum 2011 [C]. 2011.

[2] Sun Yingchun. Perspective of homogenization and culture community of Northeast Asia Culture Tradition. Zhejiang Journal. 2009.

[3] Xie Guojuan. Probe into the drive of northeast asia culture integration in the 21st century - from the aspect of culture of China Japan and Korea. Journal of Yanbian University (Social Science Version). 2007.

[4] Chen Junrong a doctorate student in the Department of European Affairs, the Graduate School of China Academy of Social Sciences. Europe 2020 Strategy and Low Carbon Economy [J]. China International Studies. 2011 (03).

[5] Liu Jiangyong Professor at Institute of Contemporary International Relations, Tsinghua University. US Would Face a Dilemma Should It Interfere Militarily in the Diaoyu Islands Dispute [J]. China International Studies. 2011 (03).

[6] Teng Jianqun Senior Research Fellow at China Institute of International Studies. Sino - American Nuclear Dialogue: Retrospect and Prospect [J]. China International Studies. 2011 (03).

[7] Xia Zhengwei Associate Professor in Department of History of Shanghai University. Mei Xi a graduate student in Department of History of Shanghai University. . A Review of President Obama's Environmental Diplomacy [J]. China International Studies. 2011 (03).

[8] Heribert Dieter&Richard Higgott. Exploring alternative theories of economic regionalism: from trade to finance in Asian co – operation? Review of International Political Economy 10: 3 August 2003: 430 –454.

[9] Jonathan F. Galloway Game theory and the law and policy of outer space Space Policy 20 (2004) 87 –90.

[10] Michihiro & Kandori. Introduction to Repeated Games with Private Monitoring Journal of Economic Theory 102, 1 –15 (2002).

[11] Dermot&Gately. Sharing the gains from the regional cooperation: a game theoretic application to investment in electric power. International economic review vol. 15. No. 1. Feburary 1974.

[12] GERALD SCHNEIDER&CLAUDIASEYBOLD. Twelve tongues, one voice: An evaluation of European political cooperation European Journal of Political Research 31: 367 –396, 1997. 367.

[13] RAUL P. LEJANO CLIMISA. DAVOS. Cooperative Solutions for Sustainable Resource Management Environmental Management 24, No. 2.

[14] Elena DEVAEVA. Economic Cooperation Betweenthe Russian Far East and Northeast Asia: Present State, Problems, and Prospects Far Eastern Affairs.

[15] Willem van der Geest. Sharing benefits of globalization through an EU – ASEAN FTA. Asia Europe Journal. Feb. 2004.

[16] Aftab Seth. "On Prospect of the Asian Economic Community". The 3rd High LevelConference on "Asian Economic Community" Taiyuan Forum 2005, Taiyuan, China. Sep. 2005.

[17] Tan Song Chuan. Challenges to multi – literalism: Free Trade Agreements. Asia – Europe Journal, 2004. 121 –132.

[18] Ministry of Trade and Industry. Report of Joint Study Group on Japan – Singapore, Sep. 2000.

[19] Roland – Holst DD van der Mensbrugghe. "China and the WTO: Beginning of the end for East Asian Regionalism". The 5th Conference on Global Economic Analysis, Taipei. June. 2002.

[20] Cesar de Prado Yepes (Sweden) "Is the World Ready for a Coher-

ent Asean3？ Multi – level competition among epistemic policy actors with special reference to the East Asia Vision Group”.

[21] Zhang Yunling， ed. East Asian Cooperation： and Future，（Beijing： World Affairs Press，2003）.

[22] Wendy Dobson，2001，“Deeper Integration in East Asia； Regional Institutions and the International Economic System”， The World Economy Vol. 24 No. 82001.

[23] Evan S. Medeiros and M. Taylor Fravel. China’s New Diplomacy Foreign Affairs，November/December 2003.

[24] Kawai M and Wignaraja G. Asian FTAs：Trends，Prospects，and Challenges [R]. ADB Economics Working Paper Series No. 226，2010.

[25] Jeffrey J. Schott. Can Mega – Regionals Support Multilateralism? [R]. Presented at the OECD Global Forum on Trade “Reconciling Regionalism and Multilateralism in a Post – Bali World” Paris，11 February 2014（3）.

[26] Regional trade agreements [EB/OL]. 世界贸易组织网站. http：//www. wto. org/ english/tratop_ e/region_ e/region_ e. htm.

[27] 艾德加·M·胡佛、弗兰克·杰莱塔尼. 区域经济学导论（中译本）[M]. 上海：上海远东出版社，1992.

[28] W. 艾萨德. 区域科学导论 [M]. 北京：高等教育出版社，1991.

[29] 李铁立，边界效应与跨边界次区域经济合作研究 [M]. 北京：中国金融出版社，2005.

[30] 林木西，崔万田. 东北老工业基地区域一体化研究 [M]. 北京：经济科学出版社，2011.

[31] 林木西，赵德起，张华新. 东北老工业基地新型产业基地建设研究 [M]. 北京：经济科学出版社，2011.

[32] [美] 保罗·萨缪尔森、威廉·诺德豪斯著. 经济学（第19版）[M]. 北京：人民邮电出版社，2012.

[33] [英] 安东尼·B·阿特金森，[美] 约瑟夫·E·斯蒂格利茨. 公共经济学 [M]. 上海：上海三联书店出版社，1997.

[34] [美] 约瑟夫·E. 斯蒂格利茨著；江舒译，斯蒂格利茨报告：

后危机时代的国际货币与金融体系改革：reforming the international monetary and financial systems in the wake of the global crisis [M]. 北京：新华出版社，2011.

[35] 约瑟夫·E·斯蒂格利茨，沙希德·尤素福编 Joseph E. Stiglitz, Shahid Yusuf；王玉清，朱文晖等译 [M]. 北京：中国人民大学出版社，2003.

[36] [美] 约瑟夫·斯蒂格利茨著；纪沫，仝冰，海荣译．发展与发展政策 [M]. 北京：中国金融出版社，2009.

[37] 林木西．发展混合经济振兴东北老工业基地 [J]. 经济学动态，2005.

[38] 任泽洙．中韩经贸关系的特点及对策选择 [J]. 哈尔滨商业大学学报（社会科学版），2005.

[39] 陈文敬．我国自由贸易区战略及未来发展探析 [J]. 理论前沿，2008.

[40] 杨志安，关慧．农村公共物品供给对农民收入影响的实证研究 [J]. 辽宁大学学报（哲学社会科学版），2009.

[41] 俞春英，杨定华．中国在东亚区域经济合作中的作用和地位分析 [J]. 云南财经大学学报（社会科学版），2010.

[42] 喻国平，许林．东亚区域宏观经济政策协调合作的博弈探析 [J]. 华南理工大学学报（社会科学版），2010.

[43] 包明齐．中国与蒙古国次区域经济合作研究 [J]. 吉林大学硕士学位论文．2011.

[44] 隋峰燕．中日韩区域经济合作与贸易潜力 [J]. 首都经济贸易大学硕士学位论文，2010.

[45] 2010 东北亚区域合作与管理论坛 [J]. 社会科学战线，2010.

[46] 刘俊清．中国参与东北亚地区经济合作的战略研究 [J]. 内蒙古财经学院学报，2010.

[47] 姚燕．区域经济合作研究综述 [J]. 中国集体经济．2010 年第 21 期．

[48] 曹志刚，李光辉．经济因素影响东北亚区域经济合作的研究分析 [J]. 国际贸易，2010.

[49] 林宽海. 充分发挥牡绥地区在东北亚区域合作中的先导作用 [J]. 西伯利亚研究, 2011.

[50] 武寅. 在第四届东北亚区域合作发展国际论坛上的致辞 [J]. 西伯利亚研究, 2011.

[51] 邵瑞峰. 黑龙江省建设东北亚经济贸易开发区研究 [D]. 黑龙江大学硕士学位论文, 2011.

[52] 杨越松. 中国与东盟区域经济合作战略研究 [D]. 四川省社会科学院硕士学位论文, 2011 (4).

[53] 沈树明, 中国与朝鲜次区域经济合作分析 [D]. 延边大学硕士学位论文, 2009 年 5 月.

[54] 辛涛. 论东亚经济一体化新路径——FTA 网结合次区域经济合作 [D]. 东北财政大学硕士学位论文, 2007.

[55] 罗海涛, 王晓军. 东北亚区域经济合作研究述评 [J]. 科技和产业, 2007.

[56] 曾兆勇. 东北亚区域经济合作的博弈浅析 [J]. 辽宁经济, 2007.

[57] 曾兆勇. 博弈论在区域经济合作中的运用研究——以东北亚区域为例 [D]. 东北师范大学硕士学位论文, 2006.

[58] 盛洪昌. 东北地区经济振兴与东北亚区域贸易合作研究 [D]. 东北师范大学硕士学位论文, 2007.

[59] 关慧. 中国农村公共物品供给不足的财政政策研究 [D]. 辽宁大学博士学位论文, 2009.

[60] 郑玉成. 论东北亚区域经济合作 [D]. 华中师范大学硕士论文, 2011.

[61] 梁佳. 辽宁在东北亚区域中的战略地位与经济合作途径研究 [D]. 辽宁工程技术大学硕士学位论文, 2007.

[62] 刁秀华, 张婷婷. 加快辽宁省与东北亚区域经济合作的路径选择 [J]. 俄罗斯中亚东欧市场期, 2011.

[63] 尤丽亚. 中俄区域经济合作研究 [D]. 吉林大学硕士论文, 2011.

[64] 刘彦君. 后危机时期东北亚区域经济合作的新趋势及中国战略

选择［D］. 浙江师范大学，2012.

［65］高瑞华. 东北亚区域合作发展的理论和实践研究［D］. 河北师范大学，2012.

［66］王占霞. 基于东北亚区域经济合作新构想的分析［J］. 哈尔滨商业大学学报（社会科学版），2013.

［67］付云鹏，马树才，宋琪. 辽宁参与东北亚区域经济合作现状及对策研究［J］. 商业经济，2013.

［68］张蕴岭. 中国参与和推动东北亚区域经济合作的战略［J］. 东北亚论坛，2013.

［69］张金玉. 现阶段中国参与东北亚区域经贸合作的战略研究［J］. 吉林财经大学，2013.

［70］郭欢. 中日韩自由贸易区的经济效应及其对浙江省对外经贸的影响分析［D］. 浙江工商大学，2013.

［71］张长新. 全球金融危机背景下的东北亚区域经济合作，吉林大学［D］. 2011.

［72］王玉主. RCEP 倡议与东盟"中心地位"［J］. 国际问题研究，2013.

［73］2013—2018 年黑龙江省国民经济和社会发展统计公报，http：//www. stats - hlheb. gov. cn/hrbtjxxw/xw！ detaPage. action？ tid = 28594，2014 年 5 月.

［74］王佳丽. 东北亚区域经济合作路径研究［J］. 经济管理，2013.

［75］许文卓，吕佳和郑莹. 东北亚经济合作对振兴东北老工业基地的影响及对策研究［J］. 经济研究导刊，2013.

［76］曹志刚，李光辉. 经济因素影响东北亚区域经济合作的研究分析［J］. 国际贸易，2010.

［77］《2013 年经济自由度指数》，美国传统基金会网站，http：//www. heritage. org/index/，2013.

［78］漆莉. RCEP：中国推进东亚经济合作的机遇与对策［J］. 亚太经济，2013.

［79］李俊久，陈佳鑫. 中国在东北亚经济合作中的地位与作用——区域性公共产品的视角［J］. 吉林师范大学学报（人文社会科学版），

2014.

［80］刘重力，杨宏．美国重返亚洲对中国在东亚地区 FTA 战略的影响——基于 TPP 合作视角的分析［J］．东北亚区域合作，2012 年 5 月．

［81］姜跃春．亚太区域合作的新变化与中日韩合作［J］．东北亚论坛，2013.

［82］谷源洋．东亚区域合作概论与中日战略考虑［J］．亚非纵横，2009.

［83］陈光武．东亚区域经济一体化研究［D］．吉林大学博士论文，2009.

［84］陆燕．美欧谋求自贸协定对世界经贸的影响与中国应对策略［J］．国际贸易，2014.

［85］赵晓波，刘文革，王磊．日本对中日韩服务业区域合作的影响［J］．商业研究，2013.

［86］徐春祥．推进中日韩自贸区建设是中国在亚洲唯一区域战略选择［J］．东北亚论坛，2014.

［87］孟夏，宋丽丽，美国 TPP 战略解析：经济视角的分析［J］．亚太经济，2012.

［88］赵金龙．美国 TPP 战略的动机及其对东北亚经济一体化的影响研究［J］．东北亚论坛，2012.

［89］全毅．TPP 对东亚区域经济合作的影响：中美对话语权的争夺［J］．亚太经济，2012.

［90］胡麦秀．美国主导 TPP 的战略动因及其对中国的启示［J］．情报杂志，2012.

［91］刘昌黎．泛太平洋战略经济伙伴关系协定的发展与困境［J］．国际贸易，2011.

［92］胡为雄．区域性超国家组织及其诸种形式辨析［J］．湖北经济学院学报，2011.

［93］张隽．韩国在东北亚区域经济合作中的地位和作用［D］．吉林大学硕士论文，2011.

［94］迟俊杰．中国国防安全构成要素的博弈论分析［D］．吉林大学硕士论文，2011.

[95] 关慧，蔡冬冬．中国农村公共物品供给不足的博弈分析［J］．中国经贸导刊，2010.

[96] 许佳，牛一．中韩 FTA 与东北亚经济合作［J］．延边大学学报，2013（4）．

[97] 魏祎．后经济危机背景下我国东北亚区域经济合作研究［D］．延边大学，2013.

[98] 姜羽思．长吉图开发开放战略与建立图们江自由贸易区的研究［D］．延边大学，2013.

[99] 崔朋朋．长吉图开发开放先导区旅游产业集群演进及发展趋势研究［D］．东北师范大学，2013.

[100] 彭支伟，张伯伟．TPP 和亚太自由贸易区的经济效应及中国的对策［J］．国际贸易问题，2013.

[101] 苑梅．基于中朝跨境经济合作区的财政政策研究［J］．石家庄经济学院学报，2013.

[102] 宋颖慧．试析 TPP 谈判进展及其趋势［J］．现代国际关系，2013.

[103] 姜跃春．亚太区域合作的新变化与中日韩合作［J］．东北亚论坛，2013.

[104] 韦宗友．美国战略重心东移及其对东亚秩序的影响［J］．国际观察，2012.

[105] 中国商务部网站，http：//www. mofcom. gov. cn/.

[106] 于江波，邹春燕，后金融危机时代中国东北深化对韩科技合作问题研究［J］．对外经贸，2012 年第 2 期．

[107] 侯典芹．美国的战略东移与东北亚［J］．世界经济与政治论坛，2013.

[108] 郑连成，王红梅，郭伟．金融支持东北亚经济贸易开发区发展研究［J］．哈尔滨金融学院学报，2013.

[109] 祁俊威．内蒙古五盟市参与东北亚区域经济合作的 SWOT 分析［J］．内蒙古科技与经济，2013.

[110] 毛健，刘晓辉，张玉智．图们江区域多边合作开发研究，中国软科学［J］．2012 年第 5 期．

[111] 祝滨滨. 长吉图先导区面临的国内外环境与发展趋势研究，东北师大学报（哲学社会科学版）[J]. 2012 年第 4 期.

[112] 夏莹，魏景赋. 中俄朝经贸合作现状、问题及展望——基于图们江区域开发的视点 [J]. 商业经济，2012 年第 10 期.

[113] 王联合. TPP 对中国的影响及中国的应对，国际政治经济研究 [J]. 2013 年第 4 期.

[114] 王金强. TPP 对 RCEP：亚太地区合作背后的政治博弈，亚太经济 [J]. 2013 年第 3 期.

[115] 王君. RCEP 的构建及中国应对策略研究，东南亚纵横 [J]. 2013 年 4 月.

[116] 毕世鸿. RCEP：东盟主导东亚地区经济合作的战略选择 [J]. 亚太经济，2013 年第 5 期.

[117] 李玉举. APEC 成员方与东盟合作的差异性及中国的选择 [J]. 亚太经济，2013 年第 3 期.

[118] 张彦. RCEP 背景下中国东盟经贸关系：机遇、挑战、出路 [J]. 亚太经济，2013 年第 5 期.

[119] 陈淑梅，全毅. TPP、RCEP 谈判与亚太经济一体化进程 [J]. 亚太经济，2013 年 2 期.

[120] 张彬，胡渊. 中日韩货物贸易自由化比较研究，南开学报（哲学社会科学版）[J]. 2012 年第 4 期.

[121] 田鸿雁，宋学文. 中国——东盟自贸区建设的成就、挑战、与对策探析 [J]. 改革与战略，2012 年第 1 期.

[122] 刘洋. 新地区主义视角下东亚合作模式探析 [D]. 黑龙江大学，2012 年 4 月.

[123] 郑迪. 中俄两国在上合组织中的利益诉求差异分析 [J]. 社科纵横，2012 年 6 月.

[124] 李俊江，范硕. 中朝经贸关系发展现状与前景展望，东北亚论坛 [J]. 2012 年第 2 期.

[125] 里亚边科—瓦列里. 中国与俄罗斯经济与贸易合作研究 [D]. 辽宁大学，2011.

[126] 包明齐. 中国与蒙古国次区域经济合作研究 [D]. 吉林大学，

2011.

[127] 王方华. 中国与东亚区域经济的合作——基于外部性理论分析 [D]. 湘潭大学, 2011.

[128] 胡仁霞. 中国东北与俄罗斯远东区域经济合作研究 [D]. 吉林大学, 2011.

[129] 陈红. 中国——东盟自由贸易区的实际经济效应及发展趋势研究 [D]. 沈阳工业大学, 2013.

[130] 陈旭. 中国——东盟自贸区内的人民币区域化问题研究 [D]. 吉林财经大学, 2013.

[131] 王卓. 企业"走出去"财税金融政策研究——基于2012年中国企业对日本投资财税方面的调研与考察 [J]. 国际商务财会, 2013.

[132] 沈铭辉. 中国——东盟自由贸易区: 成就与评估 [J]. 国际经济与合作, 2013年第9期.

[133] 高攀, 郑启航. 人民币国际化稳步推进储备货币角色备受关注, 中国信息报, 2014年10月15日.

[134] 杨亮. 东北构建区域金融中心的必要性探讨 [J]. 廊坊师范学院学报 (自然科学版), 2014年8月.

[135] 姜梅华. 蒙古国参与东北亚区域合作战略走向分析 [J]. 东北亚论坛, 2014年9月.

[136] 李静秋, 东北亚区域合作新变化及其对中国东北地区的启示 [J]. 开发研究, 2014年2月.

[137] 张苓. 中国——东盟自由贸易区的税收竞争与协调研究 [D]. 山东大学, 2013年5月.

[138] 顾美玲. 中国——东盟自由贸易区发展的障碍及其对策 [J]. 当代经济, 2013年第7期.

[139] 陈志恒. 全球区域合作新动向与东北亚面临的新挑战 [J]. 东北亚论坛, 2014年9月.

[140] 孙绪. 打造东北亚区域经济新增长极, 光明日报, 2014年9月.

[141] 林伯强. 中俄能源合作存在"需求"博弈, 中国石化报, 2014年7月25日.

[142] 雷小华．中国——东盟跨境经济合作区发展研究 [J]．亚太经济，2013 年第 3 期．

[143] 张建中．中国——东盟贸易、投资与环境协同发展预警机制研究 [J]．广西民族大学学报（哲学社会科学版），2013 年 3 月．

[144] 邵立民，邵晨阳．我国东北地区对俄罗斯远东农业合作与贸易的问题及对策 [J]．农业经济与管理，2013 年第 2 期．

[145] 宫占奎，曾霞．亚太地区 FTA 整合问题研究，南开学报（哲学社会科学版）[J]．2013 年第 4 期．

[146] 吴昊．关于我国推动东北亚区域合作路径的战略思考 [J]．东北亚论坛，2014.

[147] 张司晨．美国借助 TPP 重返亚洲对东北亚区域合作的影响 [J]．学术交流，2013.

[148] 杨竹，张琦伟，区域合作背景下把长春市打造为东北亚强市的战略对策 [J]．大连大学学报，2013.

[149] 于钦臻．美国 TPP 经济战略研究 [D]．吉林大学，2013.

[150] 宋颖慧．试析 TPP 谈判进展及其趋势 [J]．现代国际关系，2013.

[151] 许宁宁．RCEP：东盟主导的区域全面经济伙伴关系 [J]．东南亚纵横，2012 年 10 月．

[152] 崔健．日本区域合作战略新动向与东北亚区域合作．东北亚论坛，2014 年 9 月．

[153] 邵冰．日本与东北亚国家间经贸合作现状 [J]．国际经济，2013 年第 8 期．

[154] 韩立群．全球经贸新格局背景下的 RCEP：影响与走势 [J]．世界纵横，2013 年 7 月．

[155] 漆莉．RCEP：中国推进东亚经济合作的机遇与对策 [J]．亚太经济，2013 年 1 期．

[156] 田海．TPP 背景下中国的选择策略思考——基于与 APEC 比较的分析 [J]．亚太经济，2012 年 4 期．

[157] 慕丽杰，孙菁茁．东北亚区域金融合作的策略选择 [J]．中国商贸，2013 年 6 月．

[158] 陈志恒，崔健，廉晓梅，胡仁霞，姜梅华，吴昊. 东北亚国家区域合作战略走向与中国的战略选择（笔谈）[J]. 东北亚论坛，2014年8月.

[159] 史春阳. 后危机时代辽宁省与东北亚区域经济合作的路径选择[J]. 经济视角，2013年第4期.

[160] 李宠. 构建珲春跨境经济合作区的问题研究——基于边界效应转化的视角[D]. 兰州商学院，2013年6月.

[161] 刘亮. 东亚区域货币合作研究[D]. 武汉大学，2013年5月.

[162] 张洁妍. 东北地区沿边主要口岸跨境经济合作研究——兼论珲春跨境经济合作发展对策[D]. 吉林大学，2013年4月.

[163] 蒙少东，马永飞. 亚太区域经贸合作发展形势分析[J]. 中国市场，2013年第11期.

[164] 关慧，蔡冬冬. 提高辽宁省财政收入质量的实证分析——基于协整分析与ECM模型[J]. 兰州学刊，2013年4月.

[165] 蒙古国总统强调蒙中关系处于前所未有的高水平，http://www.jfdaily.com/a/3605742.htm，2013年.

[166] 孙晓霞，于潇. 中朝合作开发罗先经济贸易区的对策研究[J]. 欧亚经济，2012年第4期.

[167] 王涛. 东北亚合作背景下的中俄关系[J]. 菏泽学院学报，2014年6月.

[168] 朴贞妍. 中韩服务贸易国际竞争力比较，商业时代[J]. 2012年第16期.

[169] 汤婧. 中国参与亚太区域整合的战略选择——RCEP对TPP的替代效应[J]. 中国经贸导刊，2013年6月.

[170] 武盼盼，初凤荣，刘强. 黑龙江参与东北亚区域经济合作研究[J]. 商业经济，2013年第4期.

[171] 李冰. 韩国积极推动东亚区域合作发展[J]. 理论界，2014年7月.

[172] 廉晓梅. 韩国FTA战略的特点及其东北亚区域合作战略走向[J]. 东北亚论坛，2014年9月.

[173] 冯玉宝. 中国与东北亚各国的经济关系及其走势[J]. 延边大

学学报（社会科学版），2014 年 9 月．

[174] 关丽洁．纪玉山，王塑峰．吉林省自由贸易试验区建设与东北老工业基地振兴 [J]．长白学刊，2014 年 7 月．

[175] 张轶然．论东北亚区域经济一体化合作与我国的对策研究 [D]．吉林大学，2008 年 8 月．

[176] 魏祎．后经济危机背景下我国东北亚区域经济合作研究——以东北振兴战略为视角 [D]．延边大学，2013 年 6 月．

[177] 潘娟．融支持东北亚经济贸易开发区跨越式发展 [J]．北方经贸，2014 年 4 月．

[178] 梁国强．加快对俄合作转型升级步伐——推动牡东地区率先发展成为中俄地方合作典范 [J]．经济研究导刊，2014 年 4 月．

[179] 严培．美国"亚太再平衡"战略与中国应对策略研究 [D]．湖南师范大学，2014 年 5 月．

[180] 汤欢欢．日韩 FTA 的构建研究 [D]．河北大学，2014 年 5 月．

[181] 廖常君．满洲里中俄互贸区发展中存在的问题及对策 [D]．黑龙江大学，2014 年 5 月．

[182] 王粤．TPP 带给中国的挑战与应对 [J]．国际经济合作，2014 年 2 月．

[183] 谭红梅．美国重返亚太对中日韩关系的影响 [J]．延边大学学报（社会科学版），2014 年 5 月．

[184] 尹圣男．中韩经贸关系发展现状及前景分析 [J]．对外经贸，2014 年 3 月．

[185] 张智佳．日韩区域经济一体化构建与贸易潜力研究 [D]．兰州商学院，2014 年 6 月．

[186] 许静．冷战后日韩关系的发展变化及其影响因素 [D]．山东师范大学，2014 年 6 月．

[187] 杨洪伦．中韩经贸论坛在长春兴隆综合保税区举行，长春日报，2014 年 7 月 29 日．

[188] 李静秋．中国东北地区扩大与东北亚区域合作研究 [D]．辽宁大学博士论文，2014 年 4 月．

[189] 石源华．论朝鲜加入东北亚区域合作的新路径［J］．东疆学刊，2014年1月．

[190] 张洁妍．珲春跨境经济合作发展现状及对策研究——基于与丹东、绥芬河、满洲里的比较分析［J］．珠江论丛，2014年1月．

[191] 苏南溟．张晓东，提高东北亚地区经贸合作水平的对策［J］．中外企业家，2014年2月．

[192] 李静秋．东北亚区域合作新变化及其对中国东北地区的启示［J］．开发研究，2014年2月．

[193] 陈时波．日本区域经济合作战略研究——TPP和中日韩FTA的对比分析［D］．厦门大学，2014年3月．

[194] 刘深诣．中日韩区域合作的进程及前景分析［D］．吉林大学，2014年4月．

[195] 宝利尔．中国对蒙古国直接投资分析［D］．吉林大学，2014年5月．

[196] 关慧．辽宁省农村居民消费实证研究（1980—2007）［J］．社会科学辑刊，2011年第1期．

[197] 刘德海，王维国．大连建设东北亚国际航运中心对策分析［J］．中国人口资源与环境，2014年3月．

[198] 任泽洙．中韩经贸关系的特点及对策选择［J］．哈尔滨商业大学学报（社会科学版），2005年9月．

[199] 哈佳．蒙古国边境地区经贸合作问题研究［D］．黑龙江大学，2014年3月．

[200] 王君．RCEP的构建及中国应对策略研究［J］．东南亚纵横，2013年4月．

[201] 张展鹏，蒋芳．中日韩名人呼吁携手应对经济深度调整，新华每日电讯，2014年4月23日．

[202] 赵建峰．RCEP与亚太面条碗效应［J］．财经界（学术版），2013年11月．

[203] 刘深诣．中日韩区域合作的进程及前景分析［D］．吉林大学，2014年4月．

[204] 徐修德，李琛．中日经贸合作的依存互补性与敏感性［J］．日

本问题研究，2014年2月.

[205] 李者聪. 北美自由贸易区的构建发展经验分析——对中日韩自由贸易区构架的启示 [D]. 兰州商学院，2014年5月.

[206] 孙杨. 基于中俄战略协作伙伴关系的两国边境地区旅游发展研究——以黑龙江边境旅游为例 [D]. 黑龙江大学，2014年4月.

[207] 周明月. 东北亚跨境基础设施建设的金融支持探析 [J]. 吉林金融研究，2014年6月.

[208] 阙澄宇，马斌. 加快东北三省沿边对外开放的制约因素与应对之策 [J]. 国际贸易，2014年6月.

[209] 王海滨. 目标与现实之间：论俄罗斯与亚太经合组织的经济合作 [J]. 东北亚论坛，2014年6月.

[210] 李静秋. 中国东北地区扩大与东北亚区域合作研究 [D]. 辽宁大学博士论文，2014年4月.

[211] 宋宝燕. 东北亚区域经济合作对东北产业结构升级的影响研究 [J]. 辽宁大学学报（哲学社会科学版），2016年1月15日.

[212] 李新. 中俄蒙经济走廊推进东北亚区域经济合作 [J]. 西伯利亚研究，2016年2月25日.

[213] 高月. 当前朝鲜半岛局势对东北亚区域合作的影响 [J]. 延边大学学报（社会科学版），2016年1月20日.

[214] 方亮，董翰博. 辽宁自贸试验区重点推进十九项创新任务 [N]. 辽宁日报，2017年4月2日.

[215] 张森. 辽宁扎实推进自贸试验区建设 [N]. 国际商报，2017年3月29日.

[216] 姜伟. 自贸区为沈阳带来'4+X'裂变刷新原有发展理念全面提升城市实力 [N]. 沈阳日报，2017年4月10日.

[217] 高攀，郑启航. 人民币国际化稳步推进储备货币角色备受关注 [N]. 中国信息报，2014年10月15日.

[218] 赵鸣文. 中俄关系：新时代、新挑战、新发展 [J]. 俄罗斯东欧中亚研究，2019 (02)：96-109+157.

[219] 张健. 美俄欧中互动：欧盟角色及其政策取向 [J]. 现代国际关系，2019 (02)：10-17.

［220］ 魏胜．东北亚区域背景下“冰雪＋”旅游发展路径研究——以黑龙江省旅游发展为例［J］．东北亚经济研究，2019，3（04）：54－66.

［221］ 刘薇娜，张平．大连构建东北亚开放高地的思路指引与方案供给——基于环渤海五市的比较分析［J］．东北财经大学学报，2019（04）：90－97.

［222］ 张蕴岭．推进东北亚区域合作：困境、空间与问题［J］．东北亚学刊，2019（04）：10－15.

［223］ 任晓菲，李顺龙．东北亚区域环境合作模式探析［J］．东岳论丛，2019，40（07）：120－126.

［224］ 和春红，刘昌明．东北亚地区经济合作的内生动力分析［J］．经济问题探索，2019（07）：102－110.

［225］ 沈铭辉，张中元．推进东北亚区域合作的现实基础与路径选择［J］．东北亚论坛，2019，28（01）：64－77＋127－128.

［226］ 张凤林．东北亚区域国家经贸合作现状与特点分析［J］．商业经济，2018（12）：1－4＋32.

［227］ 张建中，肖扬．TPP 演变对中国对外政治关系的影响研究［J］．广西财经学院学报，2019，32（03）：75－86.

［228］ 中国商务新闻网，辽宁自贸试验区建设成果丰硕，2019（04）．http：//dy.163.com/v2/article/detail/EC83PO0N0519EOS3.htm.

［229］ 刘卿．新形势下加快推进中日韩合作的路径选择［J］．东北亚论坛，2019（05）：23－25.

［230］ 俄罗斯升级与东盟关系，向东看战略取得成果，美国与东盟渐行渐远［N］．中国商报，2018（11）．https：//www.sohu.com/a/276185363_99895298.

［231］ 中国连续九年成为东盟第一大贸易伙伴［N］．中国商报，2018（08）http：//finance.eastmoney.com/news/1351201806018813942 43.html.

［232］ 辽宁自贸区沈阳片区区域经济实现跨越发展［N］．东北新闻网，2019（03）http：//dyxc.nen.com.cn/system/2019/03/28/020820772.shtml.

致　　谢

博士后两年时光犹如白驹过隙，犹记得博士毕业时，面对刚刚长出的白发，自己一再告诫自己，不会再继续攻读博士后，但现实情况是几年后又希望进一步开拓视野，渴望继续求学的日子，不得不感慨生命不息，学习不止。本书是在本人博士后出站报告的基础上，添加最新的东北亚区域合作资料而写成。感谢我的单位沈阳大学经济学院对本书的资助，感谢中国博士后科学基金第53批面上资助。

毫无疑问从事科研是一项艰苦的工作，回首往事，思绪万千，在撰写博士后出站报告的过程得到许多人的帮助。感谢我的单位沈阳大学，感谢母校辽宁大学，感谢我的导师林木西教授，在撰写博士后出站报告中给予无私的帮助，从开题报告框架的确定，到论文一稿、二稿直到最后出站报告完成，无不倾注了林老师辛勤汗水。林老师身肩教育部重大课题的重任，还有一系列教学任务，但对我论文的关注及修改却从未停歇。林老师渊博的知识、锐意创新、不断前进、孜孜以求、周末节假日不休的奋斗精神，令我难以忘怀。毫无疑问我深刻地体会到了“宝剑锋从磨砺出，梅花香自苦寒来”，林老师是我一生为之学习的好楷模。在今后工作道路上，我将以他为榜样，踏实、认真、勤奋地从事我今后的科研及教学工作。

我要感谢我的父母，竭尽所能给予我无私的帮助，感谢我的丈夫杜凡，在博士后报告撰写期间忍受我的坏脾气。正是由于他们所给予的正能量支持，让我心无旁骛顺利完成博士后出站报告的撰写工作。他们是我不断前行的动力，在我心目中他们是最可爱的人，也是我最爱的人。

东北亚区域合作研究是一个极具挑战性的课题，具有很重要的现实意义，在写作过程中遇到了不少麻烦，例如数据收集不易，宏观角度不易把握等问题，但在研究过程中，我渐渐体会到了研究有所成时的欢愉。

“路漫漫其修远兮，吾将上下而求索”，对于文中不足的部分，我将在今后的工作中不断进行深入探究。

关　慧

2019 年 11 月

发表的学术论文，专著，科研，获奖情况

一、出版专著、发表论文

（一）出版专著

1. 辽宁大学出版社．《农村公共物品供给的财政政策研究》，2013.8。

（二）发表论文

1. 在 CSSCI《社会科学辑刊》上发表“辽宁省农村居民消费实证研究”（1980－2007），2011 年第 1 期。

2. 《延边大学学报》社会科学版发表“新形势下东北亚区域合作面临的新挑战”2014 年 12 月。

3. 《兰州学刊》发表“提高辽宁省财政收入质量的实证分析——基于协整分析与 ECM 模型”2013.4，CSSCI 扩展版。

4. 《商业时代》发表“发展中国家农村公共物品供给特点及对中国的启示”，2014.3（2012 版北大中文核心期刊）。

5. 《改革与战略》发表“美日韩农村公共物品供给的特点与经验借鉴”，2014.6。

6. 《改革与战略》发表“辽宁农村居民消费需求评价及趋势研究”2012 第 1 期。（2010 版北大中文核心期刊）。

二、科研情况

1. 2016 年辽宁省社会经济发展立项课题《供给侧改革背景下提振消费与促进经济发展的对策研究》，8000 元，2017lslktyb－120。

2. 2014 年辽宁省社科联“百项课题助推辽宁全面改革发展”调研课题《扩大辽宁城乡居民消费的对策研究》，课题号：2014lsldykt－40，5000 元。

3. 2013 年中国博士后科学基金资助《东北亚区域合作的理论创新研

究》，2013M530942，50000 元。

4. 2017 辽宁财政科研基金．《辽宁财政收入持续稳定增长的财政政策研究》，26000 元。

5. 2017 辽宁省社科规划基金．《供给侧改革背景下提振消费与促进东北经济发展的对策研究》，10000 元。

6. 2017 年度沈阳市服务业委调研课题《2017 年沈阳市租赁业发展情况报告》。

7. 主持“十二五”高等教育科研课题《基于就业视角下的独立学院大学生创业教育研究》，2011 年 7 月—2013 年 7 月。

三、科研获奖情况

1. 《扩大城乡居民消费的对策研究——基于实证分析的视角》，文章获得 2014 年辽宁省社会科学学术活动月青年社科优秀成果三等奖，lnskx-shdyqn－2014－3－32。

2. 《扩大辽宁城乡居民消费的对策研究》，辽宁省社科联“百项课题助推辽宁全面改革发展”调研课题获得辽宁省社科联结题二等奖，2014 年 11 月。

3. 《新形势下东北亚区域合作面临的新挑战》，获得 2016 年辽宁省自然科学三等奖。

4. 《农村公共物品供给的财政政策研究》，获得 2012—2014 年度沈阳市社会科学优秀学术成果优秀奖，2014 年 7 月。

5. 《提高辽宁省财政收入质量的实证分析》，获得 2015 沈阳市科学学术成果评价三等奖。

6. 《东北亚区域合作的理论创新研究》，获得 2014—2016 年度沈阳市社会科学优秀学术成果三等奖，2016 年 12 月。

7. 辽宁城乡居民消费与实际收入关联程度及差异大数据分析——基于协整分析与 ECM 模型获得辽宁省教育厅“2016 年辽宁省研究生大数据技术创新大赛”团队二等奖，2016 年 12 月。